Peter Höh

stseeinsel Usedom

p010

„Nur Reisen ist Leben,
wie umgekehrt das Leben Reisen ist."
Jean Paul

Impressum

Peter Höh
REISE KNOW-HOW Usedom

erschienen im
REISE KNOW-HOW Verlag Peter Rump GmbH
Osnabrücker Str. 79
33649 Bielefeld

© Peter Rump 2001, 2003, 2006, 2008, 2009, 2011
**7., neu bearbeitete
und komplett aktualisierte Auflage 2013**

Alle Rechte vorbehalten.

Gestaltung
Umschlag: Günter Pawlak, Peter Rump (Layout);
    Michael Luck (Realisierung)
Inhalt: Günter Pawlak (Layout);
    Michael Luck (Realisierung)
Fotonachweis: alle Bilder von Peter Höh
Titelfoto: Fotolia © Katja Xenikis
Karten: der Verlag

Lektorat: Liane Werner
Lektorat (Aktualisierung): Michael Luck

Druck und Bindung
Wilhelm & Adam, Heusenstamm

Anzeigenvertrieb
KV Kommunalverlag GmbH & Co. KG,
Alte Landstraße 23, 85521 Ottobrunn,
Tel. 089-928096-0, info@kommunal-verlag.de

ISBN 978-3-8317-2262-4
Printed in Germany

Dieses Buch ist erhältlich in jeder Buchhandlung
Deutschlands, der Schweiz, Österreichs, Belgiens
und der Niederlande.
Bitte informieren Sie Ihren Buchhändler
über folgende Bezugsadressen:

Deutschland
    Prolit GmbH, Postfach 9, D-35461 Fernwald (Annerod)
    sowie alle Barsortimente
Schweiz
    AVA Verlagsauslieferung AG
    Postfach 27, CH-8910 Affoltern
Österreich
    Mohr Morawa Buchvertrieb GmbH
    Sulzengasse 2, A-1230 Wien
Niederlande, Belgien
    Willems Adventure, www.willemsadventure.nl

Wer im Buchhandel trotzdem kein Glück hat,
bekommt unsere Bücher auch über unseren
Büchershop im Internet: www.reise-know-how.de

Wir freuen uns über Kritik, Kommentare
und Verbesserungsvorschläge, gern auch
per E-Mail an info@reise-know-how.de.

Alle Informationen in diesem Buch sind vom
Autor mit größter Sorgfalt gesammelt
und vom Lektorat des Verlages gewissenhaft
bearbeitet und überprüft worden.

Da inhaltliche und sachliche Fehler nicht
ausgeschlossen werden können, erklärt der
Verlag, dass alle Angaben im Sinne der
Produkthaftung ohne Garantie erfolgen
und dass Verlag wie Autor keinerlei
Verantwortung und Haftung für inhaltliche
und sachliche Fehler übernehmen.

Die Nennung von Firmen und ihren Produkten und ihre Reihenfolge sind als Beispiel
ohne Wertung gegenüber anderen anzuse-
hen. Qualitäts- und Quantitätsangaben sind
rein subjektive Einschätzungen des Autors
und dienen keinesfalls der Bewerbung von
Firmen oder Produkten.

Peter Höh

USEDOM

Vorwort

Sonne und Strand, das sind die Zutaten, aus denen ein perfekter Badeurlaub gemacht wird. Von beidem besitzt Deutschlands zweitgrößte Insel, das im östlichsten Zipfel der Republik gelegene Usedom, geradezu verschwenderisch viel.

Sagenhafte 40 Kilometer lang und bis zu 100 Meter breit, von Dünengürteln und Küstenwäldern gesäumt, auf seiner gesamten Länge feiner weißer Sand, an manchen Abschnitten von Badetrubel mediterraner Art belebt, an anderen naturbelassen und menschenleer – das ist die **„Riviera Pommerns"**, der Ostseestrand von Usedom.

Durchschnittlich 1906 Stunden im Jahr lacht über Usedom die Sonne, was die Insel zum sonnenreichsten Ort Deutschlands macht!

So ist es nicht verwunderlich, dass Usedom bereits zu Beginn des 19. Jh. zur bevorzugten Badeinsel aufstieg, sofort den Beinamen „Badewanne Berlins" bekam und bis heute behielt. Inzwischen ist sie längst nicht mehr nur die Badeinsel der Hauptstädter, sondern zu einem der beliebtesten Reiseziele Deutschlands geworden. Denn Usedom lockt mit viel mehr als nur Sonne und Strand. An der Außenküste verleihen traditionsreiche Seebäder mit ihrer historischen Architektur der Badeküste ihr spezielles Flair. Im kaum bekannten Inneren der Insel wie der Usedomer Schweiz oder dem

▷ Wandern und Spaziergänge auf Usedom –
Balsam für die Seele

Lieper Winkel liegen malerische Bauern- und Fischerdörfchen, deren geduckte rohrbedeckte Häuschen sich um mittelalterliche, rot leuchtende Backstein-Kirchen scharen. Sie sind eingebettet in eine sanft hügelige Landschaft aus Wiesen, ausgedehnten Wäldern und geheimnisvollen Mooren, zwischen denen Seen und Bodden blinken.

Die **Abgeschiedenheit und Unberührtheit** der völlig industriefreien Insel ist neben Sonne und Strand Usedoms dritter großer Trumpf. In der intakten Natur der Insel finden zahlreiche bedrohte Tiere wie Storch, Seeadler oder Fischotter und seltene Pflanzen wie Orchideen noch Lebensraum. So ist die insgesamt zum Naturpark erklärte Insel ein Eldorado für Naturliebhaber, das am besten zu Fuß oder mit dem Fahrrad durchstreift werden sollte. Vielfalt und Abwechslungsreichtum von Natur und Kultur, die sich hier geradezu ideal vereinen, lassen kaum einen Urlaubswunsch offen. Und Usedom ist nicht nur im Sommer, sondern auch im Frühling, Herbst und Winter ein reizvolles Reiseziel. Denn jede Jahreszeit hat ihren ganz speziellen, unvergesslichen Reiz.

Mit dem vorliegenden Buch möchte ich Ihnen einen möglichst umfassenden und aktuellen Urlaubsbegleiter mit auf den Weg geben, der Ihnen eine individuelle Reiseplanung ermöglicht, die Insel und ihre Bewohner vorstellt und Sie zu den großen, berühmten wie kleinen versteckten Attraktionen führt. Ich wünsche allen Lesern interessante, entspannte und erlebnisreiche Urlaubstage auf der „Sonneninsel Usedom".

Peter Höh

Inhalt

■ Vom Festland nach Usedom

■ Nord-Usedom

Zwischen Peenestrom und Zinnowitz

■ Die Außenküste

Von Koserow bis Ahlbeck

■ Insel Wolin

Das polnische Spiegelbild von Usedom

■ Süd-Usedom

Boddenküste und Inland

■ Praktische Reisetipps A–Z

Hinweis

Die **Internet- und E-Mail-Adressen** in diesem Buch können – bedingt durch den Zeilenumbruch – so getrennt werden, dass ein Trennstrich erscheint, der nicht zur Adresse gehören muss!

■ Land und Leute

■ Anhang

Exkurse

Karten

OSTSEE

Peenemünde

Nord-Usedom

Karlshagen

Trassenheide

Wolgast

Zinnowitz

Koserow

Zempin

Kölpinsee

POMMERSCHE BUCHT

Loddin

Ückeritz

Dziwnów

Międzywodzie

Warthe

USEDOM

Bansin

Heringsdorf

Die Außenküste

Lassan

Benz

Ahlbeck

Świnoujście
(Swinemünde)

Międzyzdroje

Kołczewo

Gmina
Kamień
Pomorski

Mellenthin

DEUTSCHLAND

Dargen

Stolpe

WOLIN

Unin

POLEN

Lubin

Anklam

Usedom

Kamminke

Wolin

Süd-Usedom

**Insel
Wolin**

Ostromice

Die Regionen
im Überblick

■ Nord-Usedom   23

Unberührt und ruhig sind die Strände
im Norden Usedoms, der 50 Jahre militärisches Sperrgebiet war. Die große Attraktion ist Peenemünde, die Wiege der
Weltraumfahrt, aber auch Trassenheide
ist mit seinem „Umgekehrten Haus",
dem „Kinderland" und weiteren Sehenswürdigkeiten ein beliebtes Ziel.

Highlights

■ Außenküste
bzw. Ost-Usedom   71

Usedoms sommerliches Epizentrum mit
den drei mondänen und traditionsreichen Kaiserbädern Ahlbeck, Heringsdorf und Bansin. Sie garantieren Badespaß pur, dazu gibt es vielzählige Ver-
gnügungen wie Spielbank, Seebrücken,
Shops und viel Kultur. Das alles verbindet die längste Seepromenade Europas,
eine Flaniermeile der Extraklasse.

◼ Insel Wolin 115

Ein Blick über die Grenze nach Polen führt in die im alten Glanz wieder auferstandenen Seebäder Swinemünde und Misdroy, deren Bilderbuch-Strände denen auf deutscher Seite in nichts nachstehen. Die Attraktion ist die herrliche Ostseenatur im Nationalpark Wolin mit lockenden Ausflugszielen wie dem Aussichtspunkt auf dem Gosanberg (Góra Gosań) und dem Wisent-Reservat.

◼ Süd- und West-Usedom 127

Das stille Bauernland am verträumten Achterwasser ist für ausgiebige Wanderungen und Radtouren ideal. Sie führen zu Herrenhäusern und Landschlössern wie der Wasserburg in Mellenthin oder zum Schloß Stolpe, aber auch zu Windmühlen wie der in Benz und abgeschiedenen Winkeln mit winzigen Weilern wie Warthe, wo die Welt zu Ende scheint.

Vom Fest-
land nach
Usedom

◁ Wieder ein Schmuckstück zum Flanieren –
der alte Hafen von Wolgast

Wolgast

An einer besonders schmalen Stelle des Peenestroms, der den Nordteil Usedoms vom Festland trennt, liegt die alte Hansestadt Wolgast. Sie ist **eines der beiden Tore zur Insel**. Mit Anklam, über das man den südlichen Zugang nach Usedom erreicht, teilt sie das Schicksal, für Usedombesucher nicht viel mehr als eine Durchgangsstation zu sein.

Verbindung zur Insel ist das **„Blaue Wunder"**, eine gewaltige Hebebrücke, über die auch die einzige Zugverbindung vom Festland auf die Insel führt.

Die kleine Werft- und Hafenstadt war wie ihre Nachbarn Stralsund und Greifswald **einst Mitglied des mächtigen Hansebundes.** Im Gegensatz zu ihren beiden Schwestern mit ihren historischen prachtvollen Stadtkernen ist heute davon in Wolgast nichts zu sehen und zu merken. Es gibt **keine Prunkbauten** aus der Hansezeit oder Schlösser der Pommernherzöge, deren Residenz die Stadt einst war. Ihr kleines historisches Zentrum besteht zumeist aus eher schmucklosen, teils im „billigen" Fachwerkstil errichteten Gebäuden.

Durcheilt man Wolgast auf der engen Durchgangsstraße Richtung Peenebrücke, nimmt man nicht sehr viel wahr, was animieren würde anzuhalten. Ein **Hafen,** viel zu groß für den kleinen Ort und dementsprechend leer und verlassen. Einen kolossal großen, alles überragenden blauen Kasten, die neue Montagehalle der **Peenewerft.** Der unentwegte **Verkehrsstrom,** der sich laut und stinkend durch die enge Straße schiebt, verstärkt den Eindruck vom „Kaff der guten

Hoffnung", wie „Der Spiegel" das heutige Verwaltungszentrum einst titulierte.

Tatsächlich machte Wolgast vor wenigen Jahren noch den Eindruck, dass in 40 Jahren DDR nicht eine müde Mark für die Instandhaltung der Altstadt ausgegeben wurde. Graue, schmutzige Fassaden und Gebäude in marodem Zustand. Nun hat sich das Städtchen am Peenestrom jedoch schon wieder sehr **erfreulich herausgeputzt** und lädt ein, einen Bummel durch seine engen Gassen zu unternehmen, über denen die wuchtige Petrikirche wie eine fette Henne hockt.

Geschichte

Die erste Siedlung, eine Fischer- und Seefahrersiedlung, entstand im 7. Jh. um eine slawische Zollstation, die den Handel auf dem Peenestrom, der damals wichtigsten Zufahrt zur Oder, kontrollierte. Die **slawische Wallburg** war aufgrund ihrer militärischen wie handelspolitischen Schlüsselposition ständig umkämpft. Urkundlich wurde der Ort erstmals 919 erwähnt, als es den Dänen gelang, das „castrum Wolgast" zu erobern.

▷ Vom Turm der St.-Petri-Kirche hat man einen schönen Blick auf das Rathaus

1123 besetzte Pommernherzog *Watislaw I.* den Ort und zerstörte nach seiner Bekehrung zum Christentum 1128 den Tempel, in dem die Liutizen den Gott Gerovit verehrten. Anstelle des Tempels ließ Bischof Otto von Bamberg die **St.-Petri-Kirche** errichten, die seither das Ortsbild dominiert.

Im Jahr 1282 erhielt Wolgast das Lübische Stadtrecht und wurde, allerdings nur für kurze Zeit, Mitglied der mächtigen **Hanse.**

Nachdem 1295 das Herzogtum Pommern in Pommern-Stettin und Pommern-Wolgast geteilt wurde, baute die Wolgaster Linie die Stadt als Residenz aus und errichtete auf der Schlossinsel ein prunkvolles **Schloss,** das als eines der schönsten ganz Pommerns galt.

Bis 1625 blieb Wolgast **Sitz der Pommernherzöge.** Ihre Rolle als feudale Residenzstadt verhinderte eine ähnliche Entwicklung des Kaufmannsstandes, wie wir sie aus den Hansestädten Stralsund und Greifswald kennen.

Aufgrund seiner Schlüsselposition an der damals **einzigen Zufahrt zur Oder** war Wolgast sehr begehrt und wechselte häufig den Herrn. 1627 eroberte *Wallenstein* die Stadt, 1628 die Dänen. 1630 besetzten die Schweden Wolgast. **Jeder Machtwechsel** bedeutete für die Hafenstadt Plünderung und Brandschatzung.

Der dunkelste Tag in der Geschichte Wolgasts war der 27. März 1713, als es im Nordischen Krieg von den siegreichen russischen Truppen aus Rache dafür, dass die Schweden den damals dänischen Ort Altona bei Hamburg niedergebrannt hatten, praktisch vollständig dem Erdboden gleichgemacht wurde. Auf direkten Befehl von Zar Peter I. wurde die **Stadt planmäßig und systematisch niedergebrannt.** Dies ist der Grund, weshalb sich Wolgasts Stadtbild so krass von dem der benachbarten Hafen- und Hansestädte unterscheidet. Immerhin wurde das „neue" Wolgast aber auf den Fundamenten der alten Bebauung wiedererrichtet, womit sich das historische Zentrum der Stadt seinen mittelalterlichen Grundriss bewahren konnte. Nach der Zerstörung verfiel auch das Schloss. Die Ruine wurde ab 1798 als Steinbruch genutzt und war bis 1843 vollständig abgetragen.

Die Blütezeit, die Wolgast als Handelsplatz und Getreidehafen erlebte, endete zu Beginn des 19. Jh. Neue Dampfschiffe machten die **Wolgaster Segler überflüssig,** neu auf- und ausgebaute Hafenstädte wie Swinemünde und Stettin seinen Hafen. Mit dem Ausbau der Swine als Verbindung zwischen Ostsee und Oder führte der Seehandel weit an Wolgast vorbei. **Hafen und Stadt versanken in Bedeutungslosigkeit.**

Sehenswertes

Schlossinsel

Auch wenn es auf den ersten Blick nicht so erscheint, lohnt es sich doch durchaus, das Städtchen Wolgast zu besuchen. Sein Auto lässt man am besten auf dem großen, direkt an der Peene gegenüber der Schlossinsel gelegenen **Parkplatz „Am Fischmarkt"** stehen. Von dort sind es kaum fünf Minuten bis zum Marktplatz in der Altstadt.

Doch zuerst sollte man über die Klappbrücke hinüber auf die Schlossinsel und dort einen kleinen Spaziergang am schön mit Bänken und gastronomischen Einrichtungen angelegten Ufer unternehmen. Vorbei an einem prächtig sanierten **alten Speicher** (jetzt Hotel) führt der Weg zum Museumshafen. An dessen Mole vertäut liegt hier das **Dampffährschiff „Stralsund".** Das 1890 vom Stapel gelaufene, dampfgetriebene Fährschiff ist weltweit das älteste seiner Art und das einzige Europas. Mit dem Unikat wurden noch bis 1990 Eisenbahnwaggons nach Usedom übergesetzt. Nun wird geplant, den voll funktionstüchtigen, manchmal als Eisbrecher eingesetzten Dampfer auch als Ausflugsschiff zu nutzen.

Auch wenn der Name „Schlossinsel" darauf hindeutet – von der stolzen **Residenz der Pommernherzöge,** die hier einst stand, ist nichts mehr zu finden. Sie wurde 1628, erst durch die Dänen, dann von den kaiserlichen Truppen und schließlich von den Schweden geplündert, 1675 durch brandenburgische Truppen zur Ruine zerschossen und anschließend als Steinbruch genutzt. 1840 war sie komplett verschwunden.

Marktplatz

Beim Museumhafen führt die **Amazonenbrücke** Fußgänger hinüber auf die Altstadtseite und die kleine Brückenstraße direkt hinauf zum Marktplatz im Zentrum der Altstadt.

In der Mitte des Platzes steht das denkmalgeschützte **Rathaus.** Das hübsche, mit einem laubenartigen Vorbau versehene Gebäude wurde 1724 aus den Resten aufgebaut, die der von den zaristischen Truppen gelegte, vernichtende Stadtbrand vom Vorgänger übriggelassen hatte. Das Rathaus, das gotische, barocke und Renaissance-Elemene aufweist, schmückt sich mit einem reizvollen Schaugiebel, auf dessen Spitze ein Laternentürmchen hockt. Ältester Teil sind die Tonnen- und Kreuzgratgewölbe unter dem Rathaus, in dem heute der Ratskeller untergebracht ist. Im Rathaus findet man auch die Stadt-Information.

Vor dem Rathaus plätschert ein 1936 von *Kurt Baer* geschaffener **Brunnen,** der auf 10 Tafeln Stationen aus der ereignisreichen Geschichte der Stadt erzählt. Das auffälligste der Gebäude, die den

152ud

[>] Die Altstadt zu Füßen der Petri-Kirche hat sich wieder fein herausgeputzt

Phillip Otto Runge (1777–1810)

Phillip Otto Runge erblickte als neuntes von insgesamt elf Kindern am 23. Juli 1777 in Wolgast das Licht der Welt. Der Sohn eines gutsituierten Reeders entdeckte früh seine **Neigung zu den Schönen Künsten.** Durch langjährige Krankheit zwischen dem 11. und 18. Lebensjahr oft von der Schule abgehalten, fertigte er Scherenschnitte, Drechselarbeiten und Holzschnitzereien. Dennoch trat er erst in die Fußstapfen des Vaters und absolvierte bei seinem Bruder in Hamburg eine kaufmännische Lehre. Fasziniert von einer Gemäldesammlung im Börsensaal, nahm er parallel zu seiner Ausbildung Zeichenunterricht.

Ab 1798 widmete er sich mit dem Einverständnis seines Vaters aber ausschließlich seiner Leidenschaft, der **Malerei.** Der 21-jährige besuchte erst die Kunstakademie in Kopenhagen, dann die in Dresden. Dort lernte er die Ideen und Sichtweisen der literarischen Romantik kennen. Insbesondere die von *Rousseau* geprägte

naturmythische Sichtweise des Rügener Pfarrers *Ludwig Theobul Kosegarten* veranlassten den jungen Mann, die Küsten und Inseln seiner Heimat oft zu Fuß zu durchstreifen und das Gesehene künstlerisch festzuhalten. Die innere Harmonie der erhabenen Natur versuchte er in seinen Bildern wiederzugeben. Neben Darstellungen der Natur und von Bauern und Fischern, die von und in ihr lebten, schuf er auch Portraits und Selbstbildnisse.

Runge pflegte zu zahlreichen namhaften Künstlern und Schriftstellern seiner Zeit wie zum Dichterkönig *Goethe* intensive Kontakte. Weit weniger bekannt ist der **Schriftsteller und Dichter** *Phillip Otto Runge.* Und dass es *Runge* war, der für die Gebrüder *Grimm* das berühmte Märchen „Vom Fischer und syner Fru" aufschrieb, weiß kaum jemand. Darüber hinaus widmete er sich auch farbtheoretischen Überlegungen, die sich in seiner unvollendet gebliebenen „Farbkugel" niederschlugen, auf der die meisten modernen Farbenlehren beruhen.

Phillip Otto Runges Schaffensperiode währte nur wenige Jahre. Am 2. Dezember 1810 erlag er in seiner Wahlheimat Hamburg im Alter von 33 Jahren einer Lungentuberkulose.

Kein einziges der erhaltenen Runge-Bilder zeigt Motive von Usedom. Man vermutet, dass ein erheblicher Teil seines Werkes beim großen Hamburger Stadtbrand von 1843 vernichtet wurde. Sein Hauptwerk ist der bereits in Dresden begonnene, oft überarbeitete Zyklus „Vier Zeiten", in dem er anhand der allegorischen Darstellung der Jahres- und Tageszeiten das ewige Werden und Vergehen des Lebens zum Ausdruck bringt. *Runge* zählt heute zum Mitbegründer der frühromantischen Malerei und neben *Caspar David Friedrich* zu ihrem bedeutendsten Vertreter.

Marktplatz begrenzen, ist die sogenannte **„Kaffeemühle"**. Der ehemalige Kornspeicher stammt aus dem Jahr 1676 und ist damit das älteste Profangebäude der Stadt. Der markante Fachwerkbau ist eins von nur vier Häusern, die den Brand von 1724 unbeschadet überstanden. Seinen Namen verdankt es der an eine Kaffemühle erinnernden äußeren Form.

Nun beherbergt es das **Stadt-Museum.** Ausstellungen in den verschiedenen Etagen geben einen Einblick in die 1000-jährige, wechselvolle Geschichte Wolgasts. So bewahrt man hier die kyrillische Schreibmaschine auf, auf der 1949 von den Sowjets der Befehl zur Gründung der Peenewerft getippt wurde. Ein Modell zeigt, wie das einstige Schloss der Pommernherzöge aussah sowie alte Werkstatteinrichtungen, die anschaulich zeigen wie Handwerker, wie z.B. der Schuster, Friseur oder Drucker, früher arbeiteten.

Rungehaus

Kunst von Weltrang begegnet man nur wenige Minuten zu Fuß entfernt vom Marktplatz. Der Weg dorthin führt durch die Schusterstraße in Richtung Hafen. Nahe dem Wolgaster Hafen wurde am 23. Juli 1777 als neuntes von elf Kindern eines wohlhabenden Reeders und Kaufmanns der **berühmte Romantiker Phillip Otto Runge** geboren. Nur wenige Jahre währte die Schaffensperiode des Schriftstellers und Malers, der neben dem in der nahen Hansestadt Greifswald geborenen *Caspar David Friedrich* der bedeutendste Vertreter der deutschen Romantik in der Malerei ist.

Mit dem in seinem Geburtshaus eingerichteten Rungehaus ehrt die Stadt ihren größten Sohn. Zwar sind in ihm keine Orginalbilder von *Runge,* sondern nur **Reproduktionen** zu bewundern, ein Besuch lohnt sich dennoch. U.a. wird hier bei einer multimedialen Reise durch den virtuellen Farbenraum die von Runge entwickelte, durch seinen frühen Tod jedoch unvollendet gebliebene dreidimensionale **Farbenkugel** erklärt, auf der fast alle modernen Farbenlehren beruhen.

Getreidespeicher

Die Kronwieckstraße endet unweit vom Rungehaus auf einem kleinen Platz am Hafen von Wolgast. Bis vor wenigen Jahren erhob sich hier ein **Fachwerkbau mit außerordentlichen Ausmaßen.** Das imposante Gebäude war ein 1835 in der goldenen Ära Wolgasts als Getreidehafen erbauter Getreidespeicher. Mit seinem **Fassungsvermögen von 5000 Tonnen** war es mit der größte im gesamten Ostseeraum. War deshalb, weil das großartige Bauwerk tragischerweise durch die Brandstiftung eines Feuerwehrmanns 2006 völlig zerstört wurde.

St.-Petri-Kirche

Wolgasts Sehenswürdigkeit Nummer eins ist die St.-Petri-Kirche, die sich an der höchsten Stelle der Altstadt über die Dächer derselben erhebt. Die in ihrer heutigen Form weitgehend im 14. und 15. Jh. erbaute wuchtige und gedrungene, dreischiffige **Backsteinbasilika** war einst Hof- und Begräbniskirche der pommerschen Herzöge.

Ihr 55 Meter langes und 20 Meter breites Mittelschiff wird von seitlichen Strebenpfeilern getragen und von Sterngewölbe überspannt. In die Ostmauer ist innen der sogenannte **„Gerovit-Stein"** eingelassen, ein Götterbild, das einst den slawischen Tempel zierte, der vor der Kirche an dieser Stelle stand.

Bedeutendster Teil der Innenausstattung ist das um 1700 entstandene **Wandbild „Der Totentanz"**. Der Zyklus aus 24 Bildern illustriert die ausgleichende Gerechtigkeit des Todes. Das Wandbild ist jedoch keine Orginalausstattung, sondern stammt aus der nahe gelegenen Gertrudenkapelle. Die einst prunkvolle Innenausstattung der Kirche wurde beim großen Stadtbrand von 1713 ein Opfer der Flammen.

Unter dem Chor liegt die lange unzugängliche, sich selbst überlassene **Familiengruft des pommerschen Herzoghauses.** In der nun restaurierten Fürstengruft stehen neun prunkvolle Zinnsärge mit den Überresten des Wolgaster Adelsgeschlechts. „Bewohnt" sind jedoch nur noch drei Särge. Die anderen wurden 1688 von Grabräubern aufgebrochen.

Im Wortsinne der Höhepunkt der St.-Petri-Kirche ist ihr **Turm,** den man erklimmen kann. Die durchaus schweißtreibende Mühe, mittels einer teils klaustrophobisch engen Wendeltreppe mit 184 Stufen bis zu seiner in 40 Metern Höhe gelegenen Aussichtsgalerie zu gelangen, lohnt sich unbedingt. Der grenzenlose **Panoramablick** über die Dächer der Stadt und den Peenestrom hinüber auf die Insel Usedom und hinaus auf die Ostsee ist einfach wunderschön.

Gertrudenkapelle

Außerhalb der Altstadtgrenzen liegt auf dem Friedhof an der Chausseestraße die Gertrudenkapelle. Der äußerlich schlichte, 1420 nach dem Vorbild der Jerusalemer Erlöserkirche als Hospitalkapelle errichtete Bau weist einen ungewöhnlichen, **12-eckigen Grundriss** auf. Vermutlich war es *Wartislaw VI.,* der nach seiner Rückkehr von einer Pilgerreise ins Heilige Land den Auftrag zu ihrer Errichtung erteilte.

In ihrem Inneren entpuppt sie sich als **architektonisches Kleinod.** Aus den zwölf Gewölbegurten entwickelt sich ein wunderbares, von einem runden Mittelpfeiler getragenes Sterngewölbe.

Tierpark

Im Ortsteil Tannenkamp (Straße Richtung Weidehof) liegt der **Wolgaster Tierpark.** Das 10 Hektar große Parkgelände bevölkern rund 400 Tiere von 52 überwiegend heimischen Arten, aber auch Exoten wie Nasenbären.

Praktische Tipps

Informationen

- **Vorwahl:** 03836
- **Wolgast-Information,** Rathausplatz 10, 17438 Wolgast, Tel. 600118, Fax 233002, www.wolgast.de (Juli bis Aug. Mo bis Fr 10–18 Uhr, Sa/So 10–14 Uhr, Juni Mo bis Fr 9–18 Uhr, Sa 10–14 Uhr, Sept. bis Mai Mo bis Fr 9–17 Uhr, Sept./Mai auch Sa 10–14 Uhr)

Unterkunft

◼**Der Speicher,** Hafenstraße 4, Tel. 231891, Fax 231893, www.speicher-wolgast.de (9 komfortable, stilvoll eingerichtete DZ im historischen Speicher auf der Schlossinsel am Museumshafen mit Blick auf Peene und Usedom,Ü/F 38–48 €)

◼**Hotel Schilfhaus,** Am Fischmarkt 7, Tel. 23710-0, Fax 23710-10, www.hotel-schilfhaus.de (einladender Fachwerkbau mit 12 DZ, Zimmer teils mit Blick auf den Peenestrom, schöne Seeterrasse. Ü/F HS 42–48 €, NS 30–35 €)

◼**Hotel-Pension Kirschstein,** Schützenstr. 25, Tel. 27220, Fax 272250, www.hotel-kirschstein.de (Neubau in der Altstadt unweit vom Hafen, Ü/F HS 39 €, NS 30–34 €)

◼**Pension Weiberwirtschaft,** An der Stadtmauer 10, Tel. 205060, Fax 205061 (von einem Frauenprojekt betriebene Pension am Altstadtrand, HS 24 €, NS 20–25 €, Frühstück 5 €)

◼**Petris Garten,** Burgstr. 9, Tel./Fax 237735, www.hotel-petris-garten.de (sehr angenehme Adresse im historischen Fachwerkensemble; freundliche Atmosphäre, sympathisches Betreiberpaar, das gern auch Radler(-gruppen) für eine Nacht beherbergt. Im Restaurant gute, vorwiegend italienische Küche zu einem wirklich anständigen Preis, Ü/F HS 25 €, NS 22,50 €)

◼**Weidehof,** Tannenkampweg 52b, Tel. 234020, www.weidehof-wolgast.de (denkmalgeschützes Gutshof-Ensemble in stiller Lage am Peeneufer, das zum Hotel/ Pension umgebaut wurde. Große, helle

Vom Festland nach Usedom

Wolgast

0   200 m   ©REISE KNOW-HOW 2013

◼ **Übernachtung**
1 Pension Weiberwirtschaft
2 Hotel Schilfhaus
8 Hotel Der Speicher
13 Hotel-Pension Kirschstein
14 Weidenhof

◼ **Sonstiges**
11 Fahrrad Pank

◼ **Essen und Trinken**
5 Am Fischmarkt
7 Fischer Klaus
9 Petris Garten
8 Der Speicher
10 Biedenweg
12 Kalinka

◼ **Wassersport**
3 Jachthafen
4 Angelcenter
6 Segelschule Rückenwind

14 ★Tierpark

SPITZENHÖRN BUCHT

SCHLOSSINSEL

Insel Usedom

Peenebrücke

B-111

Am Fischmarkt

Wasserstr.

Gartenstr.
An der Stadtmauer
Schusterstr.
Swinestr.
Am Fischmarkt
Kl. Brückenstr.
Amazonenbrücke
Hafenstraße
Schlossstr.
Franz. Str.
Bogislavstr.

Wilhelmstraße
Kurze Str.
An der Stadtmauer
Badstubenstraße
Museumshafen
M
6
7
Nord-Ost-Reederei
8
Peenemünder Straße
Fährstr.
Peenestr.

Rathaus
ⓘ
Stadt-Museum "Kaffeemühle"
10
Lange Str.
9
Lange Str.
Burgstraße
Schiffstr.
Hafenstraße
Rungehaus
M

Lust-wall
Steinstr.
Am Kirch-platz
ⅱ St.-Petri-Kirche

ⅱ Gertrudenkapelle

Platz der Jugend
Reiferwall
Oberwallstraße
Unterwallstr.
Am Kai

Bahnhofstr.
11
12
Werftstraße
13
Kronwiekstr.
Am Speicher

PEENESTROM

mit Holzmöbeln und Naturtextilien ausgestattete Zimmer, Ü/F 33–45 €)

Gastronomie

■**Der Speicher,** Hafenstr. 4 (auf der Schlossinsel), Tel. 231891 (rustikales Lokal im historischen Speicher mit maritimem Ambiente, guten Fischgerichten und angenehmem Biergarten. Gelegentlich mit Veranstaltungen)
■**Am Fischmarkt,** Kleinbrückenstr. 6b, Tel. 603842 (gute Küche, mit Schwerpunkt Fisch)
■**Fischer Klaus,** Hafenstr. 5–7, Tel. 234272 (frischer Fisch vom Fischer *Klaus* in charmanter Lage auf der Schlossinsel)
■**Conditorei & Café Biedenweg,** Lange Str. 15, Tel. 202372 (einladend hübsch gestaltetes Café in einer Bäckerei, deshalb nur zu Ladenöffnungszeiten geöffnet)

Museum/Kultur

■**Öffnungszeiten für Kaffeemühle, Runge-haus, Eisenbahndampffährschiff:** Juli bis Aug. Di bis Fr 11–18 Uhr, Sa/So 11–16 Uhr, Mai, Juni, Sept., Okt. Di bis Fr 10–17 Uhr, Sa 10–14 Uhr, Dampffährschiff nur Juni bis Oktober
■**Stadtmuseum (Kaffeemühle),** Rathausplatz 6, Tel. 203041
■**Rungehaus,** Kronwieckstr. 45, Tel. 202000
■**Historisches Dampffährschiff „Stralsund",** **Museumshafen/Schlossinsel,** Tel. 203041
■**St.-Petri-Kirche,** Am Kirchplatz 7, Tel. 202269, www.kirche-wolgast.de (Mai bis Sept. Mo bis Sa 10–17 Uhr, Führung Di 11 Uhr, sonst über Gemeindebüro Kirchplatz)
■**Gertrudenkapelle,** Friedhof Feldstraße, Tel. 203041 (Besichtigung auf Anfrage)

Aktivitäten

■**Tierpark Tannenkamp,** OT Tannenkamp, Tel. 203713, www.tierparkwolgast.de (Jan. bis März tägl. 9–16 Uhr, Okt. bis April 10–16 Uhr, Mai bis Sept. 9–18 Uhr)
■**Fahrradverleih:** Fahrrad Pank, Bahnhofstraße 42, Tel. 202652
■**Schiffsausflug:** Nord-Ost-Reederei, Straße der Freundschaft Nr. 16, Tel. 203220, www.peeneangeln.com (zur Insel Ruden und Achterwasser-Rundfahrt)
■**Angeln:** Boots- und Angelcenter, Schlossstraße 8–9, Tel. 234398
■**Segeln:** Segelschule Rückenwind, Hafenstraße 32, Tel. 600013, www.segelschule-rueckenwind.de
■**Reiten:** Weidehof, Tel. 234020 (siehe Unterkunft)
■**Wolgaster Wochenmarkt:** jeden Do 8–14 Uhr (großer bunter Bauernmarkt mit fast ausschließlich regionalen Produkten)

Feste

■**Inline-Skater-Lauf,** Anfang Juni, Info/Anmeldung unter Tel. 251207
■**Wolgaster Hafentage,** 1. Wochenende im Juli, Tel. 251215

▷ In Wolgast sind viele Häuser im Fachwerkstil erbaut

Mondäne
Bäder-
architektur im
Seebad Zinno-
witz und Land-
schaftsidylle auf der Halbinsel Gnitz,
Kunst in Lüttenort und Militärgeschichte
in Peenemünde – der Norden Usedoms ist
abwechslungsreich und hat viel zu bieten!

Nord-Usedom

◁ Fischerstrand in Trassenheide

Die **Highlights** erkennt man im Buch an der
gelben Hinterlegung im Kapitel.

◺ Familiäres Strandleben
an der Seebrücke von Koserow

ZWISCHEN PEENESTROM UND ZINNOWITZ

Alle Wege von Westen auf die Insel Usedom führen über das **„Blaue Wunder" von Wolgast.** Hat man es geschafft, das Nadelöhr, die Klappbrücke über den Peenestrom, zu überqueren und hat den Boden der Insel Usedom erreicht, ist man im Wolgaster Ort.

Wolgaster Ort

Der **Landzipfel zwischen Peenestrom und Krumminer Wiek** zeigt sich als leicht gewelltes, stilles Bauernland, in das eine Handvoll unbekannter und unspektakulärer, stiller Dörfchen eingestreut liegen. Seine höchste Erhebung ist der 26 m hohe **Gazberg** bei dem Dorf Krummin.

Der Winkel liegt sozusagen **im Windschatten der Fremdenverkehrsströme,** die sich auf der Bundesstraße durch den Wolgaster Ort zu den Badeorten an der Außenküste bewegen. Da der Winkel hauptsächlich landwirtschaftlich genutzt wird und seine Ufer von niedrigen bewachsenen und schilfgesäumten Kliffs gebildet werden und keine Bademöglichkeit bieten, gilt er gemeinhin als touristisch uninteressant.

Wer aber **Abgeschiedenheit und Ruhe** sucht, kann sich hier in einem der kleinen Dörfchen einquartieren oder zu Fuß oder mit dem Fahrrad den stillen Winkel durchstreifen, in dem es durchaus diverse sehenswerte und interessante Dinge zu entdecken gibt.

Eine Besonderheit des Wolgaster Orts sind seine **Feuchtniederungen und**

Nord-Usedom

0 ▬▬▬ 2 km

Ruden

Greifswalder Oie

Naturparkgrenze

Freesendorfer Haken

NSG Peenemünder Haken Struck und Ruden

Peenemünder Haken

Struck

Freesendorfer See

SPANDOWERHAGENER WIEK

Flughafen Peenemünde

ODERBUCHT (oder POMMERSCHE BUCHT)

Spandowerhagen

Kölpiensee

Peenemünde

Freest

Trümmer-Cämmerer See feld

Köstliner See

Latzow

Nonnendorf

Köstlin

NSG

Karlshagen

Voddow

Karrin

Trassen-moor

Rubenow

Trassenheide

Groß Ernsthof

Weidehof

Mölschow

Netzeband

Zecherin

PEENESTROM

Zinnowitz

Katzow

Tannenkamp

Bannemin

Schalense

Wolgast

Mahlzow

Krummin

111

Störtanke

Pritzier

Wolgaster Ort

Neeberg

Mellsee

Sauzin

Neuendorf

Hohendorf

Hohendorfer See

Ziemitz

KRUMMINER WIEK

Netzelkow

Gnitz

NSG Insel Görmitz

Negenmark

Lütow

Buddenhagen

NSG Lütow/Gnitz

Fußgänger- und Fahrradfähre (saisonal)

111

O S T S E E

Zempin
Lüttenort
Damerow
Koserow
NSG
Kölpinsee
Kölpinsee
Wilhelmshöhe
Stubbenfelde
Loddin
ACHTERWASSER   Ückeritz   111

Moore, in denen sogenannte **Sölle,** kleine kreisrunde Teiche, liegen. Wie Perlen blinken sie in der Landschaft, still, unberührt und voller kleinem Leben.

Neeberg

Wer mit Muße reist, sollte direkt nach Überschreiten der Klappbrücke von der vielbefahrenen B 111 Richtung Neeberg abbiegen. **In das kleine Fischer- und Bauerndorf am Krummiener Wiek verirrt sich selten jemand.** So fühlt man sich, kaum hat man die hektische, ewig überlastete und staugefährdete Hauptverkehrsader verlassen, beim Anblick des alten slawischen Runddorfes, des über die Straße gackernden Federviehs, dösenden Katzen und den wenigen Booten, die im winzigen Hafen schaukeln, als ob man per Zeitmaschine eine Reise rückwärts in längst vergangene Welten gemacht hätte.

Zu diesem Bild passt auch die **Sommergalerie im Hühnerstall** (Mai bis Oktober tägl. 10–18 Uhr) mit Malkursen, stilechtem Feng-Shui-Garten und charmantem Ferienhaus unterm Reetdach. Hier erhalten Sie auch schöne Gebrauchskeramik aus der Region.

■**Galerie im Hühnerstall,** Dorfstraße 10, Tel. 03836/200658, www.neeberg-galerie-fengshui.de, Ferienhaus NS 40 €, HS 50 €

Will man sich danach etwas die Beine vertreten, so spaziert man auf dem kleinen **Uferweg von Neeberg bis zum Erischowort,** vor dem der „Riesenstein", ein mächtiger Findlingsblock, aus dem Wasser ragt. Von hier aus hat man einen wunderschönen Blick über das Achter-

wasser hinüber zum benachbarten Gnitz mit seinen weiß leuchtenden Hochufern und zum Festland.

Gastronomie

●**Fischerstübchen,** Dorfstr. 17a, Tel. 03836/ 603322, www.fischerstuebchen.de (ob Kaffee und Kuchen oder die sehr gute Fischküche – das Fischerstübchen ist ein echter Geheimtipp! Man wird bestens bedient, speist delikat, und der charmante Garten ist eine Oase der Erholung! Mit FeWo Ü/F HS 68 €, NS 60 €)

Gegenüber der Kirche steht das **alte Pfarrhaus.** Hier schrieb der Pfarrer *Johann Wilhelm Meinhold* seinen Roman „Die Bernsteinhexe". Ein Kirchenbucheintragung („die Rösesche Zauberin von Zempin nach Mölschow geholt, wo sie exekutiert worden") veranlasste *Meinhold,* den Roman „Maria Schweidler oder die Bernsteinhexe" zu schreiben. Da er das Fantasiewerk in Form einer Chronik aus dem 17. Jh. verfasste, hielten anfangs viele Leser den Inhalt für eine originale Überlieferung.

Krummin

Von Neeberg führt die schmale Straße zum Nachbardorf Krummin, das wie Neeberg am Ufer des nach ihm benannten Wieks liegt. Im Unterschied zu Neeberg hat das beschauliche Dörfchen Krummin „richtige" Sehenswürdigkeiten vorzuweisen.

Das 1230 erstmals erwähnte Dorf war **fast 300 Jahre lang Sitz und Besitz eines Zisterzienserklosters.** Ihm verdankt Krummin seine Backsteinkirche aus dem 14. Jh., die sich, von alten Bäumen umgeben, in der Dorfmitte über den Häuschen erhebt und im Sommer für das Usedomer Musikfestival als Konzertort genutzt wird. In der mittelalterlichen **Klosterkirche St. Michael** haben sich Reste eines alten Marienaltars und drei Bildnisse von Mitgliedern der Familie *Corswandt* erhalten.

☐ Die Lindenallee an der Straße nach Krummin ist eine der schönsten des Landes

Ein nostalgisches Vergnügen – mit dem Trabant durch Usedom

Wer sich einmal (wieder) den Kick einer Fahrt mit der „Rennpappe", also eine Fahrt im originalen Trabant 601 gönnen will, der hat auf Usedom dazu Gelegenheit. **In Sauzin** kann man sich einen „Westsächsischen Lumpenpressling", wie der Ost-Volksmund den aus Baumwollabfällen und PVC bei 170 °C im sächsischen Zwickau „gebackenen" Kleinwagen einst taufte, leihen (auch als Cabrio!) und mit 26 PS über die Insel knattern. Den Geruch, die Sitzposition, die Straßenlage, den „Sound" und das Kurvenverhalten dieses legendären zweizylindrigen Volksmobils der DDR werden Sie nicht wieder vergessen.

●**FunCar Rent,** 17440 Sauzin, Wiesenweg 9, Tel. 03836/603767, Fax 237334, www.trabi-mieten.de, 3 Std. 30 €, 1 Tag 50 €, Wochenende 120 €

Der Sandweg hinunter zum kleinen Krumminer **Hafen,** an dem ein neu angelegter kleiner Natur-Jachthafen wirtschaftlichen Aufschwung bringen soll, führt an einer **uralten Pyramideneiche** vorbei, die man durchaus als Sehenswürdigkeit betrachten kann.

Die herausragende Attraktion von Krummin ist jedoch ohne Frage die zwei Kilometer lange, **großartige Lindenallee,** die die Straße vom Dorf zurück zur B 111 säumt. Das aus 300 über 100-jährigen Linden bestehende Naturdenkmal ist die längste und schönste Lindenallee von ganz Mecklenburg-Vorpommern. Angelegt wurde der prachtvolle grüne Tunnel von der Adelsfamilie *Corswandt,* die das Dorf 1793 vom schwedischen Oberst *Radecke* in Erbpacht übernahm.

Gastronomie

■ **Zur Naschkatze,** Dorfstr. 25, Tel. 03383/602213, www.zur-naschkatze.de (Usedoms zweifellos romantischster Cafégarten! Man sitzt bei *Peter* und *Gesine* auf der grünen Wiese zwischen einem Meer von Blumen und unter Obstbäumen mit Blick auf die alte Klosterkirche. Das preiswerte Angebot ist breit gefächert, vom Fischbrötchen über den selbst gemachten Kuchen – Spezialität *Froschkuchen* – bis zum Brathering oder Bockwurst. Nur Mai bis Okt. Mit 2 Fewo, 40–50 €)

■ **Zur Pferdetränke – Speisen & Getränke,** Dorfstr. 31, Tel. 03836/231023 (viel Hausgemachtes und Biologisches von der Suppe über Schmalzbrote bis zur buchenholzgeräucherten Wachtel im charmant rustikalen Ambiente eines restaurierten Gehöfts)

Ziemitz

Biegt man kurz hinter dem Abzweig von der B 111 nach Neeberg Richtung Ziemitz ab, gelangt man nach schnurgerader Fahrt über das winzige Dorf Sauzin in das im äußersten Winkel des Wolgaster Orts am Peenestrom gelegene Dörfchen Ziemitz. Hier gibt es den Gasthof „Zur Reuse", einen **Reiterhof** und beim Hafen die einzige **Badestelle** des unberührtes Winkels.

Unterkunft, Gastronomie

■ **Hof Jaddatz,** Koppelweg 18, Tel. 03836/233510, www.hof-jaddatz.de (Reiterhof mit Pension in schöner stiller Alleinlage, Ü/F NS 22,50–26 €, HS 30 €)

■ **Zur Reuse,** Wolgaster Straße 20, Tel. 03836/602855 (Fischrestaurant)

Mölschow

Überquert man, von Krummin kommend, die B 111, gelangt man zum Dorf Mölschow, das inmitten von weiten Feldern und Weiden liegt. Das unbekannte Bauerndorf abseits aller Touristenströme war lange ohne Sehenswürdigkeiten und es gab keinen besonderen Grund es zu besuchen.

Seit einiger Zeit hat es nun aber mit dem **Kultur-Hof Mölschow** eine sehens- und besuchenswerte Einrichtung. In einer um 1900 errichteten, 3,7 ha großen Gutsanlage haben sich auf 560 m² bislang verschiedene Schauwerkstätten, eine Galerie und eine Gaststätte einquartiert. In den Werkstätten kann man traditionelle Handwerke wie Töpfern,

Korbflechten, Filzen, Spinnen, Weben, Seidenmalen oder Schnitzen kennenlernen oder die jeweilige handwerkliche Kunst und Fertigkeit in Kursen selbst erlernen.

Neben den Werkstätten im Gutshof gibt es beim Bahnhof einen **landwirtschaftlichen Erlebnisbereich** mit Werkzeugen und Hausrat aus dem bäuerlichen Leben. Ein Freigelände zeigt landwirtschaftliche Maschinen und Großgeräte, ein Bauerngarten Pflanzen, die man auf dem Land seit dem Mittelalter als Nahrungs-, Heil- oder Würzmittel kultivierte. Ein angegliederter ökologischer Landbau baut seltene Gemüsesorten an. Ein Reiterrastplatz, ein uriger Backofen und manches mehr machen den Kultur-Hof zu einem abwechslungsreichen Ausflugsziel. Besonders schön ist der Besuch zu einem Konzert, einer Theateraufführung, einem Fest wie dem Erntefest oder einer Vorführung wie dem Schaudreschen, die auf dem Gelände stattfinden.

Für große und kleine Kids besonders interessant ist die große Modelleisenbahn und die Carrera-Rennbahn in der restaurierten Remise, auf der auch aktiv gespielt werden kann.

Eine **Gaststätte** im alten Gutshaus sorgt für das leibliche Wohl.

Preiswerte Übernachtungsgelegenheiten finden sich in den ehemaligen Gutsarbeiterhäuschen (NS 24,50 €, HS 29,50 €).

■ **Kultur-Hof Mölschow,** Trassenheider Str. 7, 17449 Mölschow, Tel. 038377/39925, Fax 39929, www.kh.usedom.de (Juni bis Sept. tägl. 10–18 Uhr, Mai, Okt. Di bis Sa 10–16 Uhr, Nov. bis April Di bis Fr 10–16 Uhr), *Landwirtschaftlicher Erlebnisbereich*, Tel. 038377/39925, www.usedom-aktiv.de (Juni bis Sept. tägl. 10–18 Uhr, Mai und Okt. Di bis Sa 10–16 Uhr)

⊡ Der Weg lohnt sich – der ebenso originelle wie einladende Biergarten „Naschkatze" in Krummin

Gastronomie

■ **Bistro im Kulturhof und Bauernstube,** eine Tasse Kaffee und ein Stück Kuchen oder ein herzhaftes Essen – die beiden gastronomischen Einrichtungen verwenden stets frische Produkte aus dem landwirtschaftlichen Erlebnisbereich, vor allem Kräuter und Gemüse.

Peenemünder Haken

Kurz hinter dem Straßendorf Bannemin zweigt von der B 111 nach links die Straße ab, die den **Nordzipfel Usedoms,** den sogenannten Peenemünder Haken mit den Orten Trassenheide, Karlshagen und Peenemünde, erschließt. Nach rechts führt die B 111 weiter zu den Seebädern Zinnowitz, Zempin und Kölpinsee.

Die **Außenküste** des Peenemünder Hakens säumt auf der gesamten Länge ein prachtvoller, breiter Sandstrand, dem ein breiter, von Kiefernwald bestandener Dünengürtel folgt.

Die Orte **Trassenheide** und **Karlshagen** liegen zwischen Ostsee und Peenestrom, **Peenemünde** direkt am Peenestrom.

Praktisch das gesamte Gebiet zwischen Mölschow, Trassenheide und Karlshagen bedeckt das **Trassenmoor,** in dessen sumpfiger Mitte der verschilfte **Große See** liegt.

Der Peenemünder Haken und seine drei Orte sind weit weniger bekannt und besucht als die eleganten Seebäder, die sich südlich von ihm aneinanderreihen.

So konnte dieser Zipfel sich weiträumig eine **unberührte, intakte Natur** erhalten, in der man vom wunderbaren Ostseestrand über dunkle Wälder bis zum großen Moor verschiedenste Landschaften antrifft. Wesentlich dazu beigetragen hat der Umstand, dass praktisch der gesamte Peenemünder Haken von 1936 bis zum Untergang der DDR 1990 militärisches Sperrgebiet war.

Seebad Trassenheide

Der kleine Ort Trassenheide, der sich mit dem Beinamen „Seebad" schmücken darf, liegt zwischen dem Kiefernwald der Außenküste und dem großen Trassenmoor, das die ganze Seite links der Straße bis Karlshagen einnimmt.

Seinen **Namen** soll der Ort von einem Förster namens *Trassen* bekommen haben, der, so erzählt jedenfalls die Sage, in das große Moor geriet und darin versank. In Sturmnächten kann man ihn nun dortselbst, den Kopf unter den Arm geklemmt, herumirrlichten sehen. In Wirklichkeit war es so: einst hieß das ehemalige Fischerdorf „Hammelstall". Gegründet wurde es 1823 von Oberpräsident *von Sack* als Kolonie, mittels der man „eine öde Strandgegend" besiedeln wollte.

Erst mit dem Aufkommen des **Badewesens** und dem wirtschaftlichen Erblühen anderer Fischerorte besann man sich, auch in Hammelstall auf die neue Einkommensquelle zu setzen. Da man sich jedoch nicht damit anfreunden konnte, einen „Hammelstall" als besuchenswerten Kurort zu preisen, taufte man den Ort 1910 nach dem genannten Förster *Trassen* in Trassenheide um.

1936 erklärten die **Nazis** den Peenemünder Haken zum militärischen Sperrgebiet und riegelten ihn ab der Landenge bei Lüttenort hermetisch ab.

Mondäne Badearchitektur hat Trassenheide ebensowenig vorzuweisen wie besondere Sehenswürdigkeiten. Nennenswert ist die hübsche **Holländer-Windmühle,** die man erreicht, wenn man von der Straße Richtung Karlshagen am Ortsende von Trassenheide in den Mühlenweg hineingeht.

Die mit 5000 m² **größte Schmetterlingsfarm Europas** hat im ehemaligen Sportcenter ihre Heimat gefunden. Der daneben gelegene **Usedom-Park Kinderland** (www.kinderland-usedom.de) ist eine Freizeit-Erlebniswelt für Kinder mit Kindereisenbahn, begehbarer Geisterbahn, Karussell, verrückten Fahrrädern und mehr.

Seit seiner Eröffnung im Herbst 2008 direkt neben dem Kinderland schlagartig weltberühmt wurde das einzigartige **Umgekehrte Haus.** Das auf dem Kopf stehende Haus ist voll eingerichtet und begehbar, nur steht eben alles auf dem Kopf, was beim Rundgang durch die Räume doch zu ganz erheblichen Irritationen der Sinne führt.

Nebenan verspricht das **Wild Life Usedom** auf 1000 m² Wildnis und Abenteuer mittels lebender und präparierter Tiere aus aller Welt. Im **Baggerpark** darf Papa seine Kindheitsträume ausleben und auf 1000 m² mit einem 1,5-Tonnen-Bagger Löcher baggern, während die Kinder auf Mini-Quads durch das Gelände ackern dürfen.

Trassenheides touristischer Trumpf ist und bleibt jedoch der herrliche, fast vier Kilometer lange und 50 bis 80 Meter

Trassenheide   0 ▬▬▬ 400 m   © REISE KNOW-HOW 2013

OSTSEE

★ Holländer-Windmühle

Haltepunkt Trassenmoor

Kurverwaltung

Haltepunkt Trassenheide

★ Usedom-Park Kinderland,
★ Baggerpark,
★ Schmetterlingsfarm,
★ Wild Life Usedom,
★ Das Umgekehrte Haus

■ **Übernachtung**
4 Waldhof Hotel
6 Strandhotel Sanddorn
7 Akzent Hotel Kaliebe
8 Campingplatz Ostseeblick

■ **Essen und Trinken**
7 Kaliebe

■ **Sonstiges**
1 Friesenhof (Reiten)
2 Fahrradverleih
3 Sportcenter
5 Sommerkino

breite, feinsandige **Strand** mit FKK-Bereich, der mit seiner breiten Flachwasserzone besonders für Kinder ein ideales Bade- und Buddelrevier ist.

Informationen

- **Vorwahl:** 038371
- **Kurverwaltung,** Strandstraße 36, 17449 Trassenheide, Tel. 20928, Fax 20913, www.seebadtrassenheide.de (Mai bis Sept. Mo bis Mi, Fr 9–18 Uhr, Do 9–19 Uhr, Sa/So 10–15 Uhr, Okt. Mo bis Mi,Fr 9–18 Uhr, Do 9–19 Uhr, Sa/So 10–12 Uhr, Nov. bis April Mo bis Mi, Fr bis So 9–16.30 Uhr, Do 9–19 Uhr)

Unterkunft

- **Waldhof Hotel,** Forststr. 9, Tel. 47020, www.seetel.de (in ruhiger Lage am Waldrand nahe Strand, zu dem im Sommer die Gäste eine hauseigene Pferdekutsche bringt; im Wintergarten-Restaurant regionale Spezialitäten; Ü/F HS 58–66 €, NS 28–56 €)
- **Strandhotel Sanddorn,** Strandstr. 10, Tel. 530, Fax 5323, www.strandhotel-sanddorn.m-vp.de (relativ neues Haus mit 23 Zimmern an der Fußgängerzone zur Seebrücke 150 m vom Strand; Ü/F HS 45–48 €, NS 33–45 €)

- **Akzent Hotel Kaliebe,** Zeltplatzstr. 14, gebührenfreies Tel. 0800/520, Fax 52299, www.kaliebe.de (idyllische Lage im Kiefernwald 250 m vom Strand, neben dem Hotel 6 finnische Blockhäuser für 2–6 Pers.; mit Sauna, Fahrradverleih, Restaurant u.a. Nette Betreiber. Blockhäuser 85–125 €/Nacht, Hotel Ü/F HS 38–55 €, NS 30–40 €)

Camping

- **Campingplatz Ostseeblick,** Zeltplatzstraße, Tel. 20949, Fax 28472 (1.4.–31.10., ca. 3 ha großer Platz mit 350 Stellplätzen im lichten Kiefernwald direkt hinter dem Strand, dem der Deutsche Tourismusverband zu Recht 4 Sterne verliehen hat. Mit Bungalowvermietung)

Gastronomie

- **Kaliebe,** Zeltplatzstr. 5, Tel. 520 (die Küche des Hauses ist hervorragend und wurde im Landeswettbewerb „Essen & Trinken" zu Recht prämiert. Angeboten wird Mecklenburger Küche, Fleisch- und Fischgerichte. Mal probieren: Damhirschsteak auf Ingwer-Honig-Soße, einfach köstlich)

Aktivitäten

- **Fahrradverleih:** *R. Hahn*, Bahnhofstr. 23, Tel. 21168 (auch Tretautos)
- **Schmetterlingsfarm:** Wiesenweg 5, Tel. 28218, www.schmetterlingsfarm.de, März bis Okt. 10–19 Uhr, Nov. bis Feb. 10–17 Uhr (mit Freiflughalle, Puppenstube, Insektarium und Café)
- **Usedom-Park/Kinderland:** Wiesenweg 1, Mobil 0160/8305408, neben der Schmetterlingsfarm (tägl. 10–18 Uhr, Juli/August 10–19 Uhr)
- **Wild Life Usedom:** Wiesenweg 2, Tel. 55761 (Mai bis Okt. 9.30–18.30 Uhr), www.wildlife-usedom.de

▷ Eine Monsterameise weist den Weg zu gleich fünf Trassenheider Attraktionen

🔴**Das Umgekehrte Haus,** Wiesenweg 2, Tel. 26344, www.weltstehtkopf.de (April bis Okt. tägl. 10–18 Uhr, Nov. bis März tägl. 10–16 Uhr)

🔴**Baggerpark/Quad-World,** Wiesenweg, Tel. 0171/6865704 (Mai bis Sept. tägl.)

🔴**Reiten:** Friesenhof, Bahnhofstr. 48, Tel. 2610, www.friesenhof-trassenheide.de (Rohrdach-Anlage mit Reithotel, -halle und -schule, Kamin-Restaurant sowie Sauna)

🔴**Kino:** Sommerkino, Strandstraße/Ecke Zeltplatzstraße, Tel. 42036, www.insel-kinos.de (nur im Sommer)

Das Trassenmoor

Das große Trassenmoor zwischen Trassenheide und Karlshagen ist ein interessantes Spaziergebiet. Der Sumpf ist großteils überwachsen und zeigt eine ausgesprochene **Hochmoorfauna,** wie man sie auf nährstoffarmen Böden findet. Eine stille Heidelandschaft mit Kuckuckslichtnelken, Wollgras, Sandseggen, Sumpfporst und Kunigundenkraut. Die alten Bäume strecken ihre Wurzeln wie Fangarme von sich. In der Mitte des Moors liegt der **Große See,** der nach und nach verlandet. Der See selbst kann wegen seiner breiten Verlandungszone nicht erreicht werden. Für einen Ausflug ins Moor ist festes, **wasserdichtes Schuhwerk** zu empfehlen. Auch allerlei **Reptilien** wie z.B. Kreuzottern lieben diese Umgebung. Bei Begegnung nicht belästigen, denn Kreuzottern sind in ihrem Bestand gefährdet und stehen unter Schutz. Wer mit dem Revierförster das Trassenmoor erkunden will, wendet sich an das Forstamt Pudagla (siehe dort).

Erholungsort Karlshagen

Verlässt man Trassenheide, führt die Straße Richtung Karlshagen schnurgerade am Saum des Küstenwaldes entlang.

Etwa auf halber Strecke zwischen den beiden Orten liegt rechts im Wald eine **Gedenkstätte für die Opfer der schweren Luftangriffe auf die Heeresversuchsanstalt** (HVA). Auch wenn es wenig Urlaubsgefühle aufkommen lässt, ein wenigstens kurzes Innehalten an der Mahnstätte schärft den Blick für das, was einen bei der Weiterfahrt in Peenemünde erwartet. Als die hochgeheime getarnte Anlage in den Wäldern von Peenemünde 1943 von den Briten entdeckt wurde, wurde sie von massiven Bomberverbänden angegriffen. Am 18. August 1943 warfen fast 600 Bomber ihre tödliche Fracht ab. Wegen einer schrecklichen Verwechslung wurde dabei die HVA kaum getroffen. Um so schwerer jedoch Karlshagen und das Barackenlager der Zwangsarbeiter und KZ-Häftlinge, die zum Bau der HVA hierher verschleppt wurden. Der Leiter beim Bau der Gefangenenlager war übrigens ein Hauptmann der Reserve namens *Heinrich Lübke,* der später als Bundespräsident zweifelhaften Ruhm erlangte. Mehr als 1000 Menschen verloren bei dem Angriff ihr Leben. Ihnen ist das Mahnmal, auf dessen Friedhof viele der Opfer begraben liegen, gewidmet. Der Besuch der 1970 von dem Usedomer Künstler *Klaus Rößler* geschaffenen Gedenkstätte ist sicher dazu angetan, der „Wiege der Weltraumfahrt" Peenemünde und dem dort zu besichtigenden Kriegsgerät nicht allzu kritiklos zu begegnen.

Karlshagen ist, wie Trassenheide, recht jungen Ursprungs. Erst 1829 wurde es für Kolonisten gegründet, die als **Fischer** in den reichen Heringsbeständen der Ostsee ihr Auskommen fanden. 1885 begann mit der Einweihung einer schlichten Seebrücke auch in Karlshagen die Ära als **Badeort,** die jedoch ebenso schnell wieder zu Ende war wie in Trassenheide. Mit der Abriegelung des gesamten Usedomer Nordteils und dem Bau der **HVA** wurden die Einwohner systematisch vertrieben und neue Wohnkomplexe für die Wissenschaftler und Techniker der HVA errichtet. Der kleine Fischerhafen wurde zum Kriegshafen umgebaut.

Auch nach 1945 blieb Karlshagen in den Fängen des Militärs. Nun wohnten in der HVA-Wohnsiedlung Soldaten der NVA, die bei der in Peenemünde stationierten Marine und Luftwaffe ihren Dienst versahen. Bis zum Herbst 1989 stand am Ortsausgang Richtung Peenemünde eine Ampel, die beim Annähern eines Fahrzeuges von der Stasi auf Rot geschaltet wurde.

Von der Sperre ist heute nichts mehr zu sehen, von den vielen Jahrzehnten Karlshagens als **Garnisonsort** dagegen schon. Wie überall auf der Welt sind auch in Karlshagen die Armee-Wohnkomplexe von Wehrmacht und NVA nicht gerade eine Augenweide. Auch wenn sich der Garnisonsort nicht so einfach in ein schmuckes Seebad verwandeln lässt, so hat die Gemeide doch große Anstrengungen unternommen, aus Karlshagen einen attraktiven Badeort zu machen.

Die Erfolge dieses Bemühens kann man u.a. im Karlshagener **Hafen** besichtigen. Aus dem Kriegshafen wurde eine attraktive Anlage mit Fischerhafen und Sportboot-Marina. Am Kai des größten

Hafens auf Usedom dümpeln Fischkutter. Mit den Heringskuttern und Ausflugsbooten kann man von hier aus Exkursionen zu den Inseln Rügen, Ruden und Greifswalder Oie unternehmen. In einer alten Lagerhalle hat das bislang am Flughafen Peenemünde beheimatete **Pommersche Bettenmuseum** Zuflucht gefunden.

Aus einem ehemaligen Ferienhaus neu entstanden ist auch das unmittelbar am Strand gelegene **Naturschutzzentrum der Insel Usedom.** Hier kann man sich umfassend über Flora und Fauna der Insel informieren. Geboten wird ein Diorama Peenemünder Haken, eine Seevogelausstellung, Information zu den einzelnen Naturschutzgebieten, Mooren, dem Ökosystem Wald u.a. Lehrreich und spannend ist die Teilnahme an fachmännisch betreuten Exkursionen oder Tierbeobachtungen, die das Zentrum anbietet.

Im Ort lebt der von Mölschow nach Karlshagen umgesiedelte **Landschaftsmaler Hans Seifert,** in dessen „Kleiner Galerie im Garten" man seine Werke bewundern und kaufen kann. Das Besondere: Der seit langen Jahren auf der Insel tätige Künstler malt seine Usedom-Aquarelle mit Kaffee.

Karlshagens attraktivstes Stück ist, wie kann es anders sein, sein kilometerlanger, 50–70 m breiter Sandstrand. Durch die lange Absperrung dieses Strandabschnitts ist der **Ostseestrand hier besonders ursprünglich** und völlig unverbaut. Die Stranddünen bedeckt lichter Kiefernwald.

Karlshagen   0 ⎯⎯ 400 m   © REISE KNOW-HOW 2013

■ **Übernachtung**
1 Hotel Nordkap
3 Hotel Dünenschloss
4 Campingplatz Dünencamp

■ **Essen und Trinken**
2 Kaffeehaus Wilms
6 Veermaster

■ **Sonstiges**
5 Fahrradverleih Paul

153ud

Nord-Usedom

Informationen

■**Tourist-Information,** Hauptstraße 4, 17449 Karlshagen, Tel. 038371/55490, Fax 554920, www.karlshagen.de (Nov. bis März Mo bis Mi, Fr 9–17 Uhr, Do 9–18 Uhr, April, Mai, Sept., Okt. Mo bis Mi, Fr 9–17 Uhr, Do 9–18 Uhr, Sa 10–12 Uhr, Juni bis Aug. Mo bis Fr 9–18 Uhr, Sa/So 10–15 Uhr)
■**Vorwahl:** 038371

Unterkunft

■**Hotel Nordkap,** Strandstr. 8, Tel. 550, Fax 55100, www.hotel-nordkap.de (4-Sterne-Komplex in Strandnähe mit 150 m² Saunalandschaft, Kegelbahn, großer Wintergarten, Ü/F HS 48–73 €, NS 40–68 €)
■**Hotel Dünenschloss,** Strandstr. 11, Tel. 2620, Fax 26245, www.duenenschloss-karlshagen.de (Neubau im Stil der Bäderarchitektur 80 m vom Strand; großzügige Zimmer mit Balkon oder Terrasse, Ü/F HS 37–43 €, NS 25–33 €)

Camping

■**Campingplatz Dünencamp,** Zeltplatzstr. 12, Tel. 20291, Fax 20310 (ganzjährig, 5 ha großer 5-Sterne-Platz mit 300 Stellplätzen im Kiefernwald am Strand, Bungalowvermietung)

◁ Auch wenn die Freizeitkapitäne heute dominieren – noch dümpeln im Hafen von Karlshagen malerische Heringskutter

Gastronomie

● **Kaffeehaus Wilms,** Strandstr. 22, Tel. 2640 (Pommersche Küche, Fischgerichte und selbst gebackene Kuchen, wenige Schritte vom Strand)
● **Veermaster,** Am Hafen 2, Tel. 21012, www.restaurant-veermaster.de (beliebtes, deshalb meist gut besuchtes, maritim gestaltetes Restaurant mit Terrasse zum Seglerhafen, in der Saison Tischreservierung empfehlenswert)

Aktivitäten

● **Naturschutzzentrum „Insel Usedom",** Dünenstr. 6, Tel./Fax 21750, www.naturschutzzentrum-karlshagen.de (Mai bis Sept. Di bis So 10–17 Uhr, Okt. bis April Di bis So 10–16 Uhr, Nov. bis Jan. geschlossen, Eintritt frei!)
● **Fahrradverleih:** *Paul,* Hauptstr. 83, Tel. 20246 (auch Tandem)
● **Surfen, Kat-Segeln, Wasserski, Paddeln, Wakeboard:** Sportstrand Karlshagen, Zeltplatzstr. 3, Tel. 55770, www.sportstrand-usedom.de
● **Pommersches Bettenmuseum,** am Hafen, Tel. 0171/9907630 (tägl. 10–18 Uhr), www.pommersches-bettenmuseum.de
● **Kegeln:** *Hotel Nordkap,* Strandstr. 8 (tägl. bis 24 Uhr)
● **Kleine Galerie im Garten:** Niederstr. 12, Tel. 20449, www.landschaftsmaler-seifert.m-vp.de (Mo bis Fr 13–17 Uhr, Sa/So nach Anmeldung)
● **Fischräucherei/Verkauf:** *Ehmke,* am Hafen 6, Tel. 55747 (Hauptsaison tägl. 9–19 Uhr, Nebensaison Mo bis Fr 9–12 und 15–18 Uhr)
● **Schiffsausflug:** Mit der *MS Astor* zur Insel Ruden mit Landgang, Peenestromfahrten und nach Rankwitz, Tel. 0171/6514769, www.ms-astor.de

Das Trümmerfeld

Mit dem Ende der DDR ist zwar das Militär abgezogen und der Weg nach Peenemünde wieder für jedermann frei. Einige Gefahren aber lauern immer noch. Das **Waldgebiet zwischen Karlshagen und Peenemünde** nennt man nicht zu Unrecht „Trümmerfeld". In diesen Wäldern standen bis 1945 die gigantischen Anlagen der Heeresversuchsanstalt, die die berüchtigten Vergeltungswaffen V1 und V2 (V steht für Vergeltung) entwickelte und testete.

Die Absperrungen, die das gesamte Gebiet bis noch vor wenigen Jahren abriegelten, sind zwar teils verschwunden, aber das gesamte, seit den Bombenangriffen auf Peenemünde **munitionsverseuchte Waldgebiet** wurde bis zum Jahr 1990 sich selbst überlassen. Erst mit der Wiedervereinigung wurde begonnen, das von Wald überwucherte Gebiet zwischen Karlshagen und Peenemünde systematisch nach Blindgängern, alter Munition und ähnlich gefährlichem Zeug zu durchkämmen. Inzwischen ist das Gebiet praktisch vollständig geräumt und **der Öffentlichkeit wieder zugänglich.** Eventuell noch bestehende Absperrungen sollte man aber zur eigenen Sicherheit besser respektieren.

Es lohnt sich allerdings wenig, in dem Gebiet auf „Schatzsuche" zu gehen. Außer ein paar Betonfundamenten von ehemaligen Prüfständen, abgesoffenen Bunkern und aus der Erde ragenden Armierungsstahl des Versuchsserienwerkes ist von der HVA weder in diesem Waldgebiet noch sonstwo etwas zu sehen. Die **Anlagen der HVA** wurden nach 1945 allesamt systematisch gesprengt und sind mittlerweile von jungem Wald überwachsen. Und die hartnäckigen Gerüchte, von der HVA seien noch irgendwelche intakten unterirdischen Anlagen erhalten, sind barer Unsinn. Wer sich einen Überblick verschaffen will, wo welche Anlage früher stand, der kann dies weit besser an dem HVA-Modell im Historisch-technischen Zentrum in Peenemünde studieren als im Wald selbst.

Peenemünde

Die Straße nach Peenemünde führt ein Stück fast unmittelbar am Strand entlang. Nur ein schmaler Waldstreifen trennt sie von dem **herrlichen und wenig besuchten Naturstrand.** Ein Parkplatz gibt Gelegenheit anzuhalten und sich ein Bad in der Ostsee zu gönnen oder an dem außerhalb der Saison völlig einsamen Strand entlangzuspazieren. Die Straße endet in dem als „Wiege der Weltraumfahrt" weltberühmt gewordenen Ort Peenemünde. Tatsächlich hob hier am 3. Oktober 1942 die **erste Rakete der Welt,** die **V2,** erfolgreich von ihrer Startrampe ab, verließ die Atmosphäre und flog 192 km weit, bevor sie in die Ostsee stürzte.

Der Anblick des epochemachenden Ortes ist jedoch mehr als ernüchternd. Um es unverblümt zu sagen: Es ist ein schlicht **trostloser Ort.** Gleich am Ortseingang erwartet den Besucher ein kolossales, überwachsenes Betongerippe. Holprige Betonstraßen führen vorbei an schmutzig grauen, zum Abriss freigegebenen Gebäudekomplexen und Baracken, deren Fenster zerstört oder zugenagelt sind. Am großen Hafen erhebt sich ein ebenso riesiger wie hässlicher Industriebau aus Backstein. Von ge-

wachsenen Dorfstrukturen ist nichts zu sehen. Nicht viel mehr von den 317 Einwohnern, die Peenemünde derzeit noch bevölkern sollen.

Und dennoch strömen **alljährlich Zehntausende Besucher** aus der ganzen Welt in diesen fast unheimlichen Flecken am äußersten Nordzipfel Usedoms. Der Grund für diesen Andrang wie für die Misere des Dorfes ist ein und derselbe – das Militär.

Geschichte

Begonnen hat die Geschichte von Peenemünde bereits 1282 als abgelegenes, **armseliges Fischerdorf** weitab aller Verkehrswege inmitten einer sumpfigen und dicht bewaldeten Gegend, in die sich niemand freiwillig begab.

Vom „Mantel der Geschichte" erstmals berührt wurde der unbedeutende Flecken, als *Wallenstein* im **Dreißigjährigen Krieg** eine Schanze errichten ließ, um die strategisch wichtige Peenemündung, die damals die einzige Zufahrt in das Oderhaff bot, zu sichern. Quasi europäische Geschichte schrieb der Ort, als 1630 der Schwedenkönig *Gustav Adolf* mit 15.000 Mann bei Peenemünde anlandete, um auf protestantischer Seite als entscheidender Machtfaktor in den Dreißigjährigen Krieg einzugreifen.

Seien es der folgende Siebenjährige Krieg, die Napoleonischen Kriege oder der deutsch-französische Krieg, bei jeder Auseinandersetzung wurde der **strategisch wichtige Ort an der Peenemündung umkämpft,** erobert, geplündert, verheert.

Die Hoffnung der Peenemünder, wie die anderen Küstendörfer Usedoms auch als Seebad Karriere machen zu können, wurde durch einen jungen, tatendurstigen Wissenschaftler mit dem Namen **Wernher von Braun** vereitelt. Dieser hatte Weihnachten 1935 einen Rundflug unternommen, um nach einer **geeigneten Stelle für den Bau eines Raketentestgeländes** zu suchen. Die abgeschiedene Lage, die dichte Bewaldung, die geringe Bevölkerung und 500 Kilometer freies Schussfeld über die Ostsee ließen seine Wahl auf den Peenemünder Haken fallen. Für 750.000 Reichsmark kaufte er im Auftrag des Heereswaffenamtes den gesamten Peenmünder Haken der Stadt Wolgast ab, die sich mit dem Geld eine neue Wasserleitung baute.

Für die Bürger des kleinen Fischerdorfes war die Entscheidung *Wernher von Brauns,* hier seine Forschungs- und Testeinrichtungen zu bauen, alles andere als gut. 1936 wurden die **Bewohner allesamt vertrieben.** Militärs und Wissenschaftler zogen in das geräumte Dorf.

Die **alliierten Luftangriffe** auf die Forschungsstätte trafen auch den Ort schwer und zerstörten ihn fast gänzlich.

Nach 1945 durften die Einwohner zwar zurückkehren, wohnten aber weiterhin mitten in einer militärischen Sperrzone, die nun von der **Nationalen Volksarmee** (NVA) genutzt wurde. Sie durften nur mit Sondergenehmigung ein- und ausreisen, Besuch war kaum möglich. Tag und Nacht heulten die russischen MIGs, die sich auf dem Wehrmachtsflugplatz eingenistet hatten, über die geschundene Gemeinde. Der Tiefseehafen wurde wichtiger Flottenstützpunkt.

Nach der Wiedervereinigung zog das Militär endgültig ab. Da das Militär mehr als 40 Jahre lang der einzige Arbeitgeber Peenemündes war, hat der kleine gebeutelte Ort nun mit einer extrem hohen Arbeitslosigkeit zu kämpfen. Ebenso mit den **Hinterlassenschaften des Militärs.** Was mit den riesigen Liegenschaften, die nun im Besitz des Bundesvermögensamtes sind, geschehen soll, weiß bislang niemand so recht. Alle bisherigen, teils größenwahnsinnigen

> ⊳ U 461 ist das größte U-Boot-Museum der Welt

Pläne wie die eines amerikanischen Investors, aus Peenemünde ein gigantisches Weltraumbahnhof-Vergnügungscenter zu machen, sind gescheitert. Auch wenn viele der verrotteten Militäranlagen abgerissen werden, sieht Peenemünde heute nicht viel anders aus als 1994, als die letzten, nun der Bundeswehr angehörigen Soldaten den Ort nach fast 70 Jahren endgültig verließen.

Sehenswertes

Die bedeutendsten „Sehenswürdigkeiten" von Peenemünde sind die **Reste und Relikte der Wehrmacht.** So ist das eingewachsene Stahlbetongeripppe am Ortseingang die **alte Sauerstofffabrik,** die einst flüssigen Sauerstoff für den Raketentreibstoff produzierte. Sie widerstand allen Sprengversuchen. Das monströse Backsteingebäude am Hafen ist das **ehemalige Kohlekraftwerk** der HVA,

das die Anlagen mit Energie versorgte und bei seinem Bau als das modernste Europas galt.

Auf dem Gelände des Kraftwerks und des Steuerbunkers eröffnete gleich nach der Wende im Jahre 1991 auf Initiative und unter Leitung des in Peenemünde stationierten ehemaligen NVA-Offiziers *Saathoff* das **Historisch-Technische Museum (HTM),** dessen provisorische Ausstellungen und viele andere HVA- und Raketen-Fundstücke aus den umliegenden Wäldern zeigten.

Seither ist man bemüht, unter Einbeziehung der bisherigen Ausstellungsstücke ein **schlüssiges Konzept** für die Einrichtung zu entwickeln, was durch die unselige Verquickung von technischen Pioniertaten, Produktion von mörderischem Kriegsgerät und menschenverachtendem Gewaltregime jedoch nicht ganz einfach ist. Getragen von einem international besetzten wissenschaftlichen Beirat feilte man vier Jahre lang an dem Konzept.

Für das neue Museum wurde das 1942 fertiggestellte Peenemünder Kraftwerk zum Ausstellungsgebäude umfunktioniert – übrigens auch ein Pilotprojekt der Denkmalpflege. Am 1. Juli 2000 eröffnete im denkmalgeschützten Kraftwerk auf rund 700 m² der erste **Ausstellungsabschnitt „Raketenentwicklung in Deutschland bis zum Kriegsende".** Nach und nach entstanden zwischen den Kesselanlagen und Schaltschränken weitere 5000 m² Fläche für Ausstellungen und Veranstaltungen.

Im Jahre 2001 wurde mit der **Ausstellung „Das Erbe von Peenemünde",** die die Weiterentwicklung der Raketentechnik von damals bis heute veranschaulicht, der zweite Abschnitt des Konzepts eröffnet. 2007 wurde auch der ausgeschilderte **22 km lange Rundweg,** der durch das 25 km² große Areal zu derzeit 13 Stationen, überwiegend Resten und Ruinen der ehem. Versuchsanstalt führt, freigegeben.

Abgerundet wird das Museum, das mit über 300.000 Besuchern jährlich zu den meistbesuchten Deutschlands zählt, mit der Frage nach der Verantwortung von Technik und Wissenschaft gegenüber Mensch und Natur.

Auf einem **Freigelände** ist ein **Sammelsurium von ausgedientem Kriegsgerät der NVA** wie Hubschrauber, MIGs, Raketen und Ähnliches zu finden. Natürlich sind auch Modelle der Rakete V2 und der Flügelbombe V1 in Originalgröße ausgestellt. Im angrenzenden Hafen liegt schwimmendes Kriegsgerät vor Anker, unter anderem ein russisches Raketenschiff.

Das **Maritim-Museum** zeigt auch das russische **Raketen-U-Boot U 461,** das einst in der Baltischen Rotbannerflotte seinen Dienst tat. Der 100 m lange und 4127 Tonnen schwere Koloss ist das größte jemals gebaute Unterwassergefährt mit konventionellem Antrieb und damit gleichzeitig das größte **U-Boot-Museum** der Welt. 1961 gebaut, hatte es eine Besatzung von 80 Mann, eine Reichweite von 18.000 Seemeilen, wurde von zwei je 4000 PS starken Dieselmotoren angetrieben, konnte bis 300 Meter tief tauchen und hatte neben Torpedos auch Schiff-Schiff-Raketen an Bord.

Der 1877 erbaute **Dreimast-Großsegler VIDAR,** der seit 2001 im Hafen vor Anker liegt und 2002 durch ein Feuer schwer beschädigt worden war, dient in der Saison wieder als Restaurantschiff mit „Piraten-Erlebnisgastronomie".

Nord-Usedom

Als Kind der EXPO das Licht der Welt erblickt und dieselbe überdauert hat die **Phänomenta,** die am Museums-Parkplatz mit mehr als 100 spannenden Experimentierstationen Physik zum Anfassen und Begreifen anbietet. Das interaktive Museum bietet auf dem Rundgang faszinierende Geheimnisse und Phänomene zum Tasten, Riechen, Hören, Ziehen, Kriechen an. Das Angebot, das Kinder wie Erwachsene in seinen Bann zieht und zum stundenlangen Verweilen verführt, reicht vom „Begehbaren Kaleidoskop" über „Gefrorene Schatten", „Nebelkammer" und „Unendliche Tonleiter" bis zum „Urmotor" und „Zauberspiegel".

Ebenfalls beim Museums-Parkplatz steht auf einem Minifriedhof eine kleine, 1876 erbaute und hübsch restaurierte sechseckige **Kapelle** (tägl. 9–18 Uhr). Vor ihr steht der **Gustav-Adolf-Gedenkstein,** der an die Landung des Schwedenkönigs erinnert. Seine Inschrift lautet: „Verzage nicht, Du Häuflein klein. Gustav Adolf landete hier im Mittsommer 1630. Deutsche Verehrer des Helden und Freunde seines Volkes errichteten 1930 diesen Stein."

Thematisch eine angenehme Alternative zu Bomben und Raketen ist das **Spielzeugmuseum,** das Jung und Alt gleichermaßen erfreut.

Informationen

- **www.peenemuende-info.de**
- **Vorwahl:** 038371

Die Heeresversuchsanstalt

Begonnen hatte die Entwicklung von Raketen in Kummersdorf bei Berlin, wo eine Handvoll begeisterter Wissenschaftler mit Strahlentriebwerken experimentierte. Unter ihnen war ein besonders fähiger und ehrgeiziger junger Wissenschaftler namens **Wernher von Braun.**

Nachdem die Arbeit der Gruppe lange verspottet und ignoriert wurde, erkannte ein Teil des Militärs die Möglichkeiten eines solchen Antriebs für ihre Zwecke. Die Kummersdorfer erhielten nun großzügige finanzielle Förderung, um ein neues Testgelände und die notwendigen Versuchsanlagen zu bauen. Erst fiel die Wahl *von Brauns* auf die Schmale Heide bei Binz auf Rügen. Dieses Gelände hatte sich aber kurz zuvor die Naziorganisation „Kraft durch Freude" unter den Nagel gerissen und baute dort die große Ferienanlage Prora. Die Anlage, die nie fertig wurde, ist dort heute noch zu besichtigen. So entschied man sich für Usedom, weil man von dort aus über 500 km weit über unbewohntes Gebiet, d.h. die Ostsee, schießen konnte. Die **abgeschiedene Lage, geringe Besiedlung und die zur Tarnung günstigen Kiefernwälder** bildeten ideale Voraussetzungen zur Geheimhaltung des Projekts.

Nachdem man sämtliche Einwohner Nord-Usedoms vertrieben hatte, wurde 1936 mit dem Bau der gigantischen Anlage begonnen. **350 Millionen Reichsmark,** eine für die damaligen Verhältnisse unglaubliche Summe, wurden für die größte Baustelle des Reiches bereitgestellt. Mit der **Arbeitskraft von Zehntausenden Zwangsarbeitern und KZ-Häftlingen** durchzog man den ganzen Inselzipfel mit Entwässerungsgräben und senkte so den Grundwasserspiegel um 1,5 m ab. Ein künstlich angelegter See sammelte das Wasser. Über 70 km S-Bahn-Schienen wurden verlegt, die die einzelnen Gebäude der Anlage, die sich über den gesamten Inselteil erstreckte, verbanden.

Größter Einzelbau war die **Halle des Versuchsserienwerkes,** in der die V2 stehend montiert wurde. Die Halle war 200 m lang, 75 m breit und 20 m hoch. Ebenfalls gebaut wurde der größte Windkanal der damaligen Welt, in dem fünffache Schallgeschwindigkeit erzeugt werden konnte.

Während der ersten Bauphase begannen die Wissenschaftler mit dem **Versuchsschießen kleiner Raketen** von dem kleinen der Usedomer Küste vorgelagerten Eiland „Greifswalder Oie" aus.

In Peenemünde wurde dann unter Leitung des Heeres, verkörpert durch General *Dornberger,* die **erste Rakete der Welt,** die **V2,** entwickelt und gebaut. Die Flugbombe V1 entstammte den Laboratorien der ebenfalls in Peenemünde ansässigen Luftwaffe, deren Konstrukteure von Raketen gar nichts hielten (wohl weil sie befürchteten, im Falle des Gelingens überflüssig zu werden).

Nach vielen Fehlschlägen gelang schließlich am **3. Oktober 1942** der **erste erfolgreiche Start** einer V2. Sie flog über 90 km hoch und 200 km weit. Zum ersten Mal in der Geschichte der Menschheit hatte damit ein Flugapparat die Atmosphäre verlassen.

In Peenemünde wurde aber nicht nur an Raketen geforscht. Die Anlage stellte sozusagen einen großen Wissenschaftlerpool, **einen der ersten Technologieparks,** dar. Es wurde an vielen Projekten parallel gearbeitet, so beispielsweise an der ersten Flugabwehrrakete „Wasserfall", an Großrechenanlagen und am ersten Strahlenflugzeug der Welt, der HE 176, das vom Peenemünder Flughafen zu seinem ersten Flug abhob.

Der Ingenieur *Bruch* entwickelte hier die erste Fernsehkamera, die er in die Köpfe der Geschosse einbaute – Vorläufer der „smart bombs" und „guided missiles", die jeder vom NATO-Bombardement Serbiens und dem Krieg im Irak her kennt.

Obwohl man die ganze Anlage streng geheim hielt und perfekt tarnte, wurden die Alliierten durch die Kondensstreifen der Raketen, die man bis nach Schweden sehen konnte, auf Peenemünde aufmerksam. Einige **Fehlschüsse,** von denen auch einer in Schweden niederging, bestätigten ihren Verdacht. Ein Fehlschuss zerstörte übrigens auf dem Peenemünder Flughafen drei eigene HE-111-Bomber. Ein anderer Irrläufer schlug nahe von Buddenhagen bei Wolgast ein und riss einen Krater von 40 m Durchmesser und 15 m Tiefe. Der Krater, der noch heute vorhanden ist, diente den Schulen der Umgebung häufig als Ausflugsziel.

Am 17./18.8.1943 griffen dann 600 alliierte Bomber die Anlagen an und beschädigten die Werke sowie die umliegenden Gemeinden schwer. Weil man die Baracken der Zwangsarbeiter für Kasernen der Wachmannschaften hielt, wurden auch diese angegriffen. Viele hundert der gequälten Häftlinge fanden dabei den Tod. Danach wurden sämtliche Arbeitskräfte durch Insassen der KZs Sachsenhausen und Ravensbrück ersetzt. Eine zweite Angriffswelle am 18. Juli 1944 zerstörte die Anlagen völlig.

Die Raketenproduktion wurde daraufhin in unterirdische Stollenanlagen, das sogenannte **Mittelwerk bei Nordhausen** am südlichen Harzrand, verlegt. Insgesamt wurden während des Krieges knapp 6000 V2-Raketen hergestellt und verschossen.

■ **Literaturtipp:** Peenemünde – Die Geschichte der V-Waffen, von *Walter Dornberger,* Ullstein-Taschenbuch

Unterkunft

◼**Pension Am Deich,** Feldstr. 1a, Tel. 28582, Fax 28512, www.usedom-hotel.de (Neubau mit 6 Zi. und nettem Café mit vielen Kaffeespezialitäten und hausgemachtem Kuchen zu Musik aus dem Grammophon, Ü/F HS 36–38 €, NS 34–36 €)

Gastronomie

◼**Die Flunder,** Hafenpromenade 7, Tel. 21995, www.flunder.auf-usedom.info (Fisch- und Grillrestaurant mit Blick auf Hafen und U-Boot; das Besondere sind die herrlichen Sonnenuntergänge, die man hier beim Essen miterleben kann)

◼**Alte Wache,** Zum Hafen 4, Tel. 21464, www.altewache-peenemuende.de (mit Peenemünde-Information, Café, Buchhandlung, Fischräucherei in der ehem. Wache der 1. Flottille der DDR-Marine)

Museum/Kultur

◼**Historisch-Technisches Museum,** Bahnhofstraße 28, Tel. 5050, www.peenemuende.de (April bis Sept. tägl. 10–18 Uhr, Okt. bis März 10–16 Uhr, Mo geschlossen)

◼**Phänomenta,** Museumstraße 12, Tel. 26066, www.phaenomenta-peenemuende.de (März bis Okt. 10–18 Uhr, 22. Dez.–6. Jan. und 31. Jan.–19. Febr. tägl. 10–18 Uhr)

■**Schiffsausflug:** *Apollo Fahrgastreederei,* Zum Hafen 1, Tel. 20829 (zu den Inseln Ruden und Greiffswalder Oie, Bodden-Rundfahrten)

■**Go-Kart:** auf der Flughafen-Startbahn, Mobil 0172/3552864, www.kartbahnpeenemuende.de, (April–Juni u. Sept./Okt. tägl. 9–18 Uhr, Juli/Aug. 9–21 Uhr)

■**Fähre:** 1.5.–31.10. tägl. zwischen 10 und 18 Uhr (NS 16 Uhr) Fährverbindung von Peenemünde nach Freest und Kröslin (nur Personen, Fahrradmitnahme möglich! Tel. 20829)

Die Insel Ruden

Vor der Spitze des Peenemünder Hakens liegt die Insel Ruden. Das nur rund 27 ha große Eiland ist der letzte **Rest einer einstigen Landbrücke,** die den Nordzipfel von Usedom mit dem Südostzipfel der Nachbarinsel Rügen verband. Die Landbrücke wurde bei der großen Allerheiligen-Sturmflut im Jahr 1304 verschlungen. In den folgenden 300 Jahren verlor der Ruden weiter fast ein Drittel seiner Landmasse an das Meer. Um sein völliges Verschwinden zu verhindern, begann man im 17. Jh., das Eiland mit Uferschutzbauten zu sichern.

Bis ins 17. Jh. war die Insel unbewohnt. Dann errichteten die Dänen auf ihr eine Zoll- und Lotsenstation, die den Hauptschifffahrtsweg in die Odermündung überwachte und sicherte. Die Handvoll **Siedler,** die sich auf dem Ruden niederließen, mussten ihr Viehfutter und Trinkwasser von Usedom herbei-

■**Maritim-Museum,** im Hafen, Tel. 28565, www. u-461.de (Juli bis 15. Sept. tägl. 9–20 Uhr, Mai/Juni und 16. Sept. bis 15. Okt. tägl. 10–18 Uhr, 16. Okt. bis 30. April 10–16 Uhr)

■**Spielzeugmuseum,** Museumstr. 14, Tel. 25656, www.spielzeugmuseum.peenemuende.info (Mai bis Sept. tägl. 9–18 Uhr, Okt. bis April tägl. 10–16 Uhr)

Aktivitäten

■**Inselrundflüge:** Flugplatz Peenemünde, Tel. 0700/33334747, www.usedomer-fluggesellschaft. de (ab Mai je nach Wetterlage Inselrundflüge ca. zwischen 10 und 18 Uhr)

◁ Hier wohnen die einzigen Bewohner der Insel Ruden

schaffen. 1905 wurde ein Teil aufgeforstet, ein richtiger Hafen mit Mole angelegt und die Ufersicherungen wurden weiter ausgebaut.

Mit dem Absperren des Peenemünder Hakens 1935 mussten die Bewohner weichen. Der im **militärischen Sperrgebiet** gelegene Ruden blieb bis 1990 für Normalsterbliche unzugänglich.

Mittlerweile sind der ehemalige Wirt *Conrad Marlow* und seine Partnerin *Ulla Todt* die einzigen Insulaner sowie Hafenmeister, Touristenführer und Naturschutzwart in Personalunion. Da mit der Schließung der Grenzstation nach der Wende die Versorgungsleitungen gekappt wurden, leben die Einsiedler ohne Strom und fließend Wasser.

Der gesamte Ruden ist heute ein **Naturschutzgebiet.** 250 Vogelarten, darunter 120 Brutvogelarten und mehr als 60 gefährdete höhere Pflanzenarten sind auf dem Eiland heimisch.

Das kleine Inselparadies kann mit **Ausflugsschiffen von Karlshagen und Peenemünde** aus besucht werden. Die empfindliche Flora und Fauna der Insel erfordert es, dass der ausgewiesene Rundweg nicht verlassen werden darf.

Im Sommer erzählt ein kleines **Info-Zentrum** von Geschichte, Natur, Entstehung und Nutzung der Insel.

Die Greifswalder Oie

Die 62 ha große Insel Greifswalder Oie liegt rund 12 Kilometer von Usedom entfernt. Die **Slawen** nannten sie einst „Swante Wostrossna", **„Heilige Insel"**, weshalb man vermutet, dass auf ihr damals ein Slawenheiligtum stand.

Ihren heutigen **Namen** erhielt sie im 13. Jh., als sie vom pommerschen Herzogshaus an die Hansestadt Greifswald verkauft wurde.

1853 wurde die Oie durch Uferverbauungen gesichert und erhielt einen Leuchtturm, einen Nothafen und ein Seemannsheim, die den Fischern und Seeleuten bei Gefahr Schutz und Unterkunft boten. **Bis 1935 wurde die Insel von einigen wenigen Menschen bewohnt und bewirtschaftet.**

Die Raketenbauer um *Wernher von Braun* nutzten sie bis zur Fertigstellung der HVA bei Peenemünde für ihre Versuche als vorläufigen **Raketenstartplatz,** wofür eine Abschussrampe und ein Bunker gebaut wurden.

Nach 1945 wurde sie von der **NVA** genutzt. Ihr letzter Pächter wurde 1951 im Zuge der berüchtigten „Aktion Rose" wegen eines fingierten Wirtschaftverbrechens angeklagt und ins Gefängnis geworfen. Danach war die Oie ein Vorposten der NVA-Marine, die von hier aus die Ostsee überwachte und die DDR-Bürger zu hindern versuchte über die Ostsee zu fliehen.

Heute ist die Greifswalder Oie ein **Naturschutzgebiet** mit artenreicher Flora und Fauna. Die Insel ist ein **Zugvogelrastplatz** von herausragender Bedeutung. Auf der Insel unterhält die Vogelwarte Hiddensee eine Fangstation, in der Zugvögel wissenschaftlich untersucht und beringt werden.

Die Oie kann nur nach Voranmeldung (maximal 50 Personen täglich!) besucht werden. Der knapp 40 m hohe und 150 Jahre alte Leuchtturm, von dem man eine tolle Fernsicht hat, darf dabei auch erklommen werden. Auf Wunsch führt der Natur- und Vogelschutzverein „Jordsand", der die Insel betreut, einen Rundgang über die Insel, bei dem viele Informationen zur wechselhaften Geschichte der Insel geboten werden. Besonders interessant sind Fahrten von März bis Juni und September bis November, wenn die Oie und die Pommersche Bucht als bedeutendstes Rastgebiet für Berg- und Eisenten im gesamten Ostseeraum dient.

■ **Bootsexkursion Oie:** *Reederei Apollo,* M.S. „Seeadler", Tel. 038371/20829, www.schifffahrt-usedom.de (mit 2 Std. Aufenthalt, ab Peenemünde und Freest, Reservierung obligatorisch, Erw. 25 €, Kinder 5–11 Jahre 10 €)
■ **Führungen:** *Jordsand e.V., Mathias Mähler,* Tel. 038371/ 21678, www.jordsand.de

☐ Fischerboot am Badestrand: Der Fang wird gleich in den Dünen hinter dem Strand geräuchert und verkauft

Halbinsel Gnitz mit Zinnowitz

Folgt man an der Straßengabelung kurz nach Bannemin weiter der B 111, erreicht man nach kurzer Fahrt **Zinnowitz,** das größte, vom Ortsbild her schönste und deshalb am meisten besuchte Seebad im Nordteil Usedoms.

Bei Zinnowitz schiebt sich zwischen dem Krumminer Wiek und dem Achterwasser die **Halbinsel Gnitz** weit der Festlandsküste entgegen. Der Gnitz ist ohne Frage das landschaftlich reizvollste Stück der Nord-Usedomer Binnenküste.

Auszug aus der Badeordnung von Zinnowitz vom 11.03.1909

§1: Das Baden in der Ostsee im Freien außerhalb der Badeanstalten vom Strande aus ist im Bereich des Amtsbezirkes Zinnowitz, also innerhalb der Stationen 101, 280 (bei Kölpinsee) und 116,900 (bei Carlshagen), im Interesse der öffentlichen Ordnung und Sicherheit verboten.

§2: Während der Badestunden von 6.00 Uhr morgens bis 12.00 Uhr mittags dürfen am Strande vor den Damenbadeanstalten und zu beiden Seiten derselben bis auf eine Entfernung von 75 Metern, welche Abstande durch Tafeln bezeichnet sind, männliche Personen sich nicht aufhalten.

§3: Übertretungen dieses Verbotes werden mit Geldstrafen bis zu neun Mark bestraft.

Der Reiz dieses Stückchen Usedom ist der Gegensatz von belebtem, mondänem Seebad mit fast städtischem Charakter und der nur einen Katzensprung davon entfernt liegenden Stille und Abgeschiedenheit des Gnitz, der mit seiner auf engstem Raum vereinten, außergewöhnlichen Vielfalt an Landschafts- und Küstenformen zu beschaulichen Spaziergängen, Radtouren oder einer Rundwanderung einlädt.

Seebad Zinnowitz

Das große und traditionsreiche Seebad Zinnowitz liegt eingebettet zwischen ausgedehnten Misch- und Nadelwäldern auf einem 2 Kilometer breiten Landstreifen zwischen Ostsee und Achterwasser. Mit rund 3700 ständigen Bewohnern und 100.000 Badegästen im Jahr ist Zinnowitz der **bedeutendste Badeort Nord-Usedoms** und neben Ahlbeck das größte Seebad der Insel. Doch auch Zinnowitz hat einmal ganz klein angefangen.

Geschichte

Erwähnung fand der Ort erstmals als **slawisches Dorf** „Tzys" in einer Schenkungsurkunde, in der der Pommernherzog *Bogislaw IV.* 1309 den Flecken samt dessen bebautem und unbebautem Grund und Boden, Gewässer, Wald, Fischerei und Jagdrecht dem **Zisterzienserorden** vermachte, der im nahen Krummin bereits ein Frauenkloster unterhielt. 1536 wurde das Kloster säkularisiert und im Dreißigjährigen Krieg samt dem nun „Zitz" genannten Ort zerstört.

Der Ort vegetierte als **armseliger Weiler** mit nur einer Handvoll Einwohnern vor sich hin. Ein Kataster aus dem Jahr 1693 zählt gerade einmal sieben Einwohner auf, darunter „Fridrik Birkold, Heidereiter" und „Georg Spielhagen, alter Heidereiter".

Zum Dorf mit etwa 40 Einwohnern wurde Zinnowitz erst wieder, als 1751 *Friedrich II.* eine **Domäne namens „Zinnewitz"** gründen ließ, in der Kolonisten aus Mecklenburg angesiedelt wurden. Preußen, durch den Siebenjährigen Krieg in arge Finanznöte geraten, verkaufte die Domäne für schlappe 14.000 Taler an den „König von Swinemünde", den Kommerzienrat *F. W. Krause*. Zu

Krauses Gunsten erklärte man Zinnowitz zum Rittergut, das damit das Recht erhielt, auf Kreistagen vertreten zu sein. Nach *Krauses* Tod verkauften seine Erben das Gut in Parzellen an 32 Kolonisten, wodurch die Kreisstandsschaft wieder verloren ging.

Mit der Eröffnung der Seebäder Swinemünde, Misdroy und Heringsdorf beantragten 1851 auch die Zinnowitzer beim Landrat in Swinemünde die Erlaubnis, ein Seebad einrichten zu können. Am 16. Juni 1851 wurde mit dem „Badekonsens" die Genehmigung erteilt. 1854 eröffnete mit einem einfachen Anbau an die Gaststätte „Wigwam" das erste Hotel. Der **Aufstieg zum mondänen**

■ Übernachtung	16 Hotel Asgard	12 Marimar
1 Campingplatz	17 Hotel Waldidyll	13 Nautilus
Pommernland	18 Pension Gellert	
4 Hotel Vineta		**■ Sonstiges**
5 Vineta Chalet	**■ Essen und Trinken**	10 Fahrradverleih
6 Vineta Residenz	2 MS Libelle	Kruggel
7 Palace Hotel	3 Zum Smutje	11 Club-Kino
9 Gasdas Gästehaus	8 Bade-Museums-Café	14 Atelier Meyer
		15 Tennisschule
		19 Sportpark Barge

Seebad verlief rasant. Bis 1905 stieg die Einwohnerzahl von 356 auf 1267, die der Häuser von 59 auf 259 und die Steuereinnahmen von 500 auf 18.000 Mark. Investoren aus Berlin und ganz Deutschland errichteten zahlreiche prächtige Villen, Gasthäuser und Hotels.

Die stürmische Entwicklung wurde 1936 abrupt unterbrochen, als die **Nazis** sich in den Wäldern bei Peenemünde einnisteten und den nördlichen Inselteil samt Zinnowitz bei Zempin abriegelten und verminten. Wenig rühmlich ist die NS-Vergangenheit des Seebades. Bereits vor *Hitlers* Machtergreifung war Zinnowitz streng deutschnational und judenfeindlich, gerierte sich als Seebad „von rein deutschem Gepräge" und, auch wenn man's heute nicht mehr gerne hören noch daran erinnert werden möchte (die offizielle Geschichtsschreibung auf der Internetseite des Seebades macht hier elegant einen Zeitsprung von 1932 nach 1947), der Erfolg versprechende Slogan des Seebades hieß: „Fern bleibt der Itz von Zinnowitz."

Nach 1945 stieg Zinnowitz zum „**Seebad der Werktätigen**" mit über 1 Million Gästen jährlich auf. Von den in der „Aktion Rose" zwangsenteigneten Häusern hatte sich der reichste und wohl auch berüchtigtste DDR-Betrieb, die **SDAG Wismut,** den Löwenanteil gesichert. Die SDAG (Sowjetisch-Deutsche Aktien-Gesellschaft) schürfte aus den Bergen Sachsens das Uran für sowjetische Atombomben.

Steinerner Zeuge aus der Zeit von Zinnowitz als SDAG-Ferienzentrum ist das hässliche, in die Stranddünen geklotzte heutige **Hotel Baltic,** das früher den klangvollen Namen „Roter Oktober" trug. Das ebenfalls von der *Wismut*

175ud

1956 mitten im Ort errichtete riesige Kulturhaus rottet seit der Wende vor sich hin, weil es angesichts seiner mit 900 Sitzplätzen gigantischen Dimensionen bis heute kein vernünftiges Nutzungskonzept für diesen stalinistischen Kulturtempel gibt.

Sehenswertes

Abgesehen von den Wismut-Bausünden ist das Ortsbild weitgehend durch die berühmte **Bäderarchitektur der 1920er Jahre** bestimmt. Verspielte schneeweiße

Villen, klassizistische Pensionen und einstige Grand-Hotels säumen im Zentrum die Straßen.

Erstes Ziel aller Besucher ist natürlich die neue Zinnowitzer **Seebrücke** und die ebenfalls neu und schön gestaltete **Seepromenade,** an der sich besonders ansehnliche Beispiele der historischen Bäderarchitektur aufreihen.

Die neueste Attraktion des Seebades ist die **Tauchgondel** an der Seebrücke, mittels der man à la *Jules Verne* im 45-Minuten-Takt trockenen Fußes hinab in die Tiefe der Ostsee fahren und so die Meereswelt von Nahem bestaunen kann.

Nur wenige Schritte von der Promenade entfernt liegt das traditionsreiche **Hotel Preussenhof,** in dem 1925 schon der preußische Kronprinz Quartier nahm. Ideal zum Spazierensitzen ist das gemütliche Museums-Café des Hotels, von dem man nicht nur den Flaneuren zuschauen kann, sondern sich im **Heimatmuseum** und dessen nostalgischem Flair „Badewesen der Jahrhundertwende" befindet.

⌃ Die Seepromenade von Zinnowitz schmückt sich mit bilderbuchschönen historischen Bädervillen

Als kultureller und touristischer Mittelpunkt von Nord-Usedom besitzt Zinnowitz auch vergleichsweise **viele Kultureinrichtungen.** Im Sommer werden auf der Ostseebühne die **Vineta-Festspiele** aufgeführt, die Aufstieg und Fall der sagenhaften Stadt Vineta zeigen. Nur wenige Schritte von der Freilichtbühne entfernt hat sich **„Die Blechbüchse"** in einer Stahlhalle eingerichtet, die einst Strandkörben als Winterquartier diente. Hier gibt es das ganze Jahr hindurch von Theater über Varieté bis Live-Musik Kleinkunst aller Art zu sehen und hören.

Informationen

● **Vorwahl:** 038377

● **Kurverwaltung,** Neue Strandstr. 30, 17454 Zinnowitz, Tel. 4920, Fax 42229, www.zinnowitz.de, Jan. bis März Mo bis Fr 9–16 Uhr, Sa 10–15 Uhr, April/Mai Mo bis Fr 9–17 Uhr, Sa 10–15 Uhr, Juni Mo bis Fr 9–18 Uhr, Sa/So 10–15 Uhr, Juli bis Sept. Mo bis Fr 9–20 Uhr, Sa/So 10–18 Uhr, Nov./Dez. Mo bis Fr 9–16 Uhr, Sa 10–12 Uhr

Unterkunft

■**Hotel Vineta,** Strandpromenade 1, Tel. 350, www.hotel-vineta.de (eine einladende Adresse in der ersten Reihe ca. 100 von der Seebrücke und 30 m vom Superstrand. Das Hotel besteht aus drei Gebäuden. Die *Rezeption* ist im *Hotel Vineta,* direkt daneben die *Residenz Vineta* und dahinter das *Chalet Vineta.* Das Hotel lockt mit einem liebevoll um eine Teich angelegten Restaurantgarten, die Residenz mit Pool und Sauna und das Chalet mit dem gemütlichen *Pub Sealord,* der neben exquisiten Cocktails nicht weniger als 50 Whiskysorten bereithält. Der Service ist sehr freundlich und aufmerksam, die Preise sind für Lage und Qualität sehr zivil. Der Clou das Hausschwein *Lilly,* eine niedliche Minisau, die Zeitung bringt, und an der Rezeption schläft und bei allen Gästen der „Hahn im Korbe" ist. NS 27–48 €, HS 47–60 €)

■**Palace Hotel,** Dünenstr. 8, Tel. 3960, Fax 39699, www.zinnowitz-palacehotel.de (elegantes 5-Sterne-Luxushotel in prächtiger Bädervilla in der 1. Reihe mit dementsprechender Ausstattung und Service, Ü/F NS 50–90 €, HS 80–120 €)

■**Hotel Asgard,** Dünenstraße 20, Tel. 4670, Fax 467124, www.hotelasgard.de (4-Sterne-Haus in prächtiger Jugendstilvilla an der Seepromenade mit Pool, Sauna, Fitness, Wellness, Solarium, Ü/F NS 30–70 €, HS 50–75 €)

■**Hotel Waldidyll,** Kneipp-Straße 16, Tel. 4550, Fax 455135, www.hotelwaldidyll.com (ruhig in einer Parkanlage gelegen, Bungalow-Vermietung, Sauna, Solarium, Fahrradverleih, NS 32–37 €, HS 42 €, Frühstück 7,50 €)

■**Gasdas Gästehaus,** Dünenstr. 34, Tel. 42856, Fax 41888 (kleine, familiäre Herberge mit nur 8 Zi., 100 m vom Strand, Ü/F NS 35 €, HS 40 €)

■**Pension Gellert,** Glienbergweg 6, Tel. 40650, Fax 47118, www.pension-gellert-zinnowitz.de (familiäre, preiswerte Unterkunft in 3 Gebäuden teils mit Etagenbad/-WC, 10 Minuten zum Strand, Ü/F NS 20–25 €, HS 23–45 €)

Camping

■**Campingplatz Pommernland,** Dr.-Wachsmannstr. 40, Tel. 40348, Fax 40349, www.camping-zinnowitz.de (1.3.–5.1., 8 ha großer 5 Sterne-Platz mit 500 Stellplätzen im lichten Kiefernwald, 150 m vom Strand, finn. Blockhaus-Vermietung, Fahrradverleih, FKK-Strand)

157ud

◁ Für Autos steht die Ampel der Zufahrt zur Seebrücke und Strandpromenade auf Rot

Gastronomie

■ **Nautilus,** Waldstr. 30, Tel. 42431, www.nautilus-zinnowitz.de (kleines Fischrestaurant im Ortszentrum mit nur 40 Plätzen drinnen und 20 draußen, in dem in maritimem Ambiente Gerichte aus vorwiegend regionalen Produkten serviert werden)

■ **Marimar,** Waldstr. 1, Tel. 40933, www.cafe-marimar.de (traditionsreiche Konditorei mit Café, in dem zahlreiche süße Verführungen aus eigener Produktion zu verschiedenen Kaffeespezialitäten gekostet werden können)

■ **Zum Smutje,** Vinetastraße 5a, Tel. 41548 (kleines, einladend gemütliches Fischlokal mit ebenso gutem Service wie Küche. Einheimische sagen, hier gäbe es den besten Fisch am Ort. In der Saison besser Tisch vorbestellen!)

■ **MS Libelle,** Vinetastr. 5 (Strandpromenade), Tel. 40694 (Kneipe in einem Gebäude, das einem Kahn nachempfunden wurde, nahe dem *Hotel Baltic* in den Stranddünen, mit Seeterrasse)

Museum/Kultur

■ **Ostseebühne/Vineta-Festspiele** und **Blechbüchse,** Tickets: Seestraße 8, Tel. 40936 (Mo bis Sa 12.30–16.30 und 17.30–19.30 Uhr) oder Tel. 03971/208925, www.vineta-festspiele.de (Vineta-Festspiele 30. Juni–25. Aug. Mo/Mi/Do/Sa 19.30 Uhr auf Freilichtbühne; in der Blechbüchse (www.blechbuechse.de) ganzjährig Theater, Kleinkunst, Varieté, Live-Musik

■ **Usedomer Kunsthaus,** Villa Meyer, Potenbergstr. 1, Tel. 42234 (Di bis Fr 14–18 Uhr, Sa 10–12 Uhr)

■ **Heimatmuseum,** im Hotel Preussenhof (tägl. 14–17 Uhr)

Aktivitäten

■ **Tauchgondel,** An der Seebrücke, Tel. 37861, www.tauchgondel.de (Nov. bis April Mi bis So 11–16 Uhr, Mai, Sept., Okt. tägl. 10–19 Uhr, Juni bis Aug. tägl. 10–21 Uhr, Dauer 30–40 Min.; Erw. 8 €, Kind 5 €, Familie (1–3 Kinder) 19–23 €)

■ **Theaterzelt Chapeau Rouge,** auf der Strandpromenade, Tickets Tel. 03971/208925, www.chapeau-rouge.de (Ende Mai. bis Anfang Sept.)

■ **Fahrradverleih:** Kruggel, Dr.-Wachsmann-Straße 5 und Strandstr. 9, Tel. 42869, www.fahrradverleih-usedom.de (auch Service)

■ **Kino:** Club-Kino, Neue Strandstr. 20, Tel. 42036, www.club-kino.de (tägl. auch Spätvorstellungen um 22.15 Uhr)

■ **Internet-Café:** Frankstr. 15, Tel. 39890, www.pc-pension.de (mit Farbdrucker, Kaffee gibt's gratis!)

■ **Rosenhof:** Neuendorfer Weg 3b, Tel. 37849, www.rosenhof-usedom.de (nach historischen Vorbildern auf 10.000 m^2 angelegter Rosengarten, Führungen: Mai bis Okt. tägl. 10–18 Uhr, Dauer 1½ Std., Erw. 5 €)

■ **Tanzen:** Tanzbar „Zur alten Seebrücke", im *Hotel Preussenhof,* Tel. 390; Tanzlokal „Hühnerstall", Möskenweg 24 (im Sportpark Barge), Tel. 43050, Tel. 0175/4321160, www.diskothek-huehnerstall.de

■ **Hallensport:** Sportpark Barge, Möskenweg 24, Tel. 43050 (Tennis, Badminton, Kegeln, Fitness, Tischtennis, Squash, Sauna, Solarium)

■ **Baden:** Bernstein-Therme, Dünenstr., Tel 35500, www.bernsteintherme.de (weitläufige Badelandschaft mit 32 Grad heißem Thermalbad, osmanischer Therme, asiatischen Massagen, Meerwasserbad mit Sauna, Kegelbahn, Gastronomie, Strandsauna mit Meerzugang und allerlei mehr; tägl. 10–22 Uhr)

■ **Angeln/Bootsverleih:** *Alb Maritimshop,* Ahlbecker Str. 30, Tel. 40298, www.alb-maritim.de

■ **Surfen/Segeln/Kanu:** *Sail Away Usedom,* Asternweg 13, Tel. 36018, www.sail-away-usedom.de

▷ Stilles Haffidyll: An der Binnenküste der Insel findet man auch in der Hochsaison noch Ruhe

Die Halbinsel Gnitz

Die beschauliche, sanfthügelige Landschaft der Halbinsel Gnitz, die sich zwischen Krumminer Wiek und Achterwasser westlich von Zinnowitz weit der Festlandküste entgegenschiebt, ist **eine der reizvollsten Gegenden ganz Usedoms.** Ihre Schönheit wussten wohl auch schon die ersten Insulaner zu schätzen, die hier ihre erste Siedlung im Norden Usedoms errichteten. Bis ins 13. Jh. war der Gnitz durch einen schmalen Wasserarm vom Festland getrennt, also eine richtige Insel. Der Rest des Grabens ist der lange und schmale Große Stumminsee, der sich vom Krumminer Wiek bis fast an die Straße erstreckt.

Von der B 111 führt eine Straße durch die Wiesen und ein Waldgebiet hinaus auf das kleine Idyll, das nur die beiden kleinen **Dörfchen** Neuendorf und Lütow und den winzigen Weiler Netzelkow auf seinem Rücken trägt.

Insel Görmitz

Auf der Achterwasserseite ist dem Gnitz die durch einen aufgeschütteten Damm mit ihm verbundene Insel Görmitz vorgelagert, die als **Vogelschutzgebiet** für Autos gesperrt ist. Wanderer und Radfahrer aber haben Zugang. Die 165 ha große Insel, die einst dem Greifswalder Kombinat Nachrichtenelektronik gehörte, die in dem einzigen Gebäude auf der Insel ein Kinder-Ferienlager unterhielt

Nord-Usedom

und nach der Wende der Siemens AG in die Hände fiel, ist 2006 von dieser an eine Unternehmung namens Berliner Wertgrund Insel Görmitz GmbH verkauft worden.

Nach einigen skurrilen Projekten wie z.b. des ehemaligen Gitarristen der Popband „The Teens" und Radiomoderators *Schneider,* der auf Görmitz ein 4-Sterne-hotel für Kinder plante, sollen nun ein **Ferienresort** mit ca. 120 Ferienhäusern/ Apartments und eine Hotelanlage mit SPA und Segelschule entstehen. Da die Insel jedoch seit 2001 zum allergrößten Teil Naturschutzgebiet ist, bleibt zu hoffen, dass sich hier auch in Zukunft Fischotter, Graureiher und Fischadler tummeln können.

Neuendorf

Rings um Neuendorf sieht man in den Wiesen seltsam „nickende" Apparate stehen – **Erdölpumpen.** Anfang der 1960er Jahre hatte man hier in 2000 Meter Tiefe das „Schwarze Gold" entdeckt. Heute fördern noch sieben Pumpen 8000 Tonnen aus rund 2,6 km Tiefe. Die Pläne von Gaz de France, eine riesige Gasblase unter dem Schloonsee anzuzapfen, sind jedoch am massiven Wiederstand der Bevölkerung gescheitert. Statt des Energiemultis hat sich nun in Neuendorf die **Villa Kunterbunt** angesiedelt, ein Bio-Hof mit Laden, vielen Tieren und einer Ferienwohnung.

■ **Hofladen Villa Kunterbunt,** Zinnowitzer Str. 6, in Neuendorf, Tel./Fax 038377/43018, www.hofladen-usedom.de (eine breite Palette von Bio-Produkten aus eigener Produktion und der Region, dazu Keramik, Schafwolle und eine Fewo, 40 €)

Neuendorf war von 1367 bis 1945 im Besitz der Familie *von Lepel.* Die Grablege der Landjunker befindet sich in der kleinen, schmucklosen **Dorfkirche** aus dem 15. Jh. Ansonsten hat Neuendorf außer dem frisch sanierten **Gutshaus** der Familie *Lepel* nichts Besonderes zu bieten.

NSG Lütow/Gnitz

Das **schönste Stück des Gnitz** liegt rings um den Weißen Berg an der Spitze der Halbinsel, das wegen seiner vielfältigen Landschaftformen und artenreichen Flora und Fauna Naturschutzgebiet ist.

Hindurch führt ein Pfad, der zu den **schönsten Spazierstrecken** Usedoms zählt. Er beginnt beim Naturcamping-platz Lütow, vor dem man auch das Auto parken kann. Erst geht es an der Abbruchkante des **Weißen Bergs** durch schönen Wald. Vom Weg eröffnen sich herrliche Ausblicke auf das Krumminer Wiek auf dem Wolgaster Ort. In den **Sandklippen,** zu deren Füßen kleine Sandsträndchen Badegelegenheit bieten, erblickt man zahlreiche Löcher. Es sind die Bruthöhlen der seltenen Uferschwalbe, die man keinesfalls stören sollte. Nach kurzer Strecke ist die Spitze des 32 m hohen Weißen Bergs erreicht.

Über die von bunten Blumen betüpfelten Magerrasen seiner Flanken geht es hinunter in eine kleine, grüne **Wiesenebene,** an deren Ufer knorrige Weiden aufragen. Am Ufer entlang geht es zur Südspitze, dem **Mövenort,** und weiter zur verschilften Seite am **Achterwasser.** Nach etwa 3 km Wegstrecke erreicht man das abgeschiedene Dörfchen **Lütow.** Hier ist ein Besuch des **Galeriegartens,** der als einer der charmantesten

Plätze zum Einkehren auf der ganzen Insel gilt, ein Muss. Neben dem romantischen Cafégarten gibt es auch einen Hofladen, in dem selbst gebackenes Holzofenbrot, Wildsalami, Marmeladen u.a. Leckereien angeboten werden. Das nur aus einer Handvoll alter, teils rohrgedeckter Fischerkaten bestehende Dorf selbst ist ebenfalls sehr charmant. Betreiberin dieses einladenden Plätzchens ist die Künstlerin *Elke Hannemann*, die im nahen Weiler **Netzelkow** auch die alte Pfarrscheune betreibt.

Von Lütow gelangt man auf der Straße zurück zum Campingplatz und zum Auto. Es lohnt sich jedoch, weiter Richtung Netzelkow zu wandern. Kurz hinter Lütow versteckt sich in einem kleinen Eichenhain am Wegrand Usedoms größtes und schönstes **steinzeitliches Großsteingrab.** Seine mächtigen Decksteine wurden jedoch leider 1911 zum Bau des Pfarrhauses Netzelkow verwendet.

Der winzige Weiler **Netzelkow** ist ein paradiesisches Idyll, ein Puppenstubendörfchen abseits aller Hektik mit einer Kirche aus dem 15. Jh. mit frei stehendem Glockenturm. Daneben das Pfarrhaus, in dem 1797 der durch seinen Roman „Die Bernsteinhexe" berühmt gewordene Pfarrer *Wilhelm Meinhold* geboren wurde. Neben der Kirche hat Frau *Hannemann* aus der romantischen alten Pfarrscheune einen Ort geschaffen, der jeder naturnah empfindenden Seele das Herz aufgehen lässt. Sie bietet in ihrer *Galerie Filzhut* nicht nur selbst entworfene und gefertigte Hüte und andere Kleidungsstücke an, sondern auch Filzkurse und Unterkunft. Und im kleinen Hafen schwimmt die **Schifferkneipe Achterwasser,** die preiswerte vorpommersche Fischspezialitäten auftischt.

Unterkunft

■ **Pfarrscheune,** Kirchstr. 14, Tel. 038377/36361, www.pfarrscheune-usedom.de (Ruhe bietet die fernsehfreie (!) Pfarrscheune mit ihren 9 geschmackvoll von der Inhaberin eingerichteten Zimmern. Mit Gemeinschaftsküche und romantischem Garten. Einfach zauberhaft! Ü/F HS 32 €, NS 27 €)

■ **Landhaus Köster,** *Bianca Köster,* Zum Möwenort 12, in Lütow, Tel. 038377/40183, Fax 43270, www.landhauskoester.de (Ferienwohnungen für 2–4 Pers., mit Garten, Liegewiese, 50–75 €)

Camping

■ **Naturcampingplatz Lütow,** Zeltplatzstr. 20, Tel. 038377/40581, Fax 41553, www.natur-camping-usedom.de (Ostern–Okt., 18 ha großer Platz mit 600 Stellplätzen im NSG am Weißen Berg mit Wiesen- und Waldbereichen; Bungalow-, Caravan-, Motorrollervermietung, Boots- und Fahrradverleih, in der HS Kleinbus-Pendelverkehr zu den Ostseebädern)

Gastronomie

■ **Restaurantschiff Achterwasser,** in Netzelkow, Tel. 038377/40575 (schwimmendes Schiffsrestaurant, in dem es neben guter Hausmannskost eine schöne Sonnenterrasse mit herrlichem Blick auf das Achterwasser gibt)

■ **Galeriegarten Café,** Mövenort 22, in Lütow, Tel. 038377/40190 (im Sommer üppig blühender Garten in ruhiger Lage, im Winter am prasselnden Kaminfeuer mit der Besitzerin *Frau Hannemann* am Spinnrad. Im Hofladen Produkte aus eigener Herstellung, darunter Holzofenbrot, Wildsalami sowie Woll-, Filz- und Keramikarbeiten. Im Sommer tägl. 11–20 Uhr, im Winter nur am Wochenende)

Seebad Zempin

So belebt und besucht das große Seebad Zinnowitz ist, so ruhig und beschaulich ist das benachbarte Seebad Zempin, das sich als **„das kleinste Seebad an der schmalsten Stelle Usedoms"** seinen Gästen vorstellt. Ersteres stimmt, das zweite fast. Die schmalste Stelle liegt gut einen Kilometer entfernt bei Lüttenort. Dennoch ist die Landbrücke bei Zempin so schmal, dass selbst der kleine Ort keine Mühe hat, sich vom Achterwasser bis zur Außenküste zu erstrecken. Sehr viel mehr als einen schönen Badestrand an der Ostsee samt einer kleinen Strandpromenade, einer Konzertmuschel und einem saisonalen Sommerkino darf der Besucher aber selbst in der Hochsaison hier nicht erwarten.

Geschichte

Das **alte, ruhige Dorf,** das erstmals 1571 in der von Pommernherzog *Ernst Ludwig* erlassenen „Lassahnschen Wasserverordnung" unter dem Namen „Sempin" erwähnt wurde, liegt am Achterwasser. Wie sehr die Zeit an dem Ort vorbeiging, verdeutlicht vielleicht der Umstand, dass im Faltblatt der Gemeinde in der Rubrik „Zempiner Geschichte" unter 1783 „Der Schneider Michael Heller unterrichtet die Zempiner Kinder" und unter 1906 „Gründung der Freiwilligen Feuerwehr" als offensichtlich herausragendste und deshalb erwähnenswerte Ereignisse vermerkt sind.

Die **kleine Kolonie im Wald an der Außenküste** entstand erst mit dem Beginn des Badewesens, das Zempin 1895 mit der Eröffnung des damaligen Strandhotels und heutigen Hotels „Meeresblick" erreichte. Doch während sich in Zinnowitz Zehntausende Sommerfrischler drängelten, fanden sich in Zempin im Jahr des Mauerfalls 1989 gerade einmal 1000 Gäste ein.

Sehenswertes

Eine der raren Sehenswürdigkeiten sind die **Zempiner Salzhütten,** die versteckt in einer Mulde in den Stranddünen liegen. In den morschen, aber malerischen Salz- und Heringspackhütten bewahrten die Fischer früher das vom Staat gelieferte, steuerfreie Salz auf. Wer sie sich anschauen will, der spaziere vom Campingplatz aus am Strand Richtung Koserow und überklettere dort, wo die Zempiner Fischerboote liegen, die Dünen.

Etwas weiter den Strand entlang stößt man ca. 300 m Richtung Koserow an der schmalsten, nur 330 Meter breiten Stelle Usedoms auf ein schlichtes **Denkmal zur Erinnerung an die schrecklichen Sturmfluten von 1872 und 1874.** An dieser Stelle brach die Ostsee zum Achterwasser durch, verschlangen das Vorwerk Damerow und zerrissen die Insel in zwei Teile.

„Gewaltig rollten im Sturme die Meereswogen. Wer die Gewalt des Wassers noch nicht kennengelernt hatte, konnte jetzt eine Vorstellung von derselben erhalten", schrieb der Chronist *Heberlein* über die Nacht vom 11. auf den 12. November 1872. „Was im Wege stand, wurde unterspült und fortgeschwemmt. Eine trübe, kochende, gurgelnde, brausende Wassermenge wälzte sich verderben-

Nord-Usedom

bringend überall hin. Den Menschen blieb keine Zeit, ihre Habe oder ihr Vieh in Sicherheit zu bringen. Es galt, das eigene Leben zu retten." Heute ist Usedoms Sollbruchstelle durch einen Damm gesichert.

Am östlichen Rand des Campingplatzes sind **Reste einer Abschussrampe für die Flugbombe V1** erhalten. Reste einer weiteren Rampe findet man am Radweg zwischen Zempin und Zinnowitz. Zempin gehörte während des Zweiten Weltkrieges zum Sperrgebiet Peenemünde-

West. An diesen Abschussrampen wurden die Mannschaften in die Technik der Flügelbombe eingewiesen und Probeabschüsse durchgeführt. Die Betonwege im Küstenschutzwald wurden zum Transport der Flügelbomben angelegt.

Die neueste Sehenswürdigkeit ist „Uns Olle Schaul", die **Alte Schule,** in der der Heimatverein die Ausstellung „Fischerei in Zempin" eingerichtet hat. Zu sehen sind die zahlreichen Bootsmodelle des Zempiner Fischers *Konrad Tieffert* und der originale Dorfladen von

Zempin   0 ———— 200 m ©Reise Know-How 2013

OSTSEE

Promenade
Salzhütten ★
Strandstraße
Kieferngrund
Finkenweg
Oberförsterweg
Am Walde
Waldstraße
P
Waldstraße
Koserow, Ahlbeck
Zinnowitz, Wolgast
Hauptstraße
Hansestraße
B-111
Hauptstraße
Fremden-verkehrsamt ℹ
Bahnhofstr.
Bahnhof
P
Feldstraße
Fischerstraße
Zu den Karlsbergen
Dorfstraße
Uns Olle Schaul (Alte Schule) ★
Rieckstraße
Peenestraße
Dorfstraße
Am Hafen
Fischerstr.
Peenestraße
ACHTER-WASSER
Hafen

■ **Übernachtung**
1 Campingplatz Am Dünengelände
3 Pension Hubertus
4 Gasthof Seeadler
6 Inselhof Vineta

■ **Essen und Trinken**
2 Tau'n Fischer un sin Frau
4 Gasthof Seeadler
6 Inselhof Vineta

■ **Sonstiges**
5 Fahrradverleih Reincke

1929, in dem Kaufmann *Karl Schichlein* noch bis 1996 seine Waren feilbot.

Stolz ist man in Zempin auf den **Maler Hugo Scheele,** der von 1921 bis zu seinem Tode 1960 in Zempin lebte und arbeitete und neben Linolschnitten auch launische Verse wie diesen reimte: „Im Sommer strömt das Geld ins Land/Da sich belebt der Ostseestrand/Der Insulaner ist erfreut/ Für ihn ist nunmehr Erntezeit."

Informationen

■**Vorwahl:** 038377
■**Fremdenverkehrsamt,** Fischerstr. 1, 17459 Zempin, Tel. 42162, Fax 42415, www.zempin.de (Juni bis Sept. Mo bis Fr 9–18 Uhr, Sa 9–12 Uhr, Juli/Aug. auch So 9–12 Uhr, Okt. bis Mai Mo, Mi bis Fr 9–16 Uhr, Di 9–18 Uhr)

Unterkunft

■**Inselhof Vineta,** Am Achterwasser, Dorfstr. 6, Tel. 35200, Fax 352020, www.inselhof.de (preiswertes Resort aus 8 Appartementhäusern in stiller Lage direkt am Achterwasser. Wellnessbereich mit Whirlpool und Saunen, Fitnessraum und Solarien, Fahrradverleih. In der Saison Shuttlebus zum 1 km entfernten Ostseestrand, Ü/F 28–39 €, DZ „Komfort" 35–45 €)
■**Pension Hubertus,** Waldstr. 21, Tel. 42216, Fax 35466, www.hubertus-usedom.de (kleine Familienpension 3 Min. vom Strand, in ruhiger Waldlage, Ü/F 30–38 €)
■**Gasthof Seeadler,** Seestraße 7, Tel. 42615, Fax 41141, www.seeadler-zempin.de (Pension und Restaurant mit großem Winter- und einladendem Biergarten, nur wenige Schritte vom Strand. Ü/F NS 31–36 €, HS 43 €)
■**Ferienatelier Sieger,** Hexenheide 4/5, Tel. 42705, www.ferienatelier.de (eine ganz spezielle

Unterkunft für künstlerisch Interessierte. Das malerisch zwischen Zinnowitz und Zempin in der Hexenheide gelegene Haus des bekannten und 2002 verstorbenen Malers *Kurt Heinz Sieger* besitzt neben einem schönen Atelier (11 x 6 m) mit allen notwendigen Einrichtungen auch eine Küche, eine Wohnstube mit 4 Schlafplätzen sowie ein weiteres Zimmer mit 2 Betten, p.P. 25 €, Bettwäsche 5 € p.P.)

Camping

■ **Campingplatz Am Dünengelände,** Tel. 41363, Fax 41364, www.camping-zempin.de (ganzjährig geöffnet, 5 ha groß, mit 500 Stellplätzen im Kiefernwald direkt hinter der Stranddüne, ausgerüstet für Wintercamping)

Gastronomie

■ **Tau'n Fischer un sin Frau,** Waldstraße 11, Tel. 40054 (traditionelle Fischgerichte aus eigenem Fang. Hier gibt es laut berufenem Munde die besten Fischgerichte der Insel in gemütlicher maritimer Atmosphäre. Mit eigener Räucherei. Sehr beliebt, in der Saison deshalb besser Tisch reservieren!)
■ **Inselhof Vineta,** Am Achterwasser, Dorfstr. 6, Tel. 35200, Fax 352020, www.inselhof. de (gutbürgerliche Küche und Fischgerichte. Das Beste ist die herrlich ruhig gelegene große Sonnen-Terrasse mit Traumblick auf Achterwasser und Gnitz. Einfach nur schön!)

Kultur

■ **Uns Olle Schaul/Alte Schule,** Fischerstr. 11, Tel. 36951, Mai bis Sept. Mi, Sa 15–18 Uhr (Ausstellung „Fischerei in Zempin" mit zahlreichen Bootsmodellen des Fischers *Konrad Tiefert* und der nostalgische Alte Kaufmannsladen von Kaufmann *Schichlein,* so wie er original 1928 aussah)

Aktivitäten

■ **Fahrradverleih:** *J. Reincke,* Fischerstr. 9a, Tel. 41549
■ **Orts- und Naturlehrpfad:** Der Pfad führt an allen markanten Natur- und Ortsmerkmalen von Zempin vorbei. Tafeln zu Natur, Geschichte, Land und Leuten mit Arbeiten von ansässigen Malern, Fotografen und Schriftstellern (ca. 9 km/2 Std.)
■ **Bowling:** im *Hotel Wikinger,* Tel. 750 (mit Bar)

◹ Sommerliches Treiben am Zempiner Strand

Otto Niemeyer-Holstein und Lüttenort

Begonnen hatte alles mit einem ausrangierten Wagen der Berliner S-Bahn. *Otto Niemeyer* war des penetranten Treibens der braunen Nazihorden überdrüssig, aber er hatte auch einfach die Nase voll vom lauten hektischen Treiben der Großstadt und dem blasierten und affektierten Verhalten ihrer Bewohner. So zog er sich mit seiner Frau immer öfter auf sein kleines Segelboot, den „Lütten", zurück und tourte durch das stille und abgeschiedene Achterwasser Usedoms. Eines Tages, so erzählt *Niemeyer* in dem Buch „Lüttenort", legte er an der schmalsten Stelle Usedoms an, sprang an Land und wusste: Hier und nirgends anders will ich bleiben und leben. Damals war der Platz eine reine Sandwüste. Kein Baum, kein Strauch, kein Grün, nur ein paar krumme Weiden am Ufer. Er ermittelte den Besitzer der Wüstenei und kaufte ihm 1933 ein paar Quadratmeter davon ab.

1936 konnte er dann für 60 Mark einen ausrangierten S-Bahn-Wagen erwerben, der unter größten Schwierigkeiten und Mühen nach Usedom transportiert wurde. In bescheidensten Verhältnissen begann das **neue Leben des Ehepaares in „Lüttenort",** wie *Niemeyer* sein neues Zuhause taufte. Schnell hatten die „Isenbahner", wie die ansässige Bevölkerung die seltsamen Vögel aus der Stadt nannte, eine regelrechte kleine Farm. Dies nicht aus versponnener Landromantik, sondern schlicht um etwas zu essen auf dem Tisch zu haben.

Niemeyer malte zwar fleißig, verkaufte aber nichts und seine Bilder, die nicht dem nationalsozialistischen Geschmack entsprachen, wurden aus den Museen entfernt. *Niemeyer* und seine Frau *Anneliese* lebten in kärglichsten Verhältnissen. Nach der Geburt ihres Sohnes und dem Ausbruch des Zweiten Weltkrieges 1939 brach

die Familie ihre Zelte in Berlin endgültig ab und zog sich in ihren abgelegenen Unterschlupf auf Usedom zurück.

Dem widerwärtigen **Treiben der Nazis** waren die *Holsteins* damit jedoch nicht entkommen. 1935 war ganz Nord-Usedom zum militärischen Sperrgebiet erklärt und an der schmalsten Inselstelle abgeriegelt worden. Der Schlagbaum stand also exakt vor dem Waggon der *Niemeyers*. Für diese war das eine sehr bedrohliche und gefährliche Angelegenheit, weil nicht nur sie selbst von den Nazis unerwünscht waren, sondern sie zudem in ihrer Berliner Wohnung jüdische Bekannte versteckten, *Niemeyers* Frau Halbjüdin war und deren jüdische Mutter bei ihnen in Lüttenort untergeschlüpft war.

1944 wurde der Künstler, der als Freiwilliger im Ersten Weltkrieg durch Trommelfeuer einen psychischen Zusammenbruch erlitten hatte und deshalb aus dem Militärdienst entlassen worden war, **zwangsdienstverpflichtet.** Erst musste er als Fahrdienstleiter auf dem Bahnhof Trassenheide Dienst schieben. Als dann alle Männer der Insel, derer man habhaft werden konnte, als letztes Aufgebot nach Swinemünde gebracht wurden, um dort die vorrückende Ostfront zum Stehen zu bringen, setzte sich *Niemeyer* von der Truppe ab und versteckte sich bei einem Tischler in einem frisch gezimmerten Sarg. In Nachtmärschen kehrte er nach Lüttenort zurück und fand die Landenge zur Sprengung vorbereitet. Der „Käptn" und sein „Stüwermann", wie das Ehepaar von Freunden genannt wurde, packte alle Habseligkeiten auf das 1939 erworbene kleine Segelboot „Orion", segelte hinaus ins Achterwasser und versteckte sich im Schilf.

Auch nach dem Kriege besserte sich die Lage der *Niemeyers* nicht. Seine **Stillleben und Land-**

schaftsbilder passten nicht in die heroische Schablone des sozialistischen Realismus. Ohne Geld verbrachten die *Niemeyers* die ersten Nachkriegsjahre in ihrem Waggon. Um wenigstens ein paar Groschen zu verdienen, ließ sich der Maler als „Boddenschipper" registrieren und offerierte Ausflugsfahrten übers Achterwasser.

Erst ab Ende der 1950er Jahre verbesserte sich durch ein paar kleine Ausstellungen die Lage langsam. **Bildverkäufe und Ausflugsfahrten** sicherten der Familie nun wenigstens ein Existenzminimum. Sobald die *Niemeyers* ein paar Pfennige übrig hatten, wurde damit der „lütte Ort" ausgebaut und durch Landzukäufe vergrößert.

Der Maler beschäftigte sich neben **Ölmalerei** und **Aquarellen** zunehmend mit **Zeichnung, Holzschnitt, Lithografie** und **Radierung.** Zu seinem 65. Geburtstag brachte eine umfassende Ausstellung in der Ost-Berliner Nationalgalerie den Durchbruch und die endgültige Anerkennung seines künstlerischen Schaffens. 1969 wurde *Niemeyer-Holstein* (den Doppelnamen legt er sich als Reminiszenz an seinen Geburtsort Kiel zu) korrespondierendes Mitglied der Akademie der Künste der DDR. 1974 erhielt er den Nationalpreis II. Klasse der DDR.

Am 20. Februar 1984 starb Niemeyer-Holstein 88-jährig in Lüttenort und wurde seinem Wunsch gemäß im nahen Dorf Benz, wo er eine Holländer-Windmühle besaß und freundschaftliche Kontakte zum Pfarrer pflegte, beigesetzt. Das Grab, in dem auch Frau *Niemeyer* ruht, wird von der Skulptur „Der Knabe" seines Künstlerfreundes *Waldemar Grzimek* verziert.

■**Lesetipp:**„Lüttenort/Geschichten aus dem Leben des Malers Otto Niemeyer-Holstein", von *Achim Roscher,* Aufbau Verlag, Berlin (im Gedenkatelier erhältlich)

Lüttenort

Lüttenort ist eigentlich kein Ort, sondern ein Haus, das an der schmalsten Stelle der Insel Usedom steht. Eigentlich ist es auch kein Haus, sondern ein alter Berliner S-Bahnwagen, um das ein Haus dran- und drübergebaut wurde. Lüttenort ist die schönste Sehenswürdigkeit Usedoms – es ist das **Otto-Niemeyer-Holstein-Gedenkatelier.**

Lüttenort, das also nur aus dem bescheidenen Anwesen des berühmten Malers *Niemeyer-Holstein* besteht, liegt auf der Achterwasserseite an der Straße Richtung Koserow **kurz vor dem Abzweig nach Koserow.** An der Gedenkstätte selbst gibt es keine Parkmöglichkeit, man zweige deshalb nach Koserow ab. Unmittelbar nach dem Abzweig liegt rechts ein großer Parkplatz.

Das Wohnhaus, das Atelier und die Gartenanlagen des wohl mit bekanntesten Malers der Ex-DDR sind unbedingt einen Abstecher wert. Wer Lüttenort gesehen hat, wird wie ich hingerissen sein von der **bezaubernden Anlage,** die voller kleiner Kunstwerke und Überraschungen steckt.

Der Garten, oder besser die **Gärten,** die die Wohnbereiche umgeben, sind ebenfalls ein Lebenswerk des Künstlers. Eingeteilt in verschiedene Bereiche wie Klostergarten oder Japanischer Garten, sind sie sämtlich mit großem Sinn fürs Kleine arrangiert, ja komponiert. Die Gärten sind, wie das Haus, klein in der Fläche, in ihrer Unaufdringlichkeit und Schönheit jedoch um so größer.

Für die Zeit nach seinem Tode hatte der Maler sein geliebtes Lüttenort mit al-

lem Inventar **unter der Bedingung dem Staate vermacht, es unverändert zu erhalten** und Interessierten zugänglich zu machen. Und so wurde es bisher auch gehandhabt. Ein Gärtner pflegt die Gärten und eine sympathisch leise Frau empfängt Interessierte und führt sie sachkundig durch die Grünanlagen und das „Tabu", das Atelier, das ebenfalls völlig unangetastet blieb. Die Farben noch auf der Palette, das begonnene Selbstbildnis auf der Staffelei. Ganz als ob *Niemeyer* eben mal kurz weggegangen wäre und gleich wieder zur Tür hereinkommt. „Lüttenort", wie *Niemeyer* sein kleines Anwesen nach seinem Segelboot liebevoll nannte, ist kein Museum der herkömmlichen Art. Um es nicht im Ansturm der Massen untergehen zu lassen, ist der **Zugang nur in Kleingruppen bis max. 15 Pers.** möglich. Das ist auch gut so, denn Busladungen voller Besucher würden die sanfte Aura und die stille Schönheit, kurz den Zauber Lüttenorts, zerstören. Nur mit Muße und Ruhe lässt sich der inspirierende Reiz dieses Ortes erfahren.

Seit einigen Jahren kann sich der Besucher in dem von *Niemeyer-Holstein* bereits zu Lebzeiten geplanten und jetzt realisierten **Galerieanbau „Neue Galerie"** über das Werk und das Leben des Malers informieren. Einblick in das Leben des Künstlers gibt auch der 1982 gedrehte Dokumentarfilm „... und der Strand ist meine Geliebte", der einmal wöchentlich im Atelier vorgeführt wird. Das Atelier bietet neben Führungen auch **Malkurse** an und veranstaltet unregelmäßig **Konzerte** und Pleinairs. Unter dem Motto „Ein Refugium, in dem sich Kunst und Natur unmittelbar begegnen", war Lüttenort Außenstelle der Internationalen Gartenausstellung Rostock 2002.

Informationen

■ **Otto-Niemeyer-Holstein-Gedenkatelier**

17459 Lüttenort, Tel./Fax 038375/20213, www.atelier-otto-niemeyer-holstein.de; *Neue Galerie:* tägl. 10–18 Uhr, ab 16.10. Mi, Do, Sa, So 10–16 Uhr); *Führungen durch das Wohnhaus und das Atelier des Malers:* 15. April bis 15. Oktober um 11, 12, 14 und 15 Uhr und für Gruppen nach vorheriger Absprache vom 16. Oktober bis 14. April Mi, Do, Sa, So 11, 12, 14 Uhr; *Gartenführung:* Di 16 Uhr und nach Absprache, max. 15 Pers., Dauer ca. 1 Std.; *Die besondere Führung:* Mi 16 Uhr mit Filmvorführung „Der Strand ist meine große Geliebte", Dauer 75 Min.; *Malkurse:* Juli/Aug., Info und Anmeldung Tel. 038375/20213.

◁ Große und kleine Kunstwerke verwandeln die Gärten des Gedenkateliers in ein Gesamtkunstwerk

Die berühmten „Kaiserbäder" Bansin, Heringsdorf und Ahlbeck sind die Highlights im Usedomer Strandtourismus, aber auch in der Ückeritzer Campingstadt und anderswo kommt keine Langeweile auf!

Die Außen- küste

◁ Der ganz Stolz von Heringsdorf – die moderne Seebrücke

Die **Highlights** erkennt man im Buch an der gelben Hinterlegung im Kapitel.

⌂ Usedom ist zu jeder Jahreszeit eine Reise wert – Herbstidyll an der Koserower Strandpromenade

ud13-007

VON KOSEROW BIS AHLBECK

Bei Lüttenort, der Wespentaille von Usedom, macht die Insel einen Knick nach Osten. Kurz nach dem Knick liegt das Seebad Koserow, zu dem auch Lüttenort gehört. Anders als die anderen Orte ist Koserow nicht überwiegend dem Achterwasser, sondern der Außenküste zugewandt.

Seebad Koserow

Geschichte

Koserow ist **eine der ältesten slawischen Siedlungen auf Usedom.** Ihr Name leitet sich von „Kose" („Amsel") ab. Erstmals schriftliche Erwähnung fand sie unter dem Namen „Cuzerowe" 1347 in einer Urkunde. Die historische Entwicklung verlief wie bei allen anderen **Fischerdörfchen** der Insel.

Jahrhundertelang war Koserow ein armseliger Flecken, der 1743 von ganzen 62 Einwohnern bewohnt war. Erst das **Badeleben** erweckte den Ort aus seinem Dornröschenschlaf. 1851 gründete man eine Badegesellschaft, 1853 wurde die erste hölzerne Badeanstalt eingeweiht. Eine Sturmflut zerstörte jedoch die Anlagen und machte alle Koserower Seebad-Hoffnungen vorerst zunichte. Die Badegesellschaft war bankrott und wurde aufgelöst. Keimzelle des Neuanfangs als Seebad wurde der im Villenstil erbaute „Gasthof Zur Stadt Vineta", in den sein Besitzer *Hermann Beyer* mehr und mehr Badegäste locken konnte.

Angelockt wurde die steigende Zahl der Gäste nicht nur durch die schöne

0 ▬▬ 2 km

Zinnowitz
Bannemin
111
Störtanke
Krummin
Mellsee
KRUMMINER WIEK
Neuendorf
Netzelkow
Gnitz
NSG Insel Görmitz
Lütow
NSG Lütow/Gnitz
Fußgänger- und Fahrradfähre (saisonal)
Warthe
Lieper Winkel
Reestow
Grüssow
Liepe
Waschow
Lassaner Bucht
Quilitz
PEENESTROM
Lassan
Rankwitz
Krienker See
Dewichow
Krienke
Morgenitz
Naturparkgrenze

Zempin
Lüttenort
Damerow
Koserow
NSG
Kölpinsee
Kölpinsee
Wilhelmshöhe
Loddin
Stubbenfelde
ACHTERWASSER
Ückeritz
111
NSG Wockninsee
Stagnieß
Pudagla
Schmollen-
NSG Cosim
Sellin see
Balmer See
NSG Böhmke und Werder
Nepperminer See
Balm
Benz
NSG Mellenthiner Os
Neppermin

Landschaft und die gute Luft, sondern auch durch besondere Umstände, die Koserow in die Schlagzeilen brachten und den Ort berühmt machten.

Der erste Umstand, duch den sich Koserow von den anderen Seebädern abhob, war die alte **Sage von der goldenen Stadt Vineta,** in der sich historische Wahrheit mit Mythos vermischte.

Ähnlich gelagert war auch der zweite Anlass, der Koserow 1843 in die Schlag-

zeilen brachte. In diesem Jahr erschien das **Buch „Maria Schweidler oder die Bernsteinhexe"** des Usedomer Pastors und Schriftstellers *J. W. Meinhold,* der von 1821 bis 1827 in Koserow tätig war. Darin beschreibt er die Geschichte der schönen Pfarrerstochter Maria, die am Streckelsberg eine reiche Bernsteinader findet, mit dem unerwarteten Reichtum Gutes tut, indem sie die bittere Not der Koserower lindert, darüber in den Ver-

sich um einen Tatsachenbericht. Tatsächlich war der im Stil einer Chronik verfasste Roman so geschickt konstruiert, dass selbst der scharfsinnige *Heinrich Heine* vom **Wahrheitsgehalt der Handlung** fest überzeugt war. Wahr war an der Sache, zu der der Pastor durch die alte Kirchenbucheintragung „Die Rösesche Zauberin von Zempin nach Mölschow geholt, wo sie exekutiert worden", angeregt worden war, nicht ein Wort. Selbst als der Autor, nachdem sein Buch landesweit für große Furore gesorgt hatte und ein echter Kassenschlager wurde, sich offenbarte und die Wahrheit bekannte, hielten viele an ihrer Überzeugung fest, eine wahre Geschichte vor sich zu haben. Andere nahmen *Meinhold* den „Schwindel" sehr übel und überzogen den Pfarrer mit wüsten Beschimpfungen und Schmähungen.

Das Seebad Koserow profitierte jedoch sehr von der „Bernsteinhexe", die zahlreiche sensationslüsterne Zeitgenossen an den Handlungsort der Geschichte, in das Seebad zu Füßen des Streckelsbergs, zog.

Streckelsberg

Der Streckelsberg, vor dem das **„Vineta-Riff"** und die **„Versunkene Goldene Stadt"** liegen und in dem die *Maria Schweidler* ihre Bernsteinader findet, war der dritte Grund, dass immer mehr Gäste Koserow ihre Aufwartung machten. Bis zur Sturmflutnacht vom 12.3. 1995 war der Hügel mit 60 m einer von Usedoms höchsten „Bergen". Nun misst er wegen Kliffabbrüchen nur noch 58 m. Der **höchste Inselberg** ist der im Inselinneren gelegene 59 m hohe Golm.

dacht gerät, sie sei eine Hexe und zum Tod durch den Scheiterhaufen verurteilt wird.

Meinhold schrieb in seinem Vorwort, die rührende Geschichte, die übrigens ein happy end findet, sei die wahrheitsgetreue Wiedergabe eines Vorfalls aus dem 17. Jh., deren Niederschrift er unter dem Kirchengestühl versteckt gefunden habe. Deshalb waren die Leser überzeugt, bei dem Fantasiewerk handele es

Der landschaftlich besonders reizvolle Sandhügel, der in einem **wildromantischen Kliff** steil zum Meer hin abbricht, ist ein sehr schönes und beliebtes Ausflugsziel.

Zum einen ist der seit 1961 unter Naturschutz stehende Berg von einem 170 Jahre alten **Buchenwald** bestanden, in dem auf ausgedehnten Flächen Waldvögelein, Waldhyazinthen, Leberblümchen und Maiglöckchen wachsen, die den Waldboden in ihrer Blütezeit in ein zauberhaftes Farbenmeer verwandeln.

Zum Anderen eröffnet sich von seinem Gipfel ein wunderbarer **Ausblick auf die Ostsee** und bis an die Steilküste der Nachbarinsel Wolin und über die Greifswalder Oie hinweg bis zu den berühmten Kreidefelsen Rügens.

Salzhütten

Wer den Streckelsberg besucht, kann oder vielmehr sollte anschließend einen kleinen Spaziergang von der Usedomer „Zugspitze" auf dem **Uferweg Richtung Norden** unternehmen. Denn die Ausblicke von dem Weg hinab auf den Strand und auf das Meer sind schön und der Weg führt zur Seebrücke, wo sich die Koserower Salzhütten in eine Dünenkuhle ducken.

Das aus den kleinen, malerischen Salzhütten bestehende „Minidorf" birgt Interessantes. Zum einen kann man hier

☑ Der Berg schrumpft – Erosion am Streckelsberg

Die Außenküste

köstlichen frisch geräucherten Fisch zu günstigen Preisen verzehren, zum anderen in der **musealen Salzhütte „Uns Fischers Arbeitshütt"** anhand von orginalen historischen Gerätschaften Einblick in Leben und Arbeit der Koserower Fischer nehmen.

Schließlich ist eine der geduckten Hütten heute die **„Koserower Salzhütte",** die nicht nur mit einladendem Ambiente in und vor der Hütte, sondern vor allem mit ihrer mehrfach preisgekrönten Küche einer der besten Plätze auf Usedom ist, wo man die Ostsee kulinarisch kosten kann. Die Räucherware, die im Ofen vor der Hütte ebenso verführerisch ausschaut wie duftet, wird auch außer Haus verkauft. Die Plätze im Usedomer Fischhimmel sind rar und in der Saison oft belegt.

Als Alternative sei **Kelch's Fischrestaurant** empfohlen, dass seit 1896 von stets derselben Familie betrieben wird und drinnen und draußen ebenfalls eine ausgezeichnete Fischküche bietet.

Dorfkirche

Einen Besuch wert ist auch die Dorfkirche von Koserow. Sie ist die ehemalige Wirkungsstätte des Pfarrers *Meinhold,* des Verfassers des umstrittenen „Bernsteinhexen"-Romans. Die von einer malerischen **Findlingsmauer** und mächtigen, uralten Kastanien umschlossene Kirche wurde im 13. Jahrhundert erbaut und besitzt als einzige Usedomer Kirche noch einen vollständig erhaltenen, mittelalterlichen **Flügelaltar.**

Koserow

0 — 400 m © REISE KNOW-HOW 2013

■ **Übernachtung**
1 Forsthaus Damerow
5 Pension Landhaus Herkules
7 Pension Waldschloss Parow
8 Hotel Wald & Meer
10 Campingplatz Am Sandfeld

■ **Essen und Trinken**
3 Don Diego
4 Kelch's Fischrestaurant
6 Koserower Salzhütte

■ **Sonstiges**
2 Autokino
9 Fahrradverleih Ortmann

Aus derselben Zeit stammen auch ihr Opferstock und ein kunstvoll geschnitztes Kruzifix, das die Koserower Fischer einst mit ihren Netzen aus der Ostsee gefischt haben. Natürlich wurde es von den Koserowern dem untergegangenen Vineta zugeschrieben und wird deshalb **Vineta-Kreuz** genannt. Die Spielverderber von der Wissenschaft jedoch behaupten, es sei eine schwedische Arbeit aus dem 15. Jahrhundert.

Informationen

■ **Vorwahl:** 038375
■ **Kurverwaltung,** Hauptstraße 31, 17459 Koserow, Tel. 20415, Fax 20417, www.seebad-koserow.de (Juli/Aug. Mo bis Fr 9–18 Uhr, Sa/So 9–12 Uhr, Mai/Juni/Sept. Mo bis Fr 9–18 Uhr, Sa 9–12 Uhr, Okt./April Mo bis Fr 9–16 Uhr, Sa 9–12 Uhr, Nov. bis März Mo bis Fr 9–12.30 und 13–16 Uhr)

Unterkunft

■ **Forsthaus Damerow,** im Wald zwischen Koserow und Zempin nahe Lüttenort gelegen, Tel. 560, Fax 56400, www.forsthaus-damerow.de (malerische 4-Sterne-Nichtraucheranlage mit den Hotels „Forsthaus" und „Vineta" in idyllischer Lage mit Bungalowsiedlung; umfangreiche Ausstattung mit Pool, Sauna, Tennis-, Badmintonplatz, Fahrrad-, Kanuverleih, Trimmpfad, Wintergarten, Bar, große Sonnenterrasse; zwei Restaurants mit Wild- und Fischspezialitäten; Ü/F NS 37–50 €, HS 53–72 €)

■ **Hotel Wald & Meer,** Förster-Schrödter-Str. 44, Tel. 2620, Fax 26240, www.waldundmeer-koserow.de (Waldlage, 2 Min. zum Strand, mit Bungalowsiedlung, Sauna, Solarium, Restaurant, Biergarten, Ü/F 28–48 €)
■ **Pension Waldschloss Parow,** Förster-Schrödter-Str. 39, Tel. 20248, Fax 20331, www.waldschloss-parow.de (prächtige alte Villa in Waldrandlage, mit Restaurant und Bungalowanlage, HS 23–37 €, NS 21–33 €, mit Etagendusche-WC, HS 24–28 €, NS 21–26 €)

> Die malerische Koserower Salzhütte ist ein beliebtes Fischrestaurant

Die Außenküste

■**Pension Landhaus Herkules,** Karlstr. 15, Tel. 20143, Fax 21697, www.koserow.de/herkules (kleine, freundliche Villa in Strandnähe mit Sauna, Solarium, Ü/F 35–45 €)

Camping

■**Campingplatz Am Sandfeld,** Am Sandfeld, Tel. 20759, Fax 18400, www.amsandfeld.de (April–Sept., 4 ha großer Platz mit 125 Stellflächen in einem Kiefernwald gelegen)

Gastronomie

■**Koserower Salzhütte,** in den Stranddünen, Tel. 20680, www.koserower-salzhuette.de (Fischrestaurant in malerischer alter Salzhütte mit ausgezeichneter Küche. Allerdings: Die große Nachfrage und wenig Platz wirken auf die Preise nicht gerade dämpfend und auf das Personal nicht immer motivierend…)

■**Kelch's Fischrestaurant,** Karlstr. 17, Tel. 20458, www.kelchs.de (empfehlenswertes Fischrestaurant

Lag Vineta einst bei Koserow?

Alte Chroniken berichten von ihr und mittelalterliche Matrikeln verzeichnen sie noch, die **Hafen- und Handelsstadt Vineta, die einst die reichste und größte des gesamten Ostseeraums war.** Ja, Vineta sei die größte und schönste Stadt in der gesamten Alten Welt und von zahlreichen Völkern und Stämmen wie Griechen, Sachsen, Slawen bewohnt gewesen. So reich seien ihre Bewohner gewesen, dass ihre Kinder auf der Straße mit Silbermünzen spielten, sie ihre Glocken aus purem Silber gossen und ihre Häuser mit Gold verkleideten.

Der erste deutsche Geograf von Weltrang, *Adam von Bremen,* schildert in seiner 1075 niedergeschriebenen „Geschichte der Hamburgischen Kirche" sehr genau die **Lage der sagenumwobenen Stadt,** die er Jumne nennt. „Hinter den Liutizen, die auch Wilzen heißen, trifft man auf die Oder, den reichsten Strom des Slawenlandes. Wo sie an ihrer Mündung ins Skythenmeer fließt, bietet die sehr berühmte Stadt Jumne für Barbaren und Griechen in weitem Umkreis einen vielbesuchten Treffpunkt. Weil man sich zum Preise dieser Stadt allerlei Ungewöhnliches und kaum Glaubhaftes erzählt, halte ich es für wünschenswert, einige bemerkenswerte Nachrichten einzuschalten. Es ist wirklich die größte von allen Städten, die Europa birgt ... Die Stadt ist angefüllt mit Waren aller Völker des Nordens, nichts Begehrenswertes oder Seltenes fehlt ... Hier zeigt sich Neptun in dreifacher Gestalt, denn die Insel wird von drei Meeren bespült, eins davon soll von tiefgrünem Aussehen sein, das zweite weißlich; das dritte wogt ununterbrochen wildbewegt von Stürmen. Von dieser Stadt aus setzt man in kurzer Ruderfahrt nach der Stadt Demmin in der Peenemündung über, wo die Ranen wohnen ..."

Dass Vineta existiert hat, ist unbestritten. Nur wo genau der sagenhafte Ort einst lag, weiß niemand. Gesucht nach dem **„Atlantis der Ostsee"** und seinen sagenhaften Schätzen wird seit Jahrhunderten. Klar ist, dass Vineta irgendwo im Bereich der Mündung der Oder in die Ostsee lag.

Einer der ersten, die sich auf die Suche nach der untergegangenen Stadt machten, war der **Stralsunder Chronist Thomas Kantzow.** Er vermutete sie bei Koserow, fand dort zwar nicht mehr als regelmäßig angeordnete Steine und schloss daraus, dass „die Statt in die Laenge gebawet gewest" sei. Ein wenig von der Küste entfernt liegendes Riff vor dem Streckelsberg von Koserow, auf dem man regelmäßig behauene Granitquader fand, wurde als der Ort betrachtet, an dem das „El Dorado" Vineta einst lag.

mit 117-jähriger Familientradition und Pommerscher Küche, mit ruhiger, sonniger Terrasse)

● **Don Diego,** Hauptstr. 76, Tel. 247636 (olé an der Ostsee – gutes und deshalb beliebtes Restaurant und Tapas-Bar)

Museum

● **Uns Fischers Arbeitshütt,** Tel. 20415, in den Salzhütten am Strand (Mai bis Sept. Di bis Fr und So 10–15 Uhr)

Aktivitäten

● **Fahrradverleih:** *Ortmann,* Bahnhofstr. 4, Tel. 21360
● **Konzerte:** „Klassik am Meer", in der Dorfkirche (Juni bis Anfang September)
● **Autokino:** an der B 111 auf dem FKK-Parkplatz, Tel. 42036 (nur in den Sommermonaten, tägl. 21 Uhr und Do bis Sa 23.30 Uhr)
● **Kegeln:** im *Hotel Hanse-Kogge,* Hauptstr. 22, Tel. 2600
● **Minigolf:** Kreuzstraße 8, Tel. 0171/4246255, www.minigolf-koserow.de (mit zwei 18-Loch-Bahnen Deutschlands längste Minigolfanlage mit Nachtgolf, Grillabenden und Großschachspiel)

Ein regelrechter Vineta-Goldrausch brach los und alles – vom Abenteurer und Schatzsucher bis zum Herzog und Bürgermeister – pilgerte nach Koserow zum **„Vineta-Riff"** und durchwühlte den Meeresgrund nach sagenhaften Schätzen oder ließ durchwühlen. Viele der Besucher waren fest davon überzeugt, die Überreste der versunkenen Stadt in den Wellen zu erkennen. Seither hält sich hartnäckig die Meinung, dass die in zahlreichen Liedern, Sagen und Märchen besungene Märchenstadt vor dem Streckelsberg bei Koserow liege. Sehr zum Wohle der Koserower, die mit dem **Vineta-Mythos** gutes Geld verdienen. Die Rechte am Namen „Vineta" hat sich jedoch nicht Koserow, sondern die Stadt Barth am Zugang zur Halbinsel Darß westlich von Stralsund gesichert und profitiert jetzt durch dessen kluge Vermarktung.

Die Wissenschaft kann und will jedoch nicht bestätigen, dass die Stadt vor dem Streckelsberg lag. Sie vermutet den **Standort** weit eher **auf der Nachbarinsel Wolin,** wo man weitläufige Anlagen einer außergewöhnlich großen slawischen Siedlung fand.

● **Buchtipp:** Vineta – Die Wiederentdeckung einer versunkenen Stadt, Bastei Lübbe TB (nur noch antiquarisch erhältlich). Teils spannend wie ein Roman verfasste Entdeckungsgeschichte, in der *Dr. Klaus Goldmann* vom Staatlichen Museum für Vor- und Frühgeschichte Berlin und der Publizist *Günter Wermusch* mit dem Ergebnis ihrer mehrjährigen Recherchen die Rätsel um die sagenhafte versunkene Stadt Vineta zu lösen versuchen. Ebenso unterhaltsam wie sachlich informativ, eine Art historisch-archäologischer Krimi.

Loddin/Kölpinsee

Usedom-Urlaubern ist es eher als Kölpinsee bekannt und die örtliche Kurverwaltung trägt auch den Namen **Kölpinsee**. Doch offiziell heißt es **Seebad Loddin**. Den Namen Loddin trägt das gut zwei Kilometer von Kölpinsee entfernt am Achterwasser gelegene Dörfchen, das mit dem Seebad an der Außenküste eine Verwaltungseinheit bildet und wohl in Sachen Name nicht einfach unter den Tisch fallen will.

Geschichte

Erstmals erwähnt wird **Loddin,** das sich von „Lodde", der slawischen Bezeichnung für „Lachs", herleitet, im Jahr 1270. Bis zum Dreißigjährigen Krieg existierte auch ein Dorf „Colpin". Dieses fiel 1630 flüchtenden kaiserlichen Truppen zum Opfer, die es bis auf die Grundmauern niederbrannten.

Der heutige **Ortsteil Kölpinsee** entstand erst um die Jahrhundertwende, als die Gemeinde am Badeleben partizipieren wollte und am Osthang des bewaldeten Streckelsberges die „Kolonie Kölpinsee" errichtete. Erstes Gebäude war das am Ufer des malerischen Kölpinsee errichtete Restaurant „Seerose", erstes Logierhaus das 1896 eröffnete Hotel „Wald und See".

Der kleine Badeort wurde in den 1930er Jahren ein Treff der **Filmschaffenden und -stars.** Hier logierten u.a. *Willy Fritsch* und *Lilian Harvey, Grete Weiser, Anny Ondra* und andere UFA-Stars.

Kölpinsee

Wenn man will, kann man die kleine Kolonie Kölpinsee als so etwas wie einen Geheimtipp bezeichnen. Denn das kleine Seebad ist im Vergleich zu den benachbarten Badeorten auch in der Hochsaison noch eine **Oase der Ruhe** und Beschaulichkeit. Dazu liegt es landschaftlich reizvoll am Hang des Streckelsberges über dem breiten Ostseestrand.

Seinen besonderen Reiz gewinnt es durch den sagenumwobenen Kölpinsee, der nur durch einen Dünenwall vom Meer getrennt wird. „Vor Zeiten brach die Ostseewelle/verheerend über Dün' und Land! Nun seht nur, was an dieser Stelle/gleich für ein Wunderwerk entstand!", lautet die zweite Strophe aus der **„Legende vom Kölpinsee".** Tatsächlich war der 35 ha große See einmal eine Ostseebucht, die durch Sandanschwemmungen allmählich abgeschnürt wurde. Aber Sagen sind eben schöner als Strömungen.

Am Ufer des reizvollen Sees, der wegen seines Fischreichtums ein beliebtes Angelgewässer ist, steht das **Café am See,** von dessen großer, überdachter Terrasse man einen schönen Blick auf den von Schilf umrahmten See hat. Um den See herum führt ein teilweise als Trimmpfad gestalteter **Wanderweg.**

Damit sind die beschreibenswerten Sehenswürdigkeiten von Kölpinsee auch schon erschöpft. Es ließe sich vielleicht noch die im Bahnhof untergebrachte kleine **Heimatstube** erwähnen.

Auf der Uferseite dem Ort gegenüber liegt landschaftlich reizvoll im lichten Wald zwischen See und Meer der **Campingplatz „Stubbenfelde".**

Loddin/Kölpinsee

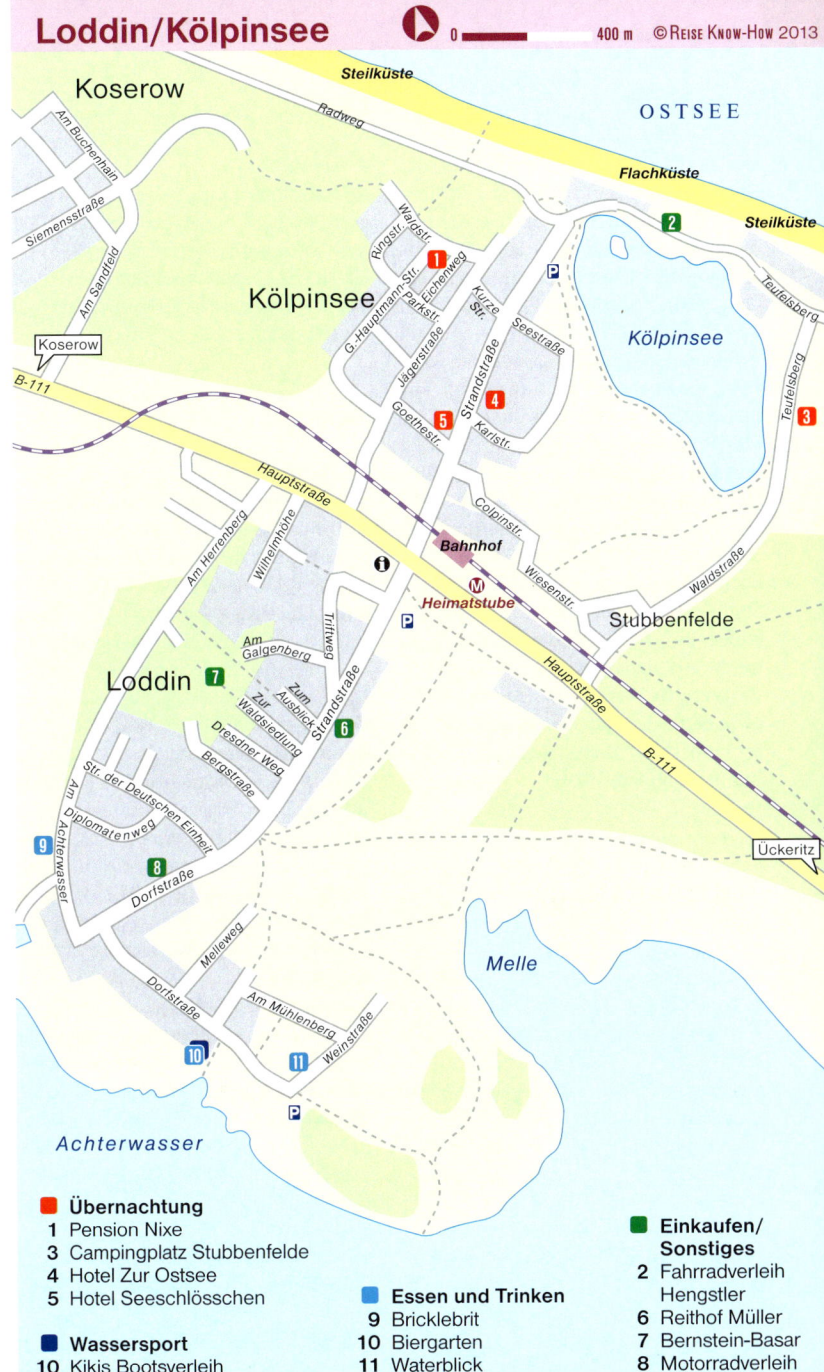

0 ——— 400 m   © REISE KNOW-HOW 2013

Koserow

OSTSEE

Steilküste
Radweg
Flachküste
Steilküste

Kölpinsee

Kölpinsee

Koserow
B-111

Hauptstraße

Bahnhof
Heimatstube
Stubbenfelde

Loddin

Am Herrenberg
Wilhelmshöhe
Triftweg
Am Galgenberg
Zum Ausblick
Zur Waldsiedlung
Strandstraße
Dresdner Weg
Bergstraße
Str. der Deutschen Einheit
Am Achterwasser
Am Diplomatenweg
Dorfstraße
Meileweg
Dorfstraße
Am Mühlenberg
Weinstraße

Hauptstraße
B-111
Ückeritz

Melle

Achterwasser

Am Buchenhain
Siemensstraße
Am Sandfeld
Rungstr.
Waldstr.
Buchenweg
Parkstr.
G.-Hauptmann-Str.
Jägerstraße
Goethestr.
Karlstr.
Kurze Str.
Strandstraße
Seestraße
Colpinstr.
Wiesenstr.
Waldstraße
Teufelsberg

Übernachtung
1 Pension Nixe
3 Campingplatz Stubbenfelde
4 Hotel Zur Ostsee
5 Hotel Seeschlösschen

Wassersport
10 Kikis Bootsverleih

Essen und Trinken
9 Bricklebrit
10 Biergarten
11 Waterblick

Einkaufen/
Sonstiges
2 Fahrradverleih
Hengstler
6 Reithof Müller
7 Bernstein-Basar
8 Motorradverleih

Loddiner Hövt

Das Dorf **Loddin** liegt gut 2 km von der Außenküste entfernt auf dem Loddiner Hövt, einer kleinen Landzunge, die sich ins Achterwasser hinausdrängt. Das nette **Fischerdorf** ist noch heute eine stille Ortschaft mit schönen Rohrdachkaten und Hofanlagen.

Nicht nur das Dörfchen ist sehenswert, sondern auch die **Landzunge** mit ihrem wildromantischen Steilufer. Der **Hochuferweg** bietet schöne Aussichten über das Achterwasser hinüber zum Gnitz und dem Festland. Der kleine Spazierweg, der um das Hövt herumführt und auch den mit 16,10 m höchsten Gipfel und Aussichtspunkt an der äußersten Spitze berührt, hat genau die richtige Länge, um sich etwas die Beine zu vertreten und danach auf der Terrasse des **Restaurants Waterblick** eben diesen zu genießen oder sich unten am Ufer im romantischen **Biergarten** bei „Kikis Bootsverleih" am Wasser zu stärken.

Informationen

- **Vorwahl:** 038375
- **Tourist-Information,** Strandstr. 23, 17459 Kölpinsee, Tel. 22780, Zimmervermittlung Tel. 227810, www.seebad-loddin.de (Juli/Aug. Mo bis Fr 9–18 Uhr, Sa/So 9–12 Uhr, Mai/Juni/Sept. Mo bis Fr 9–18 Uhr, Sa 9–12 Uhr, Okt. bis April Mo, Mi bis Fr 9–16 Uhr, Di 9–18 Uhr)

Unterkunft

- **Hotel Seeschlösschen,** Strandstr. 15, Tel. 2610, Fax 2614, www.hotel-seeschloessen-usedom.de (neu errichtetes, kleines, familiäres Hotel in ruhiger Lage am Kurpark 300 m vom Strand; ausgezeichnete Küche, Ü/F NS 50–60 €, HS 65–75 €)
- **Hotel Zur Ostsee,** Strandstr. 14, Tel. 20296, Fax 20133, www.hotel-zur-ostsee.de (ruhige Lage ca. 200 m vom Strand entfernt, mit Sauna, Solarium, Restaurant, Zimmer teils mit Etagendusche, Ü/F 30 €, mit Bad Ü/F NS 31–37 €, HS 45–50 €)
- **Strandhotel Seerose,** Strandstr. 1, Tel. 540, Fax 54199, www.strandhotel-seerose.de (modernes, familiär geführtes 4-Sterne-Haus in denkbar bester und ruhiger Lage am Buchenwald direkt hinter dem Strand. 109 Zi., die meisten mit Meerblick. Mit Wellness-Spa, exklusivem Restaurant *Alexander*, gemütlichem Bistro *Laderaum* und Cocktailbar. Großes Hallenbad, Finnische Sauna, Dampfbad u.v.m., NS 46–52 €, HS 60–77 €)
- **Pension Nixe,** Waldstr. 2, Tel. 20177, Fax 20179, www.pension-nixe.de (Jugendstilvilla in sehr ruhiger Waldlage 300 m vom Strand entfernt, mit Restaurant und beschaulichem Biergarten, Ü/F NS 25–36 €, HS 34–39 €)

Camping

- **Campingplatz Stubbenfelde,** Waldstraße 12, Tel. 20606, Fax 22186, www.stubbenfelde.de (1.4.

> Nur wenige Meter trennen das stille Ufer des Kölpinsees vom hochsommerlichen Trubel der Badeküste

Die Außenküste

bis 31.10., sehr reizvoll in einem Buchenwald 150 m vom Strand zwischen Meer und Kölpinsee gelegen, Fahrradverleih, Volleyballplatz, Sauna, Solarium; angeschlossen ist eine Ferienpension im Blockhausstil)

Gastronomie

■ **Waterblick,** in Loddin, Mühlenberg 5, Tel. 20294, www.waterblick.de (Haus in Hanglage, 2010 vom *Feinschmecker* als „Top Fischrestaurant" ausgezeichnet, mit herrlicher Aussicht auf das Achterwasser, nahebei der **nördlichste Weinberg** Deutschlands mit 100 Reben, aus denen der Wirt *Peter Noack* die „feinste Südlage" keltert)
■ **Bricklebrit,** Am Achterwasser 10, Tel. 20280, www.bricklebrit.info (ausgezeichnete Küche – mal probieren: Zanderfilet in Nusskruste auf Rum-Schokoladensauce an Calvadosäpfeln. Toller Blick auf das

Achterwasser, hier kann man einmalige Sonnenuntergänge erleben)
■ **Biergarten,** bei *Kikis Bootsverleih,* Tel. 20802 (einer der schönsten Biergärten Usedoms! Romantische Lage direkt am kleinen Hafen auf der Wiese. Mo Live-Musik mit Lagerfeuer und Fackellicht. Mai bis Sept. tägl. 10–24 Uhr)

Museum

■ **Heimatstube,** im Bahnhof, Tel. 20700 (Di bis Sa 10–16 Uhr)

Aktivitäten

■ **Bootsverleih:** *Kikis Bootsverleih,* am Achterwasser/in Loddin, Tel. 20802, www.kikis-bootsverleih.de (mit tollem Biergarten)

160ud

■ **Fahrradverleih:** *Hengstler,* Kölpinsee, Strandstr. 34, Tel. 21167
■ **Reiten/Kutschfahrten:** *Reithof Müller,* Strandstr. 39, Tel. 21639, www.reithof-mueller.de
■ **Spielplatz mit Streichelzoo und Minigolf:** Karl-Sollich-Str. 13, Tel. 0171/1079343, www.freizeitengel.de, April bis Sept. tägl. ab 14 Uhr
■ **Motorrad-/Quadverleih:** *Wittnebel,* Dorfstr. 2, Tel. 20808, www.motorradhandel-verleih.de
■ **Bernstein-Basar,** Waldsiedlung 4, Tel. 20649, tägl. 16–19 Uhr (Ausstellung, Verkauf)

⌃ Eine Oase am Achterwasser:
Kikis Biergarten und Bootsverleih am Kölpinsee

Seebad Ückeritz

Geschichte

Das am Achterwasser liegende Bauern- und Fischerdorf Ückeritz wurde **erstmals 1270** in einer Urkunde des *Bischofs von Kammin* unter dem Namen „Ukerz" erwähnt, in der das Domkapitel zu Cammin das Dorf Damerow gegen sechs kleinere Dörfer, darunter Ückeritz, tauschte. 1299 wurde es an das Kloster Pudagla verkauft. Dessen Abt, *Heinrich Netzeband,* beantragte beim Herzog den

1892 begann auch in Ückeritz die **Ära als Seebad,** allerdings mit ganzen drei Gästen. Auch in der Folgezeit entwickelte sich der Badetourismus nur sehr zögerlich, obwohl alte Bäderführer Ückeritz als „das waldreichste Seebad auf der Insel Usedom" priesen. Einzige Unterkunft bot der Ückeritzer Dorfkrug „Deutscher Kaiser". Erst 1899 wurde als zweite Herberge das Logierhaus „Wockninsee" eröffnet. Ab 1900 entstanden in schneller Folge weitere Unterkünfte und die Zahl der Gäste stieg bis 1912 auf 1600 Sommerfrischler.

Ab Mitte der 1930er Jahre entdeckten Künstler das sehr reizvoll gelegene Fischerdorf für sich. Den Anfang der **Ückeritzer Künstlerkolonie** machte der Maler *Otto Manigk,* der sich aus dem naziverseuchten Berlin nach Ückeritz zurückzog, in dem sein Vater 1932 ein kleines Sommerhaus erworben hatte. Ihm folgte der Maler *Herbert Wegehaupt,* der sich neben *Manigk* in der Waldstraße ein Atelierhaus baute. In den 1950er Jahren folgten die Malerin *Karen Schacht, Manfred Kandt* und seine Frau *Susanne Kandt-Horn* und *Eva Kopetz.*

Der Aufstieg von Ückeritz als vielbesuchtes Seebad ist vor allem seinem Campingplatz zu verdanken, der zu **DDR-Zeiten als größter Campingplatz Europas** Legende war. Die riesige Zeltstadt zog sich im Küstenwald auf fast 5 Kilometer bis fast zum Langen Berg bei Bansin hin und bot auf seinen 13 ha Platz für annähernd 20.000 Camper. Heute ist der auf Bansiner Territorium gelegene Teil geschlossen, weil die Gemeinde nach der Wende wieder an die Tradition als elegantes Seebad für die bessere Gesellschaft anknüpfen und deshalb keine „Billigtouristen" wie Camper mehr wollte.

Bau eines Kruges, um mit den Einnahmen seine Kasse aufzubessern. 1388 erteilte *Herzog Bogislaw IV.* die Erlaubnis, „dass Heinrich Netzeband soll bauen einen Krug bei dem Wokenin (Wockninsee) bei dem Strande um armer Leute willen, die da wandern und warten und Not leiden um der Herberge willen". Der Krug ging im Dreißigjährigen Krieg unter, der auch die Gemeinde bis auf vier Einwohner fast gänzlich auslöschte.

Usedomer Geschichte schrieb Ückeritz 1740, als es die **erste Dorfschule** auf der Insel erhielt. Ab 1820 wurde Ückeritz zu einem Zentrum der **Fischerei** auf Usedom.

Campingstadt

Der übrig gebliebene Ückeritzer Teil des Campingplatzes ist mit einer Fläche von 10 ha nach wie vor eine Campingstadt, die mit **Läden, Geschäften, Kino, Restaurants, Schnellimbiss und Cafés** quasi einen autonomen Ort darstellt.

Zum 60 Meter breiten **Ostseestrand** von Ückeritz mit Flach- und Steiluferzonen führt von der B 111 eine Teerstraße durch den Wald. Hier herrscht während der Badesaison durch den angrenzenden Campingplatz turbulentes Strandtreiben von mediterranem Zuschnitt.

Altes Dorf

Wer der Beachparty entkommen will, der sollte den alten Dorfkern von Ückeritz besuchen. Das **malerische Dörfchen** mit seinen alten Fischerkaten am Achterwasser konnte sich seinen ländlichen Charakter und Charme weitgehend bewahren.

NSG Wockninsee

Die **waldreiche Umgebung** von Ückeritz bietet zahlreiche Möglichkeiten für **Spaziergänge, Wanderungen und Radtouren.** Besonders schön ist das zwischen Ort und Ostseeküste im Wald gelegene Naturschutzgebiet Wockninsee.

Durch das 50 ha große Naturidyll führt ein gut beschilderter **Naturlehrpfad,** der die geologischen und botanischen Besonderheiten des verlandenden Waldsees erläutert. Auch der auf Meeresspiegelniveau gelegene, von dichtem Wald umgebene **Strandsee** befindet sich

in einem fortgeschrittenen Stadium der Verlandung. Seine offene Wasserfläche ist bereits durch einen breiten Schilfgürtel in zwei Hälften getrennt. Bereits **verlandete Zonen** bilden ringsum Flach- und Zwischenmoorgürtel aus, die in Erlenbruchwälder übergehen.

In dem nährstoffarmen Torfgrund gedeihen anspruchslose **Moorpflanzen** wie das Sumpfveilchen, die Moosbeere oder der fleischfressende Sonnentau. Zu den **tierischen Bewohnern** zählen neben zahlreichen Kleinvogelarten und Ringelnattern auch die seltene Sumpfschildkröte.

Weiler Stagnieß

Erstaunlicherweise bislang ziemlich unbekannt geblieben und deshalb noch ein echter Geheimtipp ist der Weiler Stag-

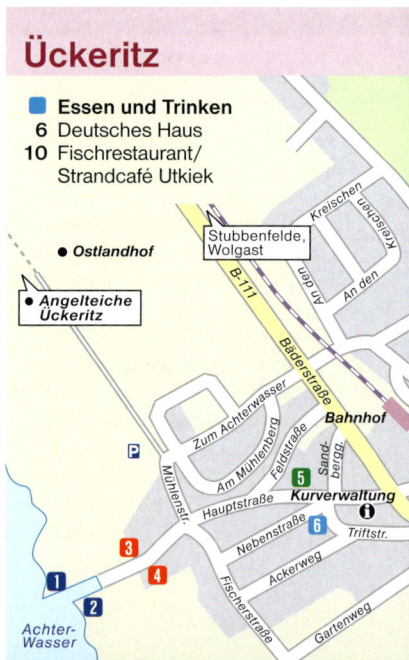

Die Außenküste

nieß, der sich **südöstlich von Überitz am Achterwasser** verbirgt. Etwa 1 km nach Überitz Richtung Bansin biegt von der B 111 kurz vor dem Forstamt Neu Pudagla eine kleine Teerstraße in den Wald ab, die im Hafen Stagnieß endet.

Dort liegt der stille, idyllische **Naturcampingplatz** Stagnieß mit kleinem Sportboothafen, der für alle, die den Rummel auf dem großen Bruder an der Außenküste fürchten, die ideale Alternative ist.

Informationen

■ **Vorwahl:** 038375
■ **Tourist-Information,** Bäderstr. 5, 17459 Überitz, Tel. 2520, Fax 25218, www.ueckeritz.de (Juli/Aug. Mo bis Fr 9–18 Uhr, Sa/So 9–12 Uhr, Mai/Juni/Sept. Mo bis Fr 9–18 Uhr, Sa 9–12 Uhr, Okt. bis April Mo bis Fr 9–16 Uhr)

Unterkunft

■ **Pension Am Achterwasser,** Hauptstr. 35, Tel. 20600, Fax 20643, www.pension-achterwasser.m-vp.de (kleine Pension mit 5 Zimmern mit Blick auf Achterwasser, Grillplatz, Fahrradverleih, Café, Ü/F NS 20–33 €, HS 39–44 €)
■ **Pension Richter,** Aufbauweg 5, Tel. 2280, Fax 22829, www.pensionrichter.de (familiäre Nichtraucher-Pension mit 10 Zimmern und Restaurant, Ü/F NS 27–35 €, HS 40 €)

Camping

■ **Naturcampingplatz Am Strand,** Bäderstraße 5, Tel. 20923, Fax 25218, www.campingplatz-ueckeritz.de (Ostern bis 15. Okt., 10 ha großer Platz mit 700 Stellflächen im lichten Kiefernwald zwischen Strand und Naturschutzgebiet Wockninsee; mit Kaufhallen, Gaststätten, Cafés, Kino und angeschlossener Bungalowsiedlung)

0   200 m   © REISE KNOW-HOW 2013

Wassersport
1 Bootsverleih
2 Segel-Surfschule

Übernachtung
3 Pension „Am Achterwasser"
4 Pension Richter

OSTSEE

NSG Wockninsee

Wockninsee

8 Naturcampingplatz Stagnieß
11 Naturcampingplatz „Am Strand"

Sonstiges
5 UsedomRad (Fahrradverleih)

8 Überitzer Personenschifffahrt, Bansin, Ahlbeck, Stagnieß

■**Naturcampingplatz Stagnieß,** Tel. 20423, Fax 29206, www.camping-surfen-usedom.de (April bis Sept., 4 ha groß, zauberhaft still und schön am Achterwasser gelegener Wiesenplatz, ein ideales Plätzchen für Naturliebhaber und Angler)

Gastronomie

■**Fischrestaurant/Strandcafé Utkiek,** Tel. 20408, www.utkiek-ueckeritz.de (tolle Lage direkt am Strand mit großer Strandterrasse und Traumblick auf die Ostsee, hauseigene Bäckerei. Prima: Hier kann man sich Bücher über Usedom ausleihen!)
■**Deutsches Haus,** Nebenstr. 1, Tel. 20940, www.deutsches-haus-ueckeritz.de (Pommersche Küche mit über 50-jähriger Familientradition in rustikalem Ambiente, mit 3 Gästezimmern, Ü/F ab 28 €)

Aktivitäten

■**Fahrradverleih:** *UsedomRad,* Hauptstr. 8, Tel. 247101
■**Reiten/Kutschfahrten:** *Ostlandhof,* Mühlenstraße 7, Tel. 21368 (mit 2 Fewo für 2–4 Pers.)
■**Schiffsausflug:** *Ückeritzer Personenschifffahrt,* Tel. 20329, www.ms-astor.de (ab Hafen Stagnieß Rundfahrten Achterwasser und nach Rankwitz)
■**Segeln/Surfen/Kiten:** Segel-Surfschule, am Sportboothafen, Tel. 20641, www.windsport-usedom.de (mit einladendem *Café Knatter*)
■**Angeln:** Angelteiche Ückeritz, Loddiner Landweg 21, 0171/7440818, www.angelteiche-ueckeritz.de (tägl. 8–18 Uhr, Mai, Juni, Sept., Okt. Mi–So 8–17 Uhr)
■**Skaterbahn:** an der Straße „Zum Achterwasser" (für Anfänger und Fortgeschrittene)

ud13-009

Die Außenküste

Forstamt Neu Pudagla/ Usedomer Gesteinsgarten

Etwa 2 Kilometer östlich von Ückeritz liegt im Wald nahe der B 111 das Forstamt Neu Pudagla. Bei dem Forstamt entstand in Zusammenarbeit mit dem Institut für Geologische Wissenschaften der Universität Greifswald der **Usedomer Gesteinsgarten,** auch Geschiebegarten genannt (s. Exkurs „Usedomer Gesteinsgarten").

Durch den Steingarten führt ein **lehrreicher Rundweg.** Auf ihm spaziert man quasi von Bornholm über Südschweden bis nach Finnland und zu Gesteinen, die Entfernungen von bis zu 1000 km mit dem Eis zurückgelegt haben.

Beim Forstamt beginnt ein interessanter **Waldwanderweg mit zahlreichen Schautafeln** und traumhaften Landschaftsausblicken (geführte Wanderungen von Mai bis September jeden letzten Freitag im Monat).

Ein Freizeitspaß für den großen und kleinen Tarzan ab 5 Jahren ist der direkt neben dem Gesteinsgarten eingerichtete **Kletterwald,** in dem sich Schwindelfreie je nach Können und Geschicklichkeit auf verschiedenen Parcours mit insgesamt 98 Elementen durch die Baumwipfel schwingen können. Die professionellen Klettergurte sind doppelt gesichert, Stürze sind also ausgeschlossen.

■ **Forstamt Neu Pudagla,** 17459 Neu Pudagla, Tel. 038375/29110, Fax 291137, www.forstamt-neupudagla.m-vp.de (Führungen, Wanderungen, thematische Exkursionen)
■ **Kletterwald Usedom,** Tel. 038375/22677, Fax 22689, www.kletterwald-usedom.de (April/Mai/ Okt. Di bis So 10–17 Uhr, Juni/Sept. tägl. 10–18 Uhr, Juli/Aug. tägl. 10–20 Uhr)

Die Kaiserbäder: Bansin, Heringsdorf und Ahlbeck

Der unangefochtene **Mittelpunkt des Usedomer Seebäderlebens** und mit 14.000 Betten und 440.000 Gästen (= über zwei Millionen Übernachtungen, 2009) das „Epizentrum" der Insel sind die drei traditionsreichen Seebäder Bansin, Heringsdorf und Ahlbeck, die sich 2006 zu der Gemeinde **„Ostseebad Heringsdorf"** zusammengeschlossen haben und im Osten Usedoms den Abschluss der Badeorte bilden.

Nachdem in Swinemünde (heute Świnoujście) 1824 der erste Badebetrieb eröffnete, setzte er in den benachbarten

◁ Verträumtes Idyll am Achterwasser – der Hafen Stagnieß südöstlich von Ückeritz kleinen Fischerdörfchen ebenfalls ein. Besonders die eigens gegründeten Aktiengesellschaften forcierten den **Bauboom** und stampften Villen, Pensionen, Grand-Hotels, Spielcasinos, Pferderennplätze, Promenaden und andere Annehmlichkeiten aus dem Boden, auf die die hier verkehrenden feinen Kreise aus Adel, Politik, Wirtschaft und Kultur nicht verzichten konnten. Bis heute prägt die **prächtige Bäderarchitektur** aus dieser Zeit das Gesicht der drei attraktiven Schwestern.

Bald 25 Jahre nach der Wiedervereinigung sind sie allesamt durchgehend restauriert, saniert und mit allerlei neuen Annehmlichkeiten und Vergnügungsstätten versehen, die im Arbeiter- und Bauernstaat DDR verpönt waren. Nun strahlen sie **wieder im alten Glanz** und über ihnen liegt wieder ein bisschen der mondäne Hauch der „Belle Epoque", der sie damals wie heute so anziehend machte bzw. macht.

Das illustre Dreigestirn ist praktisch **zu einem großen Badeort zusammengewachsen,** der sich über Kilometer parallel der Ostseeküste hinzieht und zusammen das größte Urlauberzentrum auf Usedom bildet. Auf der **durchgehenden Strandpromenade,** die mit über acht Kilometern die längste Europas ist, kann man von Bansin bis nach Ahlbeck promenieren.

Um den Charme und das Flair der drei Schönen nicht in Abgasen und Blechlawinen zu ersticken, sollte man unbedingt die großen **Parkplätze vor den Seebädern** benutzen. In den engen und schmalen und deshalb häufig einbahnig geführten Straßen innerhalb der Ortschaften wird man eh kaum eine Parkgelegenheit finden. Die wenigen da-

für zur Verfügung stehenden Flächen sind den Anwohnern vorbehalten.

Doch nicht nur das Ortsbild der drei Kaiserbäder ist anziehend, sondern auch ihre **landschaftlich außergewöhnlich schöne und abwechslungsreiche Lage.** Unmittelbar hinter den Seebädern beginnt ein wald- und seereiches Gebiet mit mehreren Naturschutzgebieten, das vielfältige Möglichkeiten bietet, bei einer Wanderung oder einer Radtour durch die stille Natur einmal dem quirligen Treiben an der Badeküste zu entfliehen.

Informationen

■**Kaiserbäder Usedom,** Waldstr. 1, 17419 Seebad Bansin, Tel. 038378/47710, Fax 477118, www.drei-kaiserbaeder.de (Bansin, Heringsdorf und Ahlbeck haben sich unter dem Namen „Die 3 Kaiserbäder" zu einem Zweckverband zusammengeschlossen, über den man Informationen und das gemeinsame Gastgeberverzeichnis beziehen kann. Für Infos und Auskünfte vor Ort stehen in allen drei Seebädern eigene Infostellen zur Verfügung)

Verkehrsverbindung

Die drei großen Seebäder verbindet fahrplanmäßig der **„Kaiserbäder-Express",** ein kleiner Straßen-Bimmelzug, der in der Saison im Pendelverkehr im 40-Min.-Takt zwischen 9 und ca. 18 Uhr (Winter bis ca. 17 Uhr) verkehrt. Die Haltestellen findet man in Ahlbeck und Bansin jeweils an der Seebrücke, in Heringsdorf vor dem zentral gelegenen *Hotel Maritim* und in Bansin in der Seestraße. Fahrkarten gibt es direkt im Züglein.

■**Info/Fahrplan/Vorbestellung:** *Cyrus & Dittberner GmbH,* Korswandt, Dorfstraße 20, Tel. 038378/28467, www.kaiserbaeder-express.de

Seebad Bansin

Das erste der drei berühmten Seebäder, das man von Ückeritz kommend erreicht, ist das Seebad Bansin. Mit nur 2500 Einwohnern ist es das **kleinste und jüngste der drei „Kaiserlichen".**

Geschichte

Das Seebad hat kein altes Fischerdorf als Kern, sondern wurde von Anfang an **als reines Seebad erbaut.** Als die Nachbarorte Ahlbeck und Heringsdorf sich bereits als mondäne Badeorte etabliert hatten, war dort, wo heute Bansin zu finden ist, nichts als unfruchtbares Land, das sein Besitzer, das am Gothensee gelegene Dorf Bansin, als Schafweide nutzte.

Die Gemeinde Bansin war dumm genug, dieses **Land zum Spottpreis von nur 10 Pfennigen pro Quadratmeter** an die „Aktiengesellschaft Seebad Heringsdorf" zu verkaufen, deren Hauptaktionär der Berliner Bankier *Delbrück* war. Der Käufer begann sofort, in dem Dünengelände planmäßig ein neues Seebad zu errichten. Als die Gemeide Bansin bemerkte, welchen verheerenden Fehler sie gemacht hatte, musste sie für viel Geld Land von der AG zurückkaufen. Für 3000 Taler erhielt sie einige Parzellen zurück, auf denen die von ihr gegründete Badegenossenschaft Hotels und Pensionen errichten ließ.

1897 eröffnete das aus ganzen zehn Häusern bestehende Seebad Bansin mit 318 Gästen offiziell die **erste Saison.** Schon 1913 tummelten sich rund 9000 herrschaftliche Stammgäste während der Saison in Bansin, 1937 wurden bereits 240.000 Übernachtungen pro Saison gezählt.

Von Anfang an legte das Seebad Bansin großen Wert darauf, „feines Publikum nach dem Ort zu ziehen und ihn auch frei von Juden zu halten". Um das erwünschte feine deutsch-christliche Publikum warb man als **„deutsches Seebad mit christlichen Häusern in bester Lage".** Damit versuchte sich Bansin gegen den Nachbarn Ahlbeck abzugrenzen, in dem eher zu Wohlstand gekommene Bürgerliche abstiegen und das verächtlich als die „Kinderbadewanne" tituliert wurde. Und das erwünschte Publikum aus Aristokratie und Hochfinanz kam. Und zwar „mit Leibdienern und Leibkoch, mit Zofen und Kammerzofe, mit Leibkutscher und Kammerdiener, mit riesigen schlossbeschwerten Reisekörben, mit Reitpferden und Stalljungen", wie der 1908 in Bansin geborene Schriftsteller *Hans Werner Richter* in seinen „Bansiner Geschichten" berichtet. „Sie nannten sich Hoheit, Graf, Herzog, Durchlaucht, Excellenz, Baron und kamen gemeinhin mit dem D-Zug. Sie trugen Schnurr-, Backen-, Voll- und Spitzbärte, rauchten Zigarren, gingen in Galauniform…"

Unter den ebenso blaublütigen wie betuchten Gästen war auch seine Majestät, Kaiser *Wilhelm II.* Wo sich so viel Geld, Macht und Einfluss ballen, gelten gemeinhin andere Gesetze als anderswo. So war es das Seebad Bansin, das 1923 als erster Ort die sogenannte **„Freibadeerlaubnis"** erhielt. Die feinen Besucher der exklusiven Oase mussten sich damit nicht mehr in unbequemen Badeanstalten drängen, sondern konnten sich nun offen im Badeanzug am Strand und im Meer tummeln.

Die Außenküste

Mit *Hitler* und den **Nazis** strömte eine neue Klientel in das deutschnationale Edelbad, die sich nun, so *H. W. Richter,* „Major, General, Hauptmann oder Hauptsturmführer" oder „Staatsrat, -sekretär, -intendant oder Staatsschauspieler" nannten.

Nach dem „Tausendjährigen Reich", das 1933 begann und zwölf Jahre später zu Ende war, wurde Bansin zum **„Bad der Werktätigen"**. In Wirklichkeit waren es jedoch mehrheitlich Mitarbeiter der Staatssicherheit und andere verdiente „Spitze(l)n-Genossen" der DDR-Nomenklatura, die sich nun in den feudalen Villen entspannten.

Sehenswertes

Das Seebad zeigt sich heute mit seinen zahlreichen restaurierten und **renovierten prächtigen Villen** tatsächlich wieder von seiner mondänen Schokoladenseite, ist aber durchaus auch für den Normalsterblichen zugänglich.

ringsdorf und Ahlbeck sind in ihrer Architektur wesentlich attraktiver.

Ein Bummel durch die Straßen führt zum **Tropenhaus,** Bansins schönster und interessantester Sehenswürdigkeit. Die 1968 gegründete und nach der Wende komplett umgebaute und erweiterte Anlage ist ein **Mix aus Herberge, Gastronomie und Tropenzoo,** in dem sich über 100 exotische Tiere zwischen exotischen Pflanzen tummeln. Im „kleinsten Zoo der Welt" kann man also zwischen Palmen, Äffchen, Schlangen, Kaimanen, Papageien, Chamäleons und anderen „bunten Vögeln" aus fernen Ländern Kaffee trinken. Im oberen Stockwerk bietet das ebenfalls „tropisch" gestaltete Restaurant „Schlangennest" Gelegenheit, gemütlich und gut zu speisen.

Kunstsinnigen Besuchern sei das ehemalige Haus des Bansiner Malers und Grafikers *Rolf Werner* empfohlen. Das von der Witwe des 1989 verstorbenen Künstlers eingerichtete **Gedenkatelier Rolf Werner** zeigt eine Reihe von Werken des Künstlers, der 1953 von Leipzig nach Bansin übergesiedelt war. *Werner* schuf stille Landschaftsbilder und figürliche Kompositionen mit verhalten lyrischer Grundstimmung, die dem Sammelbegriff „poetischer Realismus" zugeordnet werden.

An den Schriftsteller *Hans Werner Richter* erinnert die Ausstellung in der historischen Feuerwache Bansins. Das **Hans-Werner-Richter-Haus** zeigt einen Teil vom Nachlass des 1908 als Sohn eines Fischers in Sallenthin auf Usedom

Die Hauptsehenswürdigkeit Bansins ist denn auch der Ort mit seiner **historischen Bäderarchitektur** selbst. Besonders viele und imposante Villen, von denen die meisten heute als Hotel dienen oder exklusive Ferienwohnungen offerieren, säumen die Bergstraße.

Neben der über dem Strand verlaufenden schicken Meile ist natürlich die **Seebrücke** mit einer Länge von 285 Metern ein Anziehungspunkt. Diese Brücke ist jedoch nur ein schlichter Steg. Die Brücken der benachbarten Seebäder He-

◁ Strahlend weiß zeigen sich die herrschaftlichen Villen in der Bergstraße

geborenen und 1993 in München gestorbenen Künstlers.

Nach Bansin umgesiedelt und noch aktiv an der Staffelei ist die **Kunstmalerin Rosa Kühn,** die bis 2005 ihr Atelier in Zempin hatte. Die in Schlesien geborene Künstlerin war von 1948 bis 1953 Schülerin bei *Otto Niemeyer-Holstein.* Seit der Wende hat sie sich überwiegend der Aquarellmalerei zugewandt. Nach Anmeldung kann man die Künstlerin in Ihrem Atelier besuchen.

Damit auch in den Wintermonaten den Gästen nicht langweilig wird, hat sich das Seebad nun auch noch eine flotte **Eisbahn** zugelegt. Es ist die einzige in Vorpommern.

Die große Ganzjahresattraktion von Bansin ist aber nach wie vor der oft über 50 m breite feine **Sandstrand,** der sich in beide Richtungen erst am Horizont verliert.

Informationen

■ **Vorwahl:** 038378

■ **Touristeninformation,** An der Seebrücke, 17429 Bansin, Tel. 47050, Fax 470515 (Mai bis Sept. Mo bis Fr 9–18 Uhr, Sa/So 10–15 Uhr, April/Okt. Mo bis Fr 9–17 Uhr, Sa/So 10–13 Uhr, Jan. bis März/ Nov./Dez. Mo bis Fr 9–16 Uhr, Sa/So 10–12 Uhr)

Unterkunft

■ **Romantic Strandhotel Atlantic,** Strandpromenade 18, Tel. 47020, Fax 470215, www.seetel.de

Die Außenküste

(zauberhaftes 4-Sterne-Luxushotel in eleganter alter Villa an der Strandpromenade mit englischem Pub und Café-Terrasse; mit Pool, Sauna, Solarium, Dampfbad, Fitnessbereich sowie Erlebnisdusche, Ü/F NS 50–92 €, HS 77–101 €)

■ **Villa von Desny,** Strandpromenade 4, Tel. 2430, Fax 24324, www.villa-von-desny.de (todschicke kleine Bädervilla direkt am Strand, 1924 bis 1926 der großen UFA-Stummfilmschauspielerin *Xenia Desny* als Sommersitz erbaut. Hier waren Schauspielerkollegen *Willi Fritsch* und *Heinz Rühmann* häufig zu Gast. Ü/F NS ab 40 €, HS ab 90 € bei Mindestaufenthalt von 3 Nächten)

■ **Hotel Germania,** Strandpromenade 25, Tel. 2390, Fax 23920, www.germania-bansin.de (entzückende Bädervilla in der ersten Reihe mit herrlichem Strand-, Meerblick, mediterranes Restaurant mit großer Sonnenterrasse, Ü/F NS ab 31 €, HS ab 52 €)

■ **Forsthaus Langenberg,** Strandpromenade 46, Tel. 49890, Fax 498949, www.forsthaus-langenberg.de (rustikales Hotel in Alleinlage in einem Buchenwald über der Steilküste zwischen Bansin und Koserow, mit Sauna, Solarium, Ü/F NS 43–50 €, HS 48–55 €)

■ **Pension An der See,** Strandpromenade 17, Tel. 29346, Fax 22554, www.pension-an-der-see.de (altes Logierhaus mit für Bansin preiswerten Zimmern, Ü/F NS 20–33 €, HS 29–47 €)

■ **Tropenhaus Bansin,** Goethestr. 10, Tel. 2540, Fax 66366, www.tropenhaus-bansin.de (Apartments im Exotenparadies, 7 Min. zu Fuß vom Strand; mit Restaurant, Bar, Sauna, Solarium, 1–3-Zimmer-Apartments, NS 40–75 €, HS 85–120 €)

■ **Am Schloonsee,** Schloonsee 1, Tel. 2310, Fax 23114, www.usedomer-ferienhaus-vermietung.de/oekologische-ferienhaeuser (ökologische Ferienanlage mit Norweger-Holzhäuschen für 2–5 Per-

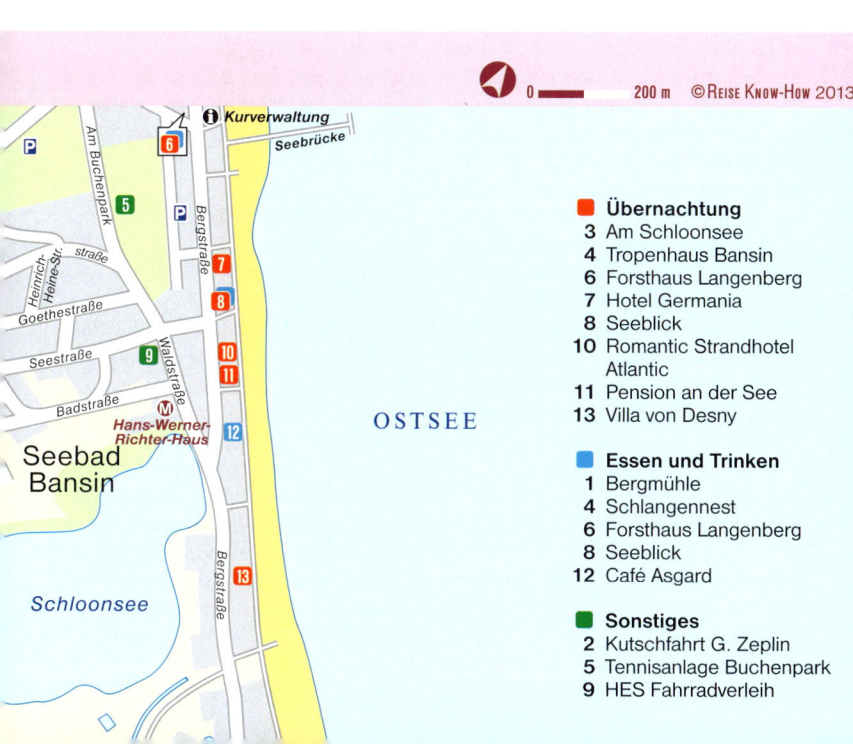

Übernachtung
- 3   Am Schloonsee
- 4   Tropenhaus Bansin
- 6   Forsthaus Langenberg
- 7   Hotel Germania
- 8   Seeblick
- 10   Romantic Strandhotel Atlantic
- 11   Pension an der See
- 13   Villa von Desny

Essen und Trinken
- 1   Bergmühle
- 4   Schlangennest
- 6   Forsthaus Langenberg
- 8   Seeblick
- 12   Café Asgard

Sonstiges
- 2   Kutschfahrt G. Zeplin
- 5   Tennisanlage Buchenpark
- 9   HES Fahrradverleih

sonen in ruhiger, autofreier Lage, auch Nichtraucher-Apartments und -Häuser, Apartment/Haus NS 40–55 €, HS 80–85 €)

Gastronomie

■ **Bergmühle,** Benzer Chaussee 5, Tel./Fax 499040, www.bergmuehle-bansin.de (ruhige Alleinlage mit wunderbarem Blick vom Achterwasser bis zur Ostsee. Ob im Gastraum, im Wintergarten oder der schönen Terrasse mit Seeblick – im Hausrestaurant wird ganzjährig zwischen 12 und 22 Uhr vom Haus- und Küchenchef *Michael Auer* persönlich zubereitete niveauvolle Küche serviert. Sehr empfehlenswert! Ü/F NS 27–48 €, HS 35–55 €)
■ **Forsthaus Langenberg,** Strandpromenade 36, Tel. 49890, Fax 498949, Internet s.o. (Hotel-Restaurant in herrlicher Alleinlage im Wald nahe dem Steilufer, Straße Richtung Koserow; Wild- und Fischspezialitäten, hauseigene Patisserie)
■ **Schlangennest,** Goethestr. 10, Tel. 2540 (exotische Küche und Tiere im „kleinsten Zoo der Welt" im Tropenambiente – sicher eine der ungewöhnlichsten Lokalitäten auf Usedom, um essen zu gehen)
■ **Seeblick,** Strandpromenade 25, Tel. 477250, www.germania-bansin.de (gutes Hotel-Restaurant mit schön angelegter Terrasse mit Seeblick. Schwerpunkt sind Meeresgerichte wie die „Strandfischer-Platte" mit fünf Sorten Fisch, aber auch Fleisch und Pizza aus dem Holzbackofen)
■ **Café Asgard,** Strandpromenade 15, Tel. 29488 (das seit 1898 bestehende Haus gilt als eine der besten Adressen auf Usedom; mit hauseigener Konditorei, Caféterrasse und und kuschelig kleinem Gastraum)

Museum/Kultur

■ **Tropenhaus,** Goethestr. 10, Tel. 2540 (Mai bis Sept. tägl. 10–18 Uhr, Okt. bis April tägl. 10–16 Uhr)

■ **Gedenkatelier Rolf Werner,** Seestraße 60, Tel. 29228 (Führungen tägl. 11 Uhr, Di/Do/Sa/So auch 14.30 Uhr)
■ **Hans-Werner-Richter-Haus,** Waldstr. 1, Tel. 47801 (Juli/Aug. Di bis Fr 10–18 Uhr, Sa/So 12–18 Uhr, Sept. bis Juni Di bis Fr 10–16 Uhr, Sa/So 12–16 Uhr)
■ **Atelier Rosa Kühn,** Gothenweg 1a, Tel. 477144 (Besichtigung nach tel. Vereinbarung)

Aktivitäten

■ **Fahrradverleih:** *HES,* Waldstraße 33, Tel. 33321
■ **Kegeln:** im *Atlantic-Pub,* Strandpromenade 18, Tel. 60655
■ **Imkerei:** *Die Bieneninsel,* Bergmühlenweg 22, Tel. 31454 (Honigverkauf, interessante Bienenführungen)
■ **Kutschfahrt:** *G. Zeplin,* Dorfstr. 42a, Tel. 29372
■ **Schiffsausflug:** Adler-Linie, ab Seebrücke, Tel. 01805/123344 (14 Cent/Min.)
■ **Wassersport:** *Kunis Wassersportcenter,* An der Seebrücke, Tel. 20276 (Verleih von Wasserski, Motor-, Tretboote, u.a.)

Seebad Heringsdorf

Geschichte

„**Entzückende landschaftliche Reize,** eine seltene Verbindung von Wald und See, kokette, ja pikante, mit allem Zauber der Architektonik ausgestattete Villen, die den Meeresstrand umsäumen, mit allem Komfort ausgestattete Badeeinrichtungen und die friedliche Ruhe – all das trägt dazu bei, dass Heringsdorf immer mehr zum Sommeraufenthalt wohlsituierter Berliner, Stettiner und Pommeraner wird," schreibt ein alter Bäderführer.

Die Außenküste

Heringsdorf war ein namenloses Fischernest, bevor es in kürzester Zeit zum bekanntesten Seebad auf der Insel Usedom aufstieg. Den Grundstein dazu legte der Königliche Oberforstmeister *Georg Bernhard von Bülow,* der 1817 das Rittergut Gothen erwarb und sich auf dem Kulm, einem Hügel über der Ostsee, vom berühmten Baumeister *Friedrich Karl Schinkel* eine standesgemäße **Villa** errichten ließ: Dieses **„Weiße Schloss"** kann man noch heute bestaunen.

Es war den hochgestellten Kontakten des adeligen Forstmeisters und seiner geschäftstüchtigen Ader zu verdanken, dass im Hause *von Bülows* allerhand erlauchtes Volk aus der Preußenresidenz Berlin und der Landeshauptstadt Stettin verkehrte. Unter anderem der Kronprinz *Friedrich Wilhelm,* der den **Namen des Seebades** erfand. Der Kronprinz weilte 1820 mit seinem Vater, dem preußischen König *Friedrich Wilhelm III.,* auf Einladung des Gutsbesitzers von Bülow in der unscheinbaren Fischerkolonie. Von diesem alleruntertänigst gebeten, einen Namen für die Siedlung zu finden, fiel ihm angesichts des impertinenten Geruchs der Heringe, die hier verarbeitet wurden, nichts besseres als Heringsdorf ein. Und dabei blieb es.

Den **rasanten Aufschwung vom Heringspackplatz zum piekfeinen Seebad** verdankt Heringsdorf dem Berliner Bankier *Hugo Delbrück,* der 1872 gemeinsam mit seinem Bruder *Adalbert* die „Aktiengesellschaft Seebad Heringsdorf" aus der Taufe hob. Innerhalb nur weniger Jahre wurden über 100 Hotels, Pensionen, Gasthöfe und andere Einrichtungen aus dem Sand gestampft.

In diesen gab sich vom Adel bis zum Industriemagnaten alles ein Stelldichein,

was in der **preußischen High Society** Rang und Namen hatte. Auch der zwischenzeitlich zum König ernannte *Friedrich Wilhelm IV.* weilte mehrfach mit seiner Familie in Heringsdorf zur Sommerfrische. Sein Sohn Kaiser *Wilhelm II.* entspannte ebenfalls dem Rang entsprechend in dem mondänen Seebad, wo die erlauchten Gäste, so ein Zeitzeuge, „so dicke goldene Uhrenketten trugen, dass man einen Bären daran hätte anbinden können".

Wer in den erlauchten Kreisen etwas auf sich hielt, musste in Heringsdorf einen eigenen Sommersitz unterhalten. Im Gegensatz zum deutschnationalen Seebad Bansin waren in Heringsdorf auch viele Vertreter der jüdischen Oberschicht zu Gast, was dem Seebad den Ruf einbrachte, **das liberalste aller deutschen Seebäder** zu sein.

Luxuriöse Grand-Hotels, eine schicke Pferderennbahn, ein exklusives Spielcasino und andere Vergnüglichkeiten für die feine Gesellschaft verwandelten Heringsdorf in eine Art **„Nizza der Ostsee".** Und damit die edlen Damen und Herren nicht durch die 1894 fertiggestellte Eisenbahn belästigt wurden, führte man die Bahnstrecke im großen Bogen am Ort vorbei. Die Linienführung blieb bis heute unverändert.

Neben der geldschweren Klientel fanden zunehmend **Vertreter der Schönen Künste** nach Heringsdorf. Zu den illustren Gästen zählten z.B. der Maler *Lionel Feininger,* der Schriftsteller *Heinrich Mann* oder der „Wanderer durch die Mark Brandenburg", *Theodor Fontane.* Auch ausländische Künstler wie *Leo Tolstoi* oder *Maxim Gorki* weilten in Heringsdorf. *Gorki* versuchte von Mai bis September 1922 sich in der Seeluft von seinem Lungenleiden zu heilen. Ohne die erhoffte Genesung zu finden, reiste er danach schließlich weiter nach Capri.

Für die Heringsdorfer ein einzigartiger **Glücksfall war die Inflation von 1921,** in der sie *Delbrücks* Aktiengesellschaft sämtlichen Besitz für wenig Geld abkaufen und die nach der Überwindung der Wirtschaftkrise wieder üppig sprudelnden Gewinne in die eigene Kasse lenken konnten.

1933 wurde das „Judenbad" Heringsdorf arisiert. Jüdischer Besitz wurde zwangsverkauft.

Nach 1945 wurde aus dem elitären Luxusbad ein Erholungsort für die werktätigen Massen. Bis zu 60.000 Gäste verzeichnete Heringsdorf zu DDR-Zeiten.

Seit 1990 versucht die Gemeinde wieder an den vergangenen Glanz anzuknüpfen. Bauwerke und Einrichtungen wie die spektakuläre neue Seebrücke, das edle Maritim-Hotel Kaiserhof, das Spielcasino oder Veranstaltungen wie die Modenschau „Heringsdorf goes fashion" zeigen, dass das Streben nach einem gehobenen Image von beachtlichem Erfolg gekrönt ist.

Sehenswertes

Die Sehenswürdigkeit und der ganze Stolz der Heringsdorfer ist die 1995 eröffnete **Seebrücke,** die sich mit einer Länge von 508 m mit dem Superlativ „längste Seebrücke Kontinentaleuropas" schmückt und spätestens seit der ZDF-Arena zur Fußball-Europameisterschaft 2012, der sie als Kulisse diente, jedem ein Begriff sein dürfte. Das moderne Bauwerk ersetzte die 1958 abgerissene, alte hölzerne Seebrücke, die architektonisch und künstlerisch sehr aufwendig gestaltet war. Die neue soll sich an das historische Vorbild anlehnen, was der Autor jedoch so nicht nachzuvollziehen vermag. Der Neubau ist ein silbern schimmerndes Bauwerk, das bei grauem Wetter einige Tristesse ausstrahlt, bei Sonnenschein jedoch funkelt. Besonders die große Pyramide am Ende der Brücke, in der ein Restaurant untergebracht ist, erinnert dann an einen geschliffenen, strahlenden Diamant.

Der erste Abschnitt der Seebrücke ist überdacht und beherbergt 25 Ladengeschäfte, Kinos, eine Diskothek, ein Fit-

nesscenter, ein Bistro und ein Muschel-museum.

Das **Muschelmuseum** wird vom Diplom-Biologen *E. Müller* privat betrieben. Es zeigt rund 3000 Exemplare aus aller Welt und bietet allerhand aus den Schalentieren gefertigten Tand zum Kauf.

Der **offene Teil der Seebrücke** ist durch eine gläserne Wand geschützt, sodass man auch bei heftigem Wind gut auf ihr flanieren kann.

Der neu gestaltete **Seebrückenplatz** wird von mächtigen Hochhäusern überragt. Auch wenn sie mit Fassadenkosme-

tik aufgepeppt wurden, bleiben die Klötze des ehemaligen FDGB-Heims „Solidarität" doch unansehnlich und deplatziert. Besser wäre es wohl gewesen, mit dem zum Kurhotel und zur Reha-Klinik umgemodelten Monstrum so zu verfahren wie mit dem Bauwerk, das vorher an dieser Stelle gestanden hatte und das 1979 abgerissen wurde. Es war der 1906

⌂ Die Heringsdorfer Seebrücke – bundesweit ein Begriff spätestens seit den EM-Übertragungen 2012 eröffnete **„Kaiserhof Atlantic"**, das damals größte und prachtvollste Hotel von Heringsdorf.

Der 2010 beschlossenen **Neugestaltung der Ortsmitte,** die bis Ende 2013 abgeschlossen sein soll, werden große Teile der DDR-Bebauung zum Opfer fallen, und das Zentrum zwischen Kulm- und Friedensplatz (Seebrücken-Vorplatz) wird ein völlig neues Gesicht erhalten.

Vor der Seebrücke öffnet sich der schön angelegte **Kurplatz** mit Blumenbeeten, Bänken, einem Brunnen und der modernen, architektonisch gelungenen Konzertmuschel.

Auf der der Seebrücke gegenüberliegenden Seite wird er begrenzt vom 1946 von den Sowjets errichteten Kulturhaus, das an seiner im klassizistisch-stalinistischen Stil gestalteten Fassade das Relief eines tanzendes Paares zeigt. Heute heißt der wuchtige Bau **Forum Usedom** und dient einerseits als Konzerthaus, in dem regelmäßig das **Usedomer Musikfestival** eröffnet wird.

061ud

Die Außenküste

Andererseits hat dort, wo einst das alte, 1946 abgebrannte Strandcasino stand, das Heringsdorfer **Spielcasino** seinen Sitz, mit dem sich die Gemeinde wieder als Seebad für die schicke Gesellschaft, die Geld zum spielen hat, etablieren möchte.

Spaziert man von der Seebrücke auf der schönen Uferpromenade Richtung Ahlbeck, erreicht man nach wenigen Minuten die **Sternwarte Manfred von Ardenne.** Die kleine, in den Grünanlagen der Promenade gelegene Sternwarte schenkte 1973 der berühmte Wissenschaftler *von Ardenne* den Heringsdorfern. In ihrer Nachbarschaft steht das Theaterzelt Chapeau Rouge, das von der gleichnamigen Truppe bespielt wird.

Folgt man der Promenade weiter, kommt man an zahlreichen, in parkartige Gärten eingebetteten, ebenso prachtvollen wie sehenswerten **Villen** vorbei. Jedes dieser Häuser hat seine Geschichte, zu der man bei einer Ortsführung allerhand Interessantes erfahren kann.

Im Haus Nr. 10, der **Villa Oppenheim** beispielsweise, wohnte von 1909 bis 1912 der Maler *Lionel Feininger.* Neben der Villa Oppenheim steht die prachtvolle **Villa Delbrück,** die sich der Gründer der „Aktiengesellschaft Seebad Heringsdorf" *Hugo Delbrück* einst erbauen ließ. Daneben steht die **Villa Diana,** die unschwer an der Bronzeskulptur der römischen Jagdgöttin im Garten zu erkennen ist. Die herrliche Villa bewohnte einst der jüdische Bankier *von Bleichröder.* Ihm folgte der Obernazi *Hermann Göring* und diesem wiederum der FDGB-Obergenosse *Harry Tisch.*

Auch in anderen Straßen des Seebades stehen noch zahlreiche imposante Villen. Geht man von der Seebrücke die Kulmstraße hinauf, kommt man zum **Weißen Schloss,** mit dem die Ära von Heringsdorf als Seebad begann. Der äußerlich eher schlichte klassizistische Bau, der nun ein elegantes Hotel beherbergt, diente einst Kaiser *Wilhelm I.* als Sommerfrische. In der DDR-Zeit war in ihm

◁ An der Seepromenade reihen sich herrschaftliche Villen aneinander

eine SED-Kreisparteischule untergebracht.

Einen Besuch wert ist auch die **Villa Irmgard,** die man in der Gorki-Straße findet. In der 1907 vom Berliner Anwalt *Becher* gebauten Villa logierte 1922 der russische Schriftsteller *Maxim Gorki,* der hier auf Anraten *Lenins* seine Lungentuberkulose kurieren wollte.

Im sogenannten „Arabischen Zimmer", in dem der große Dramatiker damals wohnte, erinnert die **Maxim-Gorki-Gedenkstätte** mit orginaler Einrichtung an dessen Aufenthalt. Hier ist u.a. das Gästebuch der Villa Irmgard zu sehen, in das *Gorki* vor seiner Abreise nach Capri schrieb: „Und trotz alledem werden dennoch die Menschen mit der Zeit wie Brüder leben."

In anderen Räumen informiert das **Museum für Literatur- und Regionalgeschichte** über weitere bedeutende Persönlichkeiten, die sich in früheren Jahren in Heringsdorf aufhielten.

Darüber hinaus beherbergt die Villa ständig wechselnde **Ausstellungen** und lädt zu kulturellen Veranstaltungen ein.

Wechselnde Ausstellungen mit Werken einheimischer Künstler zeigt auch der **Kunstpavillon,** den man westlich von der Seebrücke an der Strandpromenade findet.

Gäste von ganz Usedom, ja sogar aus dem nahen Polen, strömen in die **Ostsee-Therme,** die nahe vom Bahnhof direkt an der B 111 liegt. Das mit tropischen Pflanzen ausgeschmückte Badeparadies besitzt sechs, teilweise mit aus 400

Die Außenküste

Metern Tiefe geförderter Jodsole gefüllte Badebecken im Inneren und zwei beheizte Außenbecken mit Liegewiese. Darüber hinaus gibt es Kureinrichtungen, Wasserfälle, eine Grottenrutsche, Sprudelbäder, ein Babybad mit Wasserspielgarten, ein Sauna- und Solariumzentrum, eine Caféteria mit Saft- und Salatbar und anderes mehr. Dies alles macht die Therme zu jeder Jahreszeit, besonders aber natürlich bei schlechtem Wetter, zu einem Hauptanziehungspunkt.

Wer etwas zur Geschichte des Strandkorbs erfahren und mal zusehen möchte, wie so ein Ding gemacht wird, dem bietet die Heringsdorfer **Strandkorbfabrik** dazu Gelegenheit. Seit 1925 widmet sich die älteste Strandmöbel-Manufaktur der Welt jenem geflochtenen Unikum, das so etwas wie das Wahrzeichen der Ostsee geworden ist. Hier wurde auch jener riesige Strandkorb geflochten, in dem 2007 während des G8-Gipfels in Heiligendamm alle dort versammelten Staatsoberhäupter zum Fototermin Platz nahmen.

Informationen

● **Vorwahl:** 038378
● **Touristeninformation,** Kulmstr. 33, 17424 Heringsdorf, Tel. 2451, Fax 2454 (Mai bis Sept. Mo bis Fr 9–18 Uhr, Sa/So 10–15 Uhr, April/Okt. Mo bis Fr 9–17 Uhr, Sa/So 10–13 Uhr, Jan. bis März/Nov./Dez. Mo bis Fr 9–16 Uhr, Sa/So 10–12 Uhr)

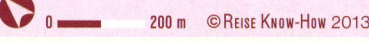

0 ———— 200 m   © REISE KNOW-HOW 2013

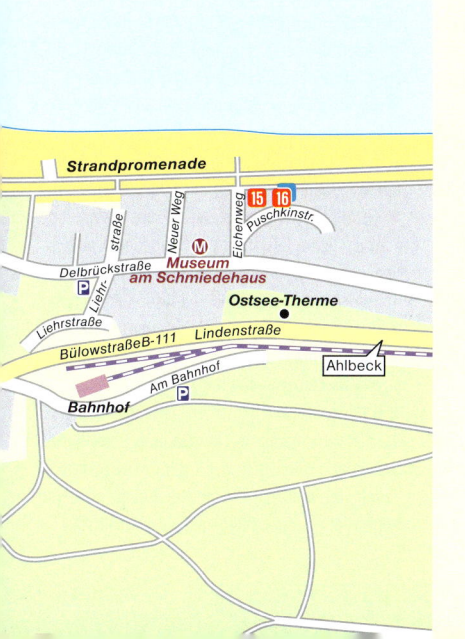

■ **Übernachtung**
1 Hotel Residenz
2 Kleine Insel
3 Gästehaus Dünenweg
4 Haus Bucheneck
6 Strandhotel Ostseeblick
7 Pension Erdmann
8 Hotel Flora
11 Hotel See-Eck
15 Jugendherberge
16 Hotel Oasis

■ **Essen und Trinken**
5 Kulm-Eck
6 Bernstein
9 Eis-Villa Stein
12 Tanzbar La Playa
13 Des Kaisers Pavillon
16 Rossini
17 Da Claudio

■ **Einkaufen/Sonstiges**
10 Lutter & Wegner
14 Fahrradverleih Pilgrim

Unterkunft

■ **Strandhotel Ostseeblick,** Kulmstr. 28, Tel. 540, Fax 54299, www.strandhotel-ostseeblick.de (empfehlenswertes 4-Sterne-Haus in bester Lage direkt über dem Strand, umfangreiches Wellnessprogramm im Angebot, besonders schön: die Seeterrasse und der runde Glasbau des Panoramarestaurants „Bernstein"; Tagespreise, d.h. es gibt keine Zimmer-Festpreise, sondern wie bei Billigfliegern nur jeweils von der verfügbaren Kapazität abhängige Preise, die man nur angezeigt bekommt, wenn man ein konkretes Datum angibt)

■ **Hotel Oasis,** Puschkinstr. 10, Tel. 2650, Fax 26599, www.villa-oasis.de (kleine, aber feine 4-Sterne-Herberge in alter Jugendstilvilla in Parklage; finnische Sauna, römisches Dampfbad und Restaurant *Rossini* mit erlesener Küche im prächtig eleganten, historischen Ambiente, Tagespreise)

■ **Hotel See-Eck,** Seestr. 1, Tel. 47180, Fax 4718600, www.hotel-see-eck.de (für die Lage erstaunlich preiswerte Zimmer; mit Sauna, Solarium, Ü/F NS 29–55 €, HS 58–63 €)

■ **Hotel Residenz,** Kanalstr. 1, Tel. 80820, Fax 808228, www.residenz-neuhof.de (alte Bäderstilherberge in ruhiger Lage mit Sauna, Solarium, Fahrradvermietung, großes Spielzimmer, Ü/F NS 30–38 €, HS 50–53 €)

■ **Hotel Flora,** Kirchsteig 2, Tel. 477613, www.aurelianet.de (sehr ruhig in einer großen Gartenanlage gelegenes, adrettes Garni Hotel; Ü/F NS 38–50 €, HS 75 €)

■ **Pension Erdmann,** R.-Breitscheid-Straße 7, Tel. 31678, Fax 22281, www.pension-erdmann.de (in ruhiger Lage 500 m vom Strand, mit Fahrrad-, Bootsverleih, Fitnessraum, Ü/F NS 27–44 €, HS 43–49 €)

■ **Gästehaus Dünenweg,** Dünenweg 16, Tel. 22396, Fax 33474, www.duenenweg16.de (riesiger 5-stöckiger Block, dafür richtig preiswerte Unterkunft 5 Min. vom Strand, Zimmer, Fewo verschiedener Kategorien, NS 25–30 €, Etagendusche/WC 23 €, HS 40 €, Etagendusche/WC 26 €)

■ **Kleine Insel,** Schulstr. 5, Tel. 22744, Fax 28834, (kleine, familiäre Pension in ruhiger Lage mit einer großen Liegewiese und solarbeheiztem Pool, Ü/F NS 25 €, HS 33–35 €)

■ **Haus Bucheneck,** Maxim-Gorki-Str. 61, Tel. 22518, www.bucheneck-usedom-heringsdorf.de (nur 3 Zimmer, mit Garten und Restaurant, Ü/F NS 29 €, HS 31 €)

■ **Jugendherberge,** Puschkinstr. 7–9, Tel. 22325, Fax 32301 (die einzige Jugendherberge auf Usedom, Ü/F ab 23,50 €Junior, 31,90 €/Senior)

Gastronomie

■ **Rossini,** Puschkinstr. 10, Tel. 2650 (im Hotel „Oasis"; Feinschmecker-Restaurant aus der exzellenten mediterranen Küche von *Patrick Noack;* Gerichte von Fisch bis Mecklenburger Lammbraten)

■ **Bernstein,** Kulmstr. 28, Tel. 540 (Panoramarestaurant im runden Glasbau mit Terrasse, gehobene, vom *Feinschmecker* ausgezeichnete Küche und Traumblick auf die Ostsee)

■ **Des Kaisers Pavillon,** Friedenstr. 12/Ecke Brunnenstraße, Tel. 22745, www.kaiser-pavillon-heringsdorf.de (verspielter Jugendstilbau von 1911, feine Küche des neuen Betreibers *Marcus Lübke*)

■ **Eis-Villa Stein,** Kulmstr. 4, Tel. 28452 (kleines Café, das als eines der besten der Insel gilt, mit eigenen, superben Eiskreationen, delikaten Süßspeisen wie Pfannkuchen oder Milchreis, März bis Okt.)

■ **Kulm-Eck,** Kulmstr. 17, Tel. 22560, www.kulmeck.de (kleines Restaurant mit angenehm schlichtem, stilvollem Ambiente im ältesten Teil von Heringsdorf, in dem *Brian Seifert* aus frischen regionalen Produkten echte Leckereien zaubert. Nach dem Essen sollte man ruhig einmal den hervorragenden Haselnussschnaps probieren!)

■ **Da Claudio,** Friedenstr. 16. Tel. 801876, www.da-claudio-usedom.de (sehr kleines, exzellentes *ristorante,* in dem sich dank der Kochkünste von *Claudio* die unübertreffliche ital. Küche von ihrer besten Seite zeigt. Überzeugen Sie sich selbst!)

Museum/Kultur

■**Villa Irmgard/Museum für Literatur- und Regionalgeschichte,** Maxim-Gorki-Str. 13, Tel. 22361 (Mai bis Sept. Di bis So 14–18 Uhr, Okt. bis April Di bis So 12–16 Uhr)
■**Muschelmuseum,** in der Seebrücke, Tel. 32579, www.muschelmuseum.kaiserbaeder.de (Juni bis Sept. tägl. 9–21 Uhr, Okt. bis Mai tägl. 10–18 Uhr)
■**Sternwarte,** Delbrückstr. 29, Tel. 471650, www.sternwarte-usedom.de (bei klarem Himmel laut Aushang, Gruppen-Führungen nach Absprache)
■**Kunstpavillon,** Strandpromenade 1, Tel. 22877, www.kunstpavillon-ostseebad-heringsdorf.de (Mai bis Okt. Mi bis So 16–19 Uhr; Ausstellungen)
■**Theater Chapeau Rouge,** Strandpromenade, Tel. 29171, Kartenservice Tel. 03971/208925, www.chapeau-rouge.de (Ende Mai bis Anfang Sept.)

Aktivitäten

■**Führungen:** *Heringsdorfer Strandkorbfabrik,* Waldbühnenweg 3, Tel. 465050, www.korbgmbh.de (April bis Okt. jeweils Do 10 Uhr Führung, Dauer ca. 1½ Std.) *Hans Ulrich Bauer,* Neuhoferstr. 43, Tel. 32129, www.igel-usedom.de (historischer Spaziergang mit interessanten Geschichten u. Anekdoten; 3.4.–30.10., Mo 9.30 Uhr ab Heringsdorf/Kurverwaltung, Fr 9.30 Uhr ab Bansin/Haus des Gastes, Dauer ca. 2 Std.)
■**Fahrradverleih:** *Pilgrim,* Brunnenstr. 10, Tel. 22324
■**Baden:** *Ostsee-Therme,* Lindenstr. 60, Tel. 2730, www.ostseetherme-usedom.de
■**Kino:** in der Seebrücke, Tel. 32414 (3D-Kino)
■**Tanzen:** *Tanzbar La Playa,* Delbrückstraße 1, Mobil 0171/7415815, www.tanzbarlaplaya.com (Juni bis Sept. Mo bis Sa ab 22 Uhr, Okt. bis April Do bis Sa ab 22 Uhr)
■**Bootsverleih:** *Wassersportzentrum Erdmann,* Tel. 31678, www.pension-erdmann.de (es gibt Motor-, Tret-, Paddelboote, Kajaks, Segelcats)

■**Parasailing:** über *Pension Erdmann,* R.-Breitscheid-Str. 7, Tel. 31678
■**Schiffsausflug:** *Adler-Linie,* ab der Seebrücke, Tel. 32583
■**Spielbank:** *Spielbank Heringsdorf,* im Forum Usedom, Tel. 22818 (19–3 Uhr)
■**Einkaufen:** *Lutter & Wegner,* Kulmstr. 3, Tel. 22125 (Delikatessen von Wein über Käse, Lachs, Kaviar, Wild, Schinken bis Fischpasteten, tägl. 11–0 Uhr, mit Verzehr)

Seebad Ahlbeck

Das östlichste und größte der drei Kaiserbäder ist das Seebad Ahlbeck. Wenige Kilometer hinter dem Ort verläuft die deutsch-polnische Grenze. Ahlbeck ist **das mit Abstand meistbesuchte Seebad Usedoms.** An Wochenenden und in Ferienzeiten kapitulieren die schmalen und engen Sträßchen Ahlbecks regelmäßig vor der anrollenden Blechlawine.

Viele der Straßen sind so schmal, dass sie nur in einer Richtung benutzt werden können. Dazu gibt es **im Ort praktisch keine Parkmöglichkeiten.** Die Dünenstraße, die parallel zum Strand verläuft und die Seestraße, die Einkaufsmeile Ahlbecks, sind Fußgängerzonen. Man sollte deshalb auf einem der großen Parkplätze am Rande des Ortes parken. Von dort aus sind es wirklich nur ein paar Minuten zur Promenade und zur Ostseeküste.

Geschichte

Ahlbecks Wurzeln reichen bis ins Jahr 1700 zurück. Seinen Namen und seine Existenz verdankt der Ort dem kleinen **Bach Aalbeeke,** einem natürlichen Abfluss des sumpfigen Thurbruchs. Da der Bach besonders aalreich war, errichtete der Gutsbesitzer vom Gut Mellenthin, dem das unfruchtbare sandige Gelände gehörte, 1618 an seiner Mündung eine sogenannte Aalkiste, in der man gefangene Aale aufbewahrte. 1700 erteilte er einem Müller namens *Michael Agner* die Erlaubnis, an der Bachmündung eine Wassermühle zu errichten.

Als 1720 Usedom zu **Preußen** kam, wurde der Bach zum Grenzbach. Das Gebiet nördlich von ihm gehörte dem Gut Mellenthin, das am südlichen Ufer Preußen. Da die Gutsmühle das Wasser staute und damit immer wieder Überschwemmungen auch in Preußen und damit **Streitereien** verursachte, kaufte der König 1771 für 3700 Taler den adli-

gen Mühlstein und ließ ihn kurzerhand entfernen.

1772 siedelte der Preußenkönig *Friedrich II.* an dieser Stelle vier Kolonisten an, die, von Abgaben befreit, die Aufgabe hatten, den Abfluss des Moores regelmäßig zu reinigen und freizuhalten. Diese Kolonistensiedlung erhielt den Namen **„Ahlbeck-Königlich"**, die gegenüberliegende Mellenthiner Seite **„Ahlbeck-Adlig"**. 1817 erwarb der königliche Forstmeister *Bernhard von Bülow* das Gut Mellenthin und damit auch „Ahlbeck-Adlig".

1852 schickte der Gutspächter *von Stolpe* seine Kinder samt Erzieherin an den Strand von Ahlbeck, um „daselbst die Seeluft zu athmen und im Meer zu baden". Das unscheinbare Fischerdorf

Ahlbeck

verzeichnete damit seine **ersten Badegäste.** Nachdem der Bädertourismus einsetzte, wuchsen die beiden Teile schnell zu einem Ort zusammen. 1870 hatte er bereits 800 Einwohner und 1600 Badegäste. Vom verschwenderischen Luxus der edlen Konkurrentinnen Bansin und Heringsdorf hatte Ahlbeck nichts. Im Gegenteil: „Man wohnt in beschränkten Räumen, welche die Fischer mit den Badegästen teilen. Betten pflegt sich der Gast gewöhnlich selbst mitzubringen, der Wirt liefert nur die Bettstelle", berichtet ein Zeitgenosse über die einfachen Beherbergungsverhältnisse.

1882 eröffnete schließlich das **erste Hotel.** In den Folgejahren wuchs Ahlbeck in Windeseile zum großen Seebad heran. Im Unterschied zu den exklusiven Luxusbädern in der Nachbarschaft setzte man in Ahlbeck von Beginn an auf den gehobenen Mittelstand, was die edlen Damen und Herren aus den beiden Nachbarorten veranlasste, Ahlbeck naserümpfend ein **„Arme-Leute-Bad"** zu schimpfen. 1908 erhielt es offiziell den Titel „Seebad". Sein inoffizieller war „Kinderbadewanne", da sich in dem Volksbad zahlreiche kinderreiche Familien aus Berlin tummelten.

1910 zählte es bereits 20.000 Kurgäste, 1827 bereits 138 Hotels und Pensionen. Von Größe und Besucherzahl her konnte Ahlbeck nun über seine kleinen Schwestern triumphieren. Im technokratisch steifen DDR-Sprachgebrauch nannte man das „die bedeutendste Konzentration von Unterbringungsstätten".

Die Außenküste

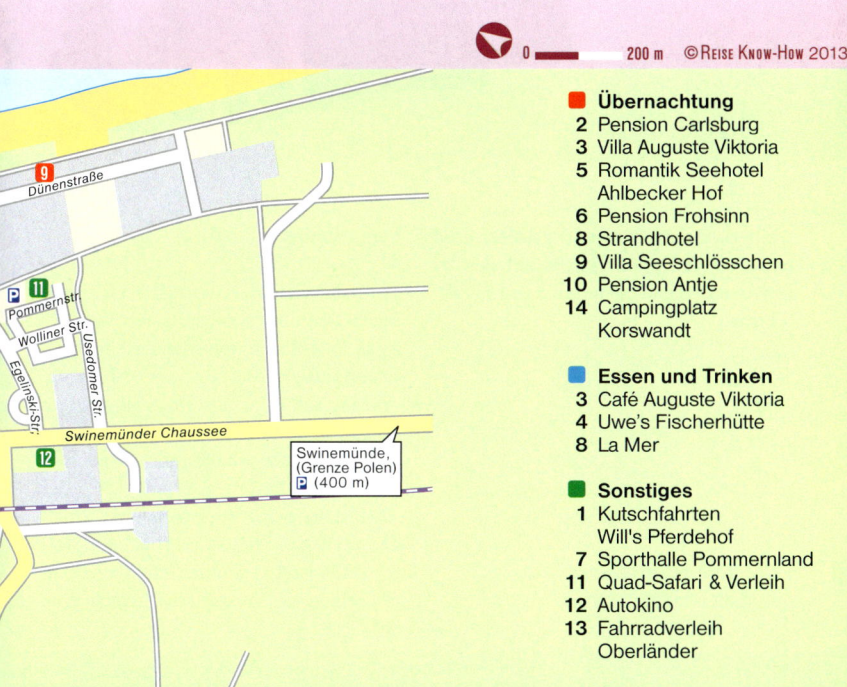

0 ▬▬▬ 200 m   © Reise Know-How 2013

■ **Übernachtung**
2 Pension Carlsburg
3 Villa Auguste Viktoria
5 Romantik Seehotel Ahlbecker Hof
6 Pension Frohsinn
8 Strandhotel
9 Villa Seeschlösschen
10 Pension Antje
14 Campingplatz Korswandt

■ **Essen und Trinken**
3 Café Auguste Viktoria
4 Uwe's Fischerhütte
8 La Mer

■ **Sonstiges**
1 Kutschfahrten Will's Pferdehof
7 Sporthalle Pommernland
11 Quad-Safari & Verleih
12 Autokino
13 Fahrradverleih Oberländer

Die Ahlbecker Seebrücke,
die schönste im ganzen Land

Ahlbeck ist mittlerweile **größter und beliebtester Badeort Usedoms** geworden, der schon kleinstädtischen Charakter trägt.

Sehenswertes

Trotz der vielen Gäste ist der Ort nicht mit Bettenburgen zugepflastert worden. Auch in Ahlbeck dominiert die **historische Bäderarchitektur** das Ortsbild.

Und: Ahlbeck konnte sich als einziges Seebad an der Ostseeküste seine **historische Seebrücke** erhalten. Zwar haben in den letzten Jahren sich alle Seebäder wieder neue Seebrücken gebaut, doch der 1899 errichtete, anmutige, auf Stelzen im Wasser stehende Gründerzeitbau mit seinen vier verspielten Türmchen ist

063jud

wurde sie für die Filmaufnahmen weiß gestrichen, weil *Loriot* sie aus seiner Kindheit eben weiß in Erinnerung hatte. Die teilweise abstrusen Pläne wie der eines amerikanischen Investors, die Seebrücke zu einer Disco für den internationalen Jet-Set mit eigener Fluganbindung zu machen, haben sich glücklicherweise allesamt zerschlagen und das Restaurant im Inneren des schönen Stücks kann von jedermann betreten werden.

Hübsch ist auch die Ahlbecker **Strandpromenade.** Der breite Streifen zwischen Straße und Strand ist mit Grünanlagen, Parkbänken und schneeweißen Sandwegen gestaltet. Auf dem Platz vor der Seebrücke steht in den Grünanlagen eine alte **Jugendstiluhr,** die 1911 ein zufriedener Gast der Gemeinde stiftete. Außerhalb der Saison ist dem schönen Stück zu seinem Schutze jedoch immer ein Sack übergestülpt.

In der ersten Reihe nahe der Seebrücke steht das **Seehotel Ahlbecker Hof,** eines der ältesten Hotels von Ahlbeck und in Sachen Schönheit und Eleganz weit über alle anderen am Platz hinausragend. Das aufwendig renovierte Haus war Usedoms erstes 5-Sterne-Hotel und dank der originalgetreuen Restaurierung und seiner absolut stilsicheren Ausstattung ohne Frage das bezauberndste der ganzen Insel, weshalb es diese Extraerwähnung auch verdient. 2006 wurde es von der Fachzeitschrift „Top Hotel" unter allen 5-Sterne-Hotels Deutschlands auf den 4. Platz gewählt.

Entlang der **Dünenstraße,** die parallel zur Promenade verläuft, reihen sich die herrlichen alten Villen, Pensionen und Grand-Hotels, die dem Ort noch immer den mondänen Charme der „Belle Epoque" verleihen.

die mit Abstand schönste auf Usedom. Nicht umsonst ziert sie so viele Veröffentlichungen über Usedom und ist das Wahrzeichen des Seebads. Gegen ihren romantischen Charme kann auch die vielgelobte moderne Heringsdorfer Variante nicht an.

1970 wurde die Ahlbecker Brücke umfassend restauriert. Bis zur Wende zeigte sie sich in lasiertem naturbelassenen Holz, das sie bei Sonnenuntergang bernsteinfarben erglühen ließ. Als 1990 *Vicco von Bülow (Loriot)* hier Szenen für seinen Film **„Papa ante Portas"** drehte,

Vom kleinen namengebenden **Grenzbach Aalbeeke** ist heute nichts mehr zu sehen, weil er überbaut ist und unterirdisch verläuft. Von den **alten Ortskernen von „Ahlbeck-Königlich" und „Ahlbeck-Adlig"** dagegen schon. Die beiden historischen Dorfkerne sind noch deutlich zu erkennen. Besonders in der Schulzen-, Schul- und Talstraße steht noch eine Reihe der kleinen Kolonistenhäuschen.

Die **Ahlbecker Heimatstube** ist im neuen Rathaus in der Kurparkstraße zu finden. Das einladende kleine Museum, das auf Initiative von traditionsbewussten Ahlbecker Bürger entstanden ist, vermittelt einen interessanten Einblick in die Geschichte Usedoms und in die Entwicklung des Badelebens auf der Insel und in Ahlbeck.

Der Hit von Ahlbeck ist, wie in allen Usedomer Seebädern, natürlich der **Strand,** der sich bis zu 70 Meter breit bis zur polnischen Staatsgrenze erstreckt. Jenseits des einfachen Doppelzauns, der die Grenze markiert, setzt er sich fort bis zum heute polnischen Swinemünde.

Informationen

- **Vorwahl:** 038378
- **Touristeninformation,** Dünenstraße 45, 17419 Ahlbeck, Tel. 499350, Fax 499352 (Mai bis Sept. Mo bis Fr 9–18 Uhr, Sa/So 10–15 Uhr, April/Okt. Mo bis Fr 9–17 Uhr, Sa/So 10–13 Uhr, Jan. bis März/Nov./Dez. Mo bis Fr 9–16 Uhr, Sa/So 10–12 Uhr)

Unterkunft

- **Romantik Seehotel Ahlbecker Hof,** Dünenstraße 47, Tel. 620, Fax 62100, www.seetel.de (stilvolles 5-Sterne-Haus im klassizistischen Prunkbau direkt am Strand; hervorragende Ausstattung mit großem Pool, Beauty-Salon, Fitnesscenter, Solarium, Amethyst-Sauna und vielem mehr. Besonders erlebenswert: Orient an der Ostsee im Sultan-Bad und im Cleopatra-Bad, in dem man u.a. in Stutenmilch baden kann; mit eleganten Suiten und einem Feinschmecker-Restaurant, Ü/F DZ NS 64–75 €, HS 95–100 €)
- **Strandhotel,** Dünenstr. 19, Tel. 520, Fax 30101, www.strandhotelahlbeck.de (4-Sterne-Herberge in bildschöner alter Villa mit Pool, Poolbar, Sauna, Solarium, Fitness, Tagespreise)
- **Pension Frohsinn,** Kaiserstr. 49, Tel. 32473, Fax 32626, www.haus-frohsinn-ahlbeck.de (intim kleine Pension mit nur 6 Zimmern, Speisegaststätte, Winter-, Biergarten, Ü/F NS 28–35 €, HS 40 €)
- **Hotel Villa Seeschlösschen,** Dünenstr. 17, Tel. 32389, www.villa-seeschloesschen.de (16 DZ in historischer Villa von 1904 mit 3 Etagen, aber ohne Fahrstuhl; Zimmer teils mit Küchenzeile, Ü/F NS 34–60 €, HS 64–80 €)
- **Pension Carlsburg,** Stresemannstraße 2, Tel. 22570, Fax 499966, www.pension-carlsburg-usedom.de (hübsche Villa mit preiswerten Zimmern, Ü/F NS 25–37 €, HS 35–48 €)
- **Pension Antje,** Schulzenstr. 25, Tel. 47545, Fax 80952, www.pension-antje-ahlbeck.de (preiswerte Herberge mit 10 Zimmern, 5 Min. zum Strand, Ü/F NS 23–35 €, HS 35–47 €)

Camping

- **Campingplatz Korswandt,** Hauptstr., ca. 3 km entfernt in Korswandt, Tel. 22110, Fax 47987 (März bis Okt., kleiner Wiesenplatz mit 150 Stellflächen nahe der Straße nach Ahlbeck 500 m vom Gothensee, Bungalowvermietung, Fahrradverleih, Shuttlebus zum Strand)

Gastronomie

■ **Ahlbecker Hof,** Dünenstr. 47, Tel. 620 (sich mal was gönnen: exzellente regionale und internationale Gourmet-Küche in stilvollster Umgebung)
■ **Seebrücke,** auf der Seebrücke, Tel. 28320, www.seebrueckeahlbeck.de (maritimes Restaurant über den Ostseewellen in Ahlbecks Wahrzeichen)
■ **La Mer,** Dünenstr. 19, Tel. 520 (Romantik pur; bei sehr guter Küche, Kerzenlicht und Pianomusik kann man entspannen und die unvergleichlich schöne Aussicht vom Panorama-Restaurant in der 6. Etage des Strandhotels auf die Ahlbecker Seebrücke und über die Lichter aller drei Kaiserbäder genießen)
■ **Café Auguste Viktoria,** Bismarckstr. 1, Tel. 2410 (etwas versteckt zwischen den Gebäuden des gleichnamigen Hotels lädt das Café im lichtdurchfluteten Wintergarten oder auf einer großen, von Rosen umwachsenen Sommerterrasse zu köstlichem Kuchen aus eigener Herstellung, aber auch mit kleinen Snacks und Antipasti zum Wein ein)

Museum

■ **Heimatstube,** Kurparkstr. 4, Tel. 25040 (Mo bis Do 9–12 Uhr, Di 14–17 Uhr, Eintritt frei)

Aktivitäten

■ **Fahrradverleih:** *Oberländer,* Am Bahnhof 1, Tel. 31684
■ **Kutschfahrten:** *Will's Pferdehof,* Gothenweg 14, Tel. 28450, www.pferdehof-will.de
■ **Autokino:** Swinemünder Chaussee, Tel. 24720, www.insel-kinos.de
■ **Konzerte:** in der evangelischen Kirche, Kurparkstraße, Tel. 28162 (ganzjährig)
■ **Führungen:** Ortschronist und Heimatforscher *Werner John,* Wiesengarten 12, Tel. 30282 (Naturpark Insel Usedom, Radwanderungen, historische Ortsführungen, Diavorträge u.a.)

■ **Minigolf:** an der Strandpromenade (gegenüber Strandhotel), Tel. 0172/2425252
■ **Fisch:** *Uwes Fischerhütte,* Strandpromenade 12, Tel. 28199, www.uwes-fischerhuette.de (Imbiss und Verkauf an der Strandpromenade, frischer Ostseefisch, auch geräuchert oder in Marinade, tägl. 10–22 Uhr)
■ **Quad-Safari und -Verleih,** Pommernstr. 3, Tel./Fax 471745, www.quad-safari-usedom.de (geführte 2- bis 4-Std.-Touren auf ganz Usedom)

Die Außenküste

012ud

Insel Wolin

Nicht nur der legendäre Polenmarkt in Usedoms erstem Seebad Swinemünde (Świnoujście), auch das traditionsreiche Seebad Misdroy (Międzyzdroje), der große Nationalpark Wolin und nicht zuletzt die endlosen Bilderbuch-Sandstrände lohnen einen Ausflug über die Grenze auf Usedoms Schwesterinsel.

◁ Swinemündes Stadtfähre darf mit PKW offiziell nur von Einheimischen benutzt werden

Die **Highlights** erkennt man im Buch an der gelben Hinterlegung im Kapitel.

⌃ Der einst befestigte Grenzstreifen zwischen Ahlbeck und Swinemünde ist heute nur noch ein unspektakulärer Sandweg

DAS POLNISCHE SPIEGELBILD VON USEDOM

Insel Wolin

Zwei Kilometer östlich von Ahlbeck verläuft die deutsch-polnische Staatsgrenze. Auch diese Grenze hat seit den großen Umwälzungen im Osten ihren Schrecken und ihre Undurchdringlichkeit verloren – fast jeder Besucher, der in Ahlbeck weilt, wagt einen Blick über die Grenze zum jungen EU-Mitglied.

Staatsgrenze zu Polen

War bis 1990 die Staatsgrenze noch durch einen dreifachen Zaun inklusive 100 m breitem Niemandsland mit Wachturm fast wie der „antifaschistische Schutzwall" zwischen DDR und Bundesrepublik Deutschland gesichert, wird sie heute **nur noch durch Grenzpfähle und Schilder markiert,** an denen vorbei man problemlos nach Polen hinüber spazieren könnte.

Die **offizielle Grenzübergangsstelle** befindet sich etwas landeinwärts. Seit dem Beitritt Polens zum Schengener Abkommen dürfen neben Fußgängern und Radfahrern nun auch **PKW bis 3,5 t** den Grenzübergang Ahlbeck passieren, der rund um die Uhr geöffnet ist. Denoch ist es ratsam, den Besuch Swinemündes entweder mit dem Fahrrad oder gleich mit der Usedomer Bäderbahn (UBB) zu unternehmen, die jetzt bis Świnoujście-Zentrum verkehrt.

Die Grenze ist offen, es wird also normalerweise nicht mehr kontolliert. Denoch sollte man gültige **Ausweispapiere** mit sich führen. Der Hauptgrund

für den bisherigen Massenansturm auf diesen Grenzübergang war der riesige **Markt** jenseits der Grenze, der dank des bisherigen Währungsgefälles und der vielen angebotenen Fälschungen konkurrenzlos billig war und noch ist. In der Budenstadt wird so ziemlich alles angeboten, was man sich vorstellen kann, vieles davon allerdings Nippes, Ramsch und Kitsch sowie minderwertige Markenwaren-Imitate. Alles ist jedoch ziemlich billig, gezahlt wird in Euro.

● **Bundespolizeiinspektion Ahlbeck,** Swinemünder Chaussee 16, Tel. 038378/2300
● **Busverbindung,** *Ostseebus,* Tel. 038378/33630 (von Bansin Dorf verkehrt über Heringsdorf und Ahlbeck die Buslinie „Europalinie" bis Świnoujście Stadthafen. Achtung! Die Fahrscheine können auf deutscher Seite nur in Euro bezahlt werden, in Świnoujście nur in Złoty, Erwachsene zahlen einfach 2,30 €/7 Zł, hin und zurück 4,50 €/13 Zł)

Swinemünde/ Świnoujście

Der Ostzipfel Usedoms mit dem **ältesten Seebad der Insel,** Swinemünde, ist **seit 1945 polnisches Territorium.** In Swinemünde begann 1821 die Ära des Badetourismus auf Usedom. Am Außenstrand entstand in einer vom Gartenbaumeister *Joseph Lenné* angelegten Parklandschaft das Seebad Swinemünde, das nur aus Villen, Pensionen und Vergnügungsstätten besteht.

Viel Sehenswertes hat die 41.000 Einwohner zählende Stadt jedoch nicht zu bieten. Ihre historische Bausubstanz verglühte fast vollständig bei den **Luftangriffen im März 1945.** Nach dem Beginn der gewaltigen Evakuierungsaktion über die Ostsee durch die deutsche Marine wurde der Hafen von Swinemünde zum wichtigsten Anlaufort der Flüchtlingsschiffe. Zehntausende versprengter Zivilisten und Angehörige zurückflutender Heeresverbände drängten sich in der völlig überfüllten Stadt, als am 12. März 1945 650 amerikanische Bomber Swinemünde angriffen und praktisch vollständig zerstörten. Der schrecklichen Tragödie fielen nach Schätzungen rund 23.000 Menschen zum Opfer.

Sehenswert sind eigentlich nur die Swine-Mündung und der **große Hafen.** Im Gegensatz zu den vorpommerschen Häfen in Stralsund oder Greifswald liegt über Swinemünde die Atmosphäre eines betriebsamen Überseehafens mit seinem steten Kommen und Gehen von Schiffen, was bekanntlich stets Wehmut und Fernweh auslöst. Die Swine-Mündung ist sehr stark befahren, da sie u.a. auch die Zufahrt zu Polens Hafen Szczecin (Stettin) darstellt. Am Hafen hat sich im Alten Rathaus das kleine **Museum für Seefischerei** eingerichtet.

Sehr zu empfehlen ist der **Abstecher hinüber auf die andere Swine-Seite.** Eine Brücke gibt es leider nicht, nur zwei Fähren pendeln über den breiten Strom. Fußgänger, Radfahrer und einheimische PKW können mit der kostenlosen Stadtfähre übersetzen, die beim Museum anlegt und abfährt. Touristen mit PKW müssen die ebenfalls kostenlose Fähre Krasibor, etwa 6 km flussaufwärts, benutzen, werden aber bei geringem Andrang auch oft von der Stadtfähre mitgenommen. Auf der anderen Uferseite beginnt die überaus reizvolle **Insel Wolin,** zu einem erheblichen Teil als Nationalpark ausgewiesen und dank ihrer landschaftlichen Schönheit ein tolles Ziel für Wanderungen oder Radtouren.

Ganz anders als in der Stadt Swinemünde sieht es im **Seebad Swinemünde** aus, das vom alten Ort durch den großen Kurpark getrennt ist. Hier beherrschen prachtvolle Villen und Pensionen aus der Gründerzeit das Ortsbild. Eine breite und schön angelegte Strandpromenade mit allerlei gastronomischen Einrichtungen lädt zum Bummeln und Verweilen ein. Wenn man das Seebad besuchen möchte, biege man nach den Kasernen in die Monuinszki-Straße ein. Sie führt direkt zum Strand mit seiner schönen Promenade.

Mit das Schönste, was man in Swinemünde unternehmen kann, ist ein **Spaziergang am Swine-Ufer** entlang durch den Kurpark hinaus zur Westmole, der äußersten Landspitze an der Swinemündung, wo sich die „Stawa mlyny", eine sehr malerische und fotogene Mühlenbake dreht. Von der Mole bietet sich eine tolle Aussicht auf die Kaiserbäder und den Wolin mit Misdroy. Ein interessantes Ziel ist auch das 1843 angelegte und bis nach 1945 ständig weiter ausgebaute **Westfort.**

Informationen

● **Touristeninformation,** Plac Słowiański 6/1, 72-600 Świnoujście, Tel. 0048/91 3224999, Fax 91 3271629, www.swinoujscie.pl/de (Mo bis Fr 9–17 Uhr, Sa/So 10–14 Uhr), Juli/Aug. auch auf der Promenade gegenüber dem Musikpavillon, Tel. (0048) 88 4048062 (im Juli tägl. 13–21 Uhr, im Aug. tägl. 12–20 Uhr)

● Świnoujście erhebt eine **Kurtaxe** von 4 PLN (Złoty) = ca. 1 € pro Erw./Tag

● **Wechselkurs:** 100 PLN = 24,26 €/29,32 SFr, Stand: Januar 2013

■ **Fähren:** Die Stadtfähre von Świnoujście Stadt-hafen **nach Warszów** darf Mo bis Fr zwischen 4 und 22 Uhr nur von Einheimischen mit Kennzeichen ZSW genutzt werden. Außerhalb dieser Zeit dürfen alle PKW und LKW bis 3 t die Fähre nutzen (Fr bereits ab 17 Uhr bis Mo 4 Uhr). Die Überfahrt dauert ca. 10 Min. Keine Einschränkungen gibt es bei der Fähre **nach Karsibor** (ca. 6 km flussaufwärts, ca. 15 Min. Überfahrt). Beide Fähren sind kostenlos. Fußgänger und Radfahrer können sie uneingeschränkt nutzen.

Unterkunft

■ **Hotel Albatros,** ul. Kasprowicza 2, Tel. 0048/ 91 3212335, Fax 3212336, www.hotel-albatros.com.pl (schmuckes Hotel in einer alten Seebädervilla wenige Schritte vom Strand, man spricht deutsch und englisch, Ü/F NS 90 PLN/22,80 €, HS 110 PLN/ 27,90 €)

■ **Pension 4Pory Roku,** ul. Ujejskiego 8, Tel./Fax 0048/91 3211694, www.4poryroku.com.pl (die nette Pension „4 Jahreszeiten" von *Lucyna* und *Jan* liegt nur wenige Schritte vom Strand in ruhiger Umgebung. NS 25–27 €/102–110 PLN, HS 30–33 €/ 123–135 PLN, Frühstück im Kaminzimmer)

■ **Hotel Belweder,** ul. Wyspianskiego 1/9, Tel./Fax 0048/91 3271677, www.hotel-belweder.pl (mit schönem Garten, gutem Restaurant und Bar, NS 12–14 €/49–57 PLN, HS 14–17 €/57–69 PLN)

Camping

■ **Camping Relax,** ul. Slowackiego 1, Tel./Fax 0048/ 91 3213912, www.camping-relax.com.pl (3 ha großer Wiesenplatz mit Laub- und Nadelbäumen. Zum Ostseestrand ca. 200 m. Ganzjährig geöffnet)

Insel Wolin

Museum

■ **Museum für Hochseefischerei,** pl. Rybaka 1, Tel. 0048/91 3212426, www.muzeum-swinoujscie. pl (Di bis So 9–17 Uhr, Juni bis Okt. tägl.)

Aktivitäten

■ **Hafenrundfahrt:** *MS Chateaubriand,* ab Stadthafen (deutschsprachig), Tel. 0048/60 2654288 (Vorsaison Do/Sa/So 14.30 Uhr, Hauptsaison tägl. 10 und 14.30 Uhr, Dauer 2 Std., Erw. 11 €, Kinder 5,50 €)

■ **Stadtrundfahrt Swinemünde:** Mit dem Touristenzüglein von Cyrus Tours kann man eine einstündige Rundfahrt machen, die ins Zentrum zum Stadthafen und durch den Kurpark zum Seebad und Strand führt. Haltestellen sind Grenze, Seeprome-nade, Moniuszki, Hotel Polaris und Stadthafen. Tägl. 10x, Erw. 6 €/25 PLN, Kind 3 €/12 PLN.

    Stadtrundfahrt Misdroy: tägl., Dauer 30 Min., Erw. 3,50 €/12 PLN, Kinder 1,70 €/6 PLN.

    Ausflugsfahrt Wolin (Route: Międzyzdroje – Wicko – Wapnica – Lubin – Międzyzdroje): 2x tägl., Dauer 3 Std.; Mai: Sa/So, Juni/Sept.: Mo, Mi, Do, Sa/So, Juli/Aug.: tägl.; Abfahrt ab Eingang Allee der Sterne neben dem Ozeaneum; Erw. 10 €/33 PLN, Kinder 5 €/ 17 PLN.

    Info: Cyrus Tours, ul. E.Gierczak 1, 72-600 Świnoujście, Tel. 0048/91 3211865, www.cyrus-tours.pl

■ **Westfort/Fort Zachodni:** ul. Jachtowa, Tel. 0048/50 8738118, http://westbatterie.prv.pl (Mai/ Sept. 10–18 Uhr, Juni/Okt. 10–17 Uhr, Juli/Aug. 9–20 Uhr)

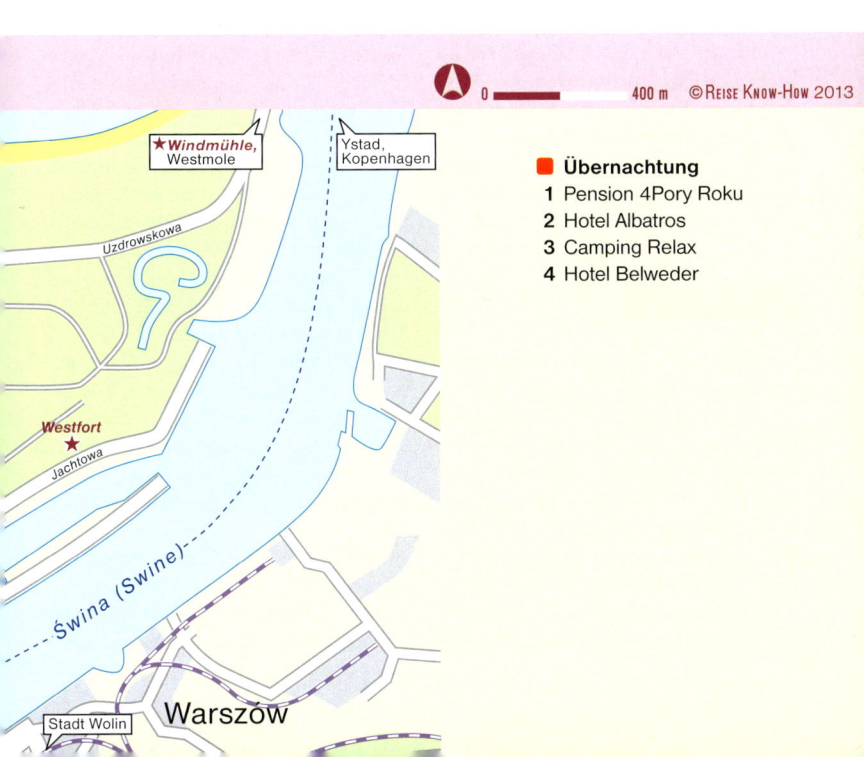

0 ━━━ 400 m   ©REISE KNOW-HOW 2013

★*Windmühle,* Westmole

Ystad, Kopenhagen

Uzdrowskowa

Westfort
★
Jachtowa

Świna (Swine)

Warszów

Stadt Wolin

■ **Übernachtung**
1 Pension 4Pory Roku
2 Hotel Albatros
3 Camping Relax
4 Hotel Belweder

Insel Wolin

Die 256 km² große Insel Wolin (deutsch: Wollin) ist sozusagen das Spiegelbild der Insel Usedom, von der sie durch die **Świna (Swine)**, den Hauptmündungsarm der Oder in die Ostsee, getrennt ist. Zum Festland trennt sie der **Nebenarm Dziwna**, der bei dem Städtchen Wolin aus dem Fluss abzweigt und 35 Kilometer weiter östlich ins Meer mündet.

Die Insel Wolin ist nur etwa halb so groß wie Usedom, aber **landschaftlich überaus reizvoll**, bis auf die Zeit der polnischen Sommerferien im Juli und August nur wenig besucht und deshalb beschaulich still. An ihrer Außenküste erstreckt sich wie auf Usedom ein traumhaft breiter, **endlos langer Sandstrand**, an dem das **traditionsreiche Seebad Międzyzdroje** (deutsch: **Misdroy**) liegt. Einen großen Teil der Insel nimmt der **Nationalpark Wolin** ein.

Das alles macht den Wolin zu einem sehr schönen Ausflugsziel, das man am allerbesten mit dem **Fahrrad** besucht.

Międzyzdroje

Das **Urlaubsziel Nr. 1** auf dem Wolin und eines der beliebtesten an der gesamten polnischen Ostseeküste ist das traditionsreiche Seebad Międzyzdroje. Mehr als eine halbe Million Sommergäste strömen in das turbulente Bad, das 1835 den Seebadebetrieb aufnahm und in den goldenen Jahren bis zum Zweiten Weltkrieg als „Perle des baltischen Meeres" galt.

Da das Seebad 1945 bei den schweren Kämpfen um Pommern praktisch unzerstört blieb, ist sein **Ortsbild** noch von zahlreichen alten Villen und ehemaligen Grand-Hotels geprägt. Viele der historischen Gebäude sind jedoch in einem wenig ansehnlichen Zustand und stehen z.T. leer. Die Masse der Unterkünfte bilden heute die allseits bekannten sozialistischen Zweckbauten, die samt und sonders keinen Schönheitspreis gewinnen werden.

Auch das **Edelhotel Amber Baltic**, mit dem das Seebad an den gesellschaftlichen Glanz alter Tage anknüpfen will, ist ein kolossal großer wie hässlicher Betonklotz, der sich von der berühmt-berüchtigten sozialistischen Prägung nur durch seine komfortable 4-Sterne-Ausstattung unterscheidet, die alle Annehmlichkeiten offeriert. Um die erwünschte besser verdienende Klientel anzulocken, hat das Amber Baltic bei dem 12 km entfernten kleinen Wolindorf Kolczewo (deutsch: Kolzow) einen 18-Loch-Golfplatz angelegt.

Hauptanziehungspunkt von Międzyzdroje ist natürlich der **herrliche Strand**, an dem bunte Fischkutter auf Land liegen und eine mit überdachter Einkaufspassage gestaltete 300 Meter lange Seebrücke weit ins Wasser hinausragt, auf der sich Jung und Alt zum beliebten Sehen und Gesehenwerden einfinden.

Die Flaniermeile ist die von Verkaufsbuden und Kiosken gesäumte, **2 Kilometer lange Promenade.**

Etwas südlich der Promenade findet man den hübschen, im 19. Jh. angelegten **Kurpark** mit seinem alten Baumbestand.

Daneben lohnt sich ein Spaziergang zum zentral gelegenen **Nationalpark-Museum (Muzeum Wolińskiego Parka Narodowego).** In dem Museum kann

Insel Wolin

man sich anhand seiner über 2000 Exponate auf die Schönheiten und Besonderheiten des Nationalparks Wolin einstimmen und informieren. Und in einer großen Voliere im Garten Seeadler aus nächster Nähe betrachten.

Von Międzyzdroje aus führen markierte Wanderwege zu zwei besonders schönen Ausflugszielen im Nationalpark. Zum **Wisent-Reservat (Rezerwat żubrów)** ist man gut 20 Minuten durch schönen Wald unterwegs, zum **Aussichtspunkt Góra Gosań** (deutsch: Gosanberg) immer an der wunderschönen Steilküste entlang etwa eine Stunde.

Informationen

■**IT (Informacji Turystycznej),** 72–500 Międzyzdroje, Bohaterów Warszawy 20, Tel. 0048/91 3282778, www.miedzyzdroje.info.pl

Unterkunft

■**Villa Dusia,** Mickiewicza 17, Tel. 0048/91 3280 138, www.dusia.pl (schmucke alte, in einen weitläufigen Garten eingebettete Villa in ruhiger Lage, nur wenige Schritte von der Strandpromenade. Ü/F mit Bad NS 130 PLN/33 €, Etagen-Bad 90 PLN/23 €, HS mit Bad 180 PLN/46 €, Etagen-Bad 130 PLN/33 €)
■**Hotel Villa Stella Maris,** ul. Bohaterów Warszawy 13, Tel. 0048/91 3280481, Fax 8827272, www.villa-stella-maris.de (prachtvolle, aufwendig restaurierte historische Bädervilla direkt an der Promenade 150 m von der Seebrücke. Stilvoll eingerichtete Zimmer, sehr gutes Hausrestaurant mit polnischer und italienischer Küche. Ü/F NS 110–175 PLN/27–43 €, HS 145–228 PLN/35–56 €)

Gastronomie

■**Smazalnia ryb Złota Wydma,** Promenada Gwiazd 38, Tel. 0048/91 3282602, www.zlotawydma.miedzyzdroje.info.pl (sehr schön direkt am Fischerstrand gelegenes Fischrestaurant, in dem die Fischerfamilie in der 3. Generation Gebratenes oder Geräuchertes auf den Tisch bringt, was sie mit ihrem eigenen Fischkutter aus der Ostsee geholt hat)

Insel-Safari

Zu Lande, zu Wasser und in der Luft – Usedom und Wolin mal anders. Außer-Haus-Aktivitäten der besonderen Art bietet die Insel-Safari von **Gunnar Fiedler.** In Kleingruppen von maximal acht Personen geht es mit dem Land-Rover abseits der befestigten Wege unter sachkundiger Führung durch die abgelegenen, unberührten Winkel Usedoms und des nahen Festlandes. Anliegen ist es, bei Tier- und Pflanzenbeobachtungen den Sinn für die Natur zu schärfen und den Safari-Teilnehmern die Reize eines Urlaubs in und mit der Natur zu vermitteln. Es werden acht verschiedene Usedom-Touren angeboten, die mit kleinen Wanderungen, Rad-, Schlauchboot- oder Kanutouren verbunden sind. Die Ausrüstung (u.a. Fernglas, Fahrrad, wetterfeste Kleidung und Gummistiefel für jeden Teilnehmer) wird vom Veranstalter gestellt. Neben Tagessafaris kann man auch mehrtägige Exkursionen mit Übernachtung im Freien buchen.

■**Insel-Safari,** *Gunnar Fiedler*, Am Hünengrab 26, 17438 Wolgast, Tel. 03836/203290, Fax 203299, www.insel-safari.de

Museum

■ **Naturkunde-Museum/Nationalpark-Verwaltung,** ul. Niepodległości 3, Tel. 0048/91 3280737, www.wolinpn.pl (Mai bis Sept. Di bis So 9–17 Uhr, Okt. bis April Di bis So 9–15 Uhr)

Nationalpark Wolin

Direkt an der Ortsgrenze von Międzyzdroje beginnt der Nationalpark Wolin **(Woliński Park Narodowy).** Das seit 1960 unter strengem Schutz stehende, 53 km² große Gelände bedeckt etwa ein Fünftel der Inselfläche. 160 ha davon sind **Kernzone** und für Besucher völlig gesperrt.

Durch den Rest des wald- und seenreichen Moränengeländes ziehen sich **markierte Wanderwege und Lehrpfade** von denen man nicht abweichen darf. An allen Eingängen in den Nationalpark informieren Tafeln über die Wege und die Besonderheiten der Natur.

Der Nationalpark erstreckt sich zwischen dem Stettiner Haff und der Ostsee. Er ist überwiegend von teilweise jahrhundertealten **Buchen- und Eichenmischwäldern** bedeckt, in denen noch zahlreiche seltene Pflanzen und Tiere heimisch sind. Neben **kostbaren Orchideenarten** ist es besonders der **Seeadler,** der hier noch geschützten Brut- und Lebensraum findet. An der Außenküste stürzt das Gelände in einer imposanten, bis fast 100 Meter hohen Steilküste hinab ins Meer.

Im Nationalpark liegen einige besonders attraktive Ausflugsziele. Das meistbesuchte ist das **Wisent-Reservat (Rezerwat żubrów).** Vom Waldparkplatz an der Straße Międzyzdroje – Kolczewo mit

einladenen Picknickgelegenheiten führt ein kurzer Spazierweg durch den Wald zu den Gehegen, in denen man das gewaltige europäische Urrind aus nächster Nähe bestaunen kann (Mai bis Sept. Di bis So 10–18 Uhr, Okt. bis April Di bis Sa 8–16 Uhr). Der Wisent, der bis zu 1,5 Tonnen schwer werden kann, war nach dem Ersten Weltkrieg bis auf drei Exemplare in Polen ausgerottet. Von diesen drei Tieren, zwei Kühen und ein Bulle, stammen also alle heutigen Wisente der Welt ab.

Nicht versäumen sollte man auch den Abstecher zum **Aussichtspunkt auf dem Gosanberg (Góra Gosań),** dem mit 95 Metern zweithöchsten Berg auf dem Wolin. Man erreicht ihn, wenn man von der Straße aus ab dem Parkplatz etwa 2 Kilometer nach dem Wisent-Reservat einen kurzen, sehr schönen Spaziergang durch lichten Buchenwald unternimmt. Der Berg stürzt in einem wildromantischen Steilufer hinab in die Ostsee und eröffnet einen wunderbaren Panoramablick auf dieselbe.

Dörfchen Lubin

Zwar nicht im Nationalpark gelegen, aber dennoch ein sehr schönes Ausflugsziel ist auch das Haffdörfchen Lubin (deutsch: **Lebbin).** Das **idyllische Dorf** zwischen Nationalpark und Steilküste am Haff war einst ein wohlhabender Ort mit der größten Zementfabrik Europas, der den wichtigen Seehandelsweg, die „Kaiserfahrt", kontrollierte und Durchfahrtszölle erhob. Heute ist das im stillen Abseits gelegene Lubin wegen seiner großartigen Lage ein sehr beliebter Ort für private Ferienhäuser.

Zu seinen Sehenswürdigkeiten gehört der kleine **Türkissee (Jezioro Turkusowe).** Der wie ein türkiser Edelstein funkelnde See ist ein vollgelaufener alter Kreidebruch. Zu dem Teich führt von Lubin aus ein kleiner Spazierweg (ca. 1 km), von dem sich auch ein eindrucksvoller Rundum-Panoramablick über den Nationalpark und das Haff eröffnet.

Stadt Wolin

Die verschlafene, ganz im Südzipfel des Wolin an der Dziwna (deutsch: Dievenow) gelegene Kleinstadt ist mit ihren 4800 Bewohnern der **größte Ort der Insel.** Der Ort selbst ist nicht besonders sehenswert. Seine historische Anlage wurde noch kurz vor Ende des Zweiten Weltkriegs praktisch vollständig zerstört.

Einziger Anziehungspunkt im Ort ist die **Nikolai-Kirche,** noch vor wenigen Jahren eine Ruine, nun vollständig wieder aufgebaut. Um die Kirche stehen überlebensgroße, eindrucksvolle **Holzschnitzfiguren,** die bei dem alljährlich in Wolin stattfindenden Schnitzsymposium von polnischen Künstlern gefertigt werden.

Die eigentliche Attraktion von Wolin ist jedoch seine **Geschichte,** über die man sich in dem kleinen Archäologischen Museum am Marktplatz informieren kann. Denn weder Koserow auf Usedom noch die Stadt Barth bei der Halbinsel Fischland-Darß-Zingst, die sich schlauerweise den Markennamen „Vineta" gesichert hat, sondern Wolin war **wahrscheinlich der Standort der sagenhaften Stadt Vineta.** Größer, reicher und schöner als Konstantinopel soll das

„Byzanz der Ostsee" gewesen sein (zur Sage über Vineta siehe auch Exkurs „Lag Vineta bei Koserow?").

Tatsächlich haben Archäologen bei zahlreichen Ausgrabungen bei Wolin die **Reste einer mit etwa 10.000 Einwohnern** für damalige Verhältnisse **überaus großen Hafenstadt** mit mehreren Vorstädten samt für die damalige Zeit riesigen Hafenanlagen und Werften entdeckt. Mehr als 20 freigelegte Kulturschichten und geborgene Schätze und Münzen aus europäischen und arabischen Ländern beweisen, dass es bei Wolin einst eine blühende Handelsstadt gegeben hat. Wie sie einst aussah, lässt das Museumsdorf mit Wohngebäuden und Handwerkerhäusern erahnen, das man am Ufer der Dziwna errichtete.

Von Wolin führt ein Spazierweg zum südlich der Stadt gelegenen **Galgenberg (Wzgórze Wisielców),** an dem man ein **großes Gräberfeld** mit vermutlich 8000 Gräbern aus dem 9.–11. Jh. fand. Bislang wurden 38 davon freigelegt. Die dabei entdeckten reichen Grabbeigaben lassen vermuten, dass hier die wohlhabenden Edel- und Kaufleute bestattet wurden.

■ **Regionalmuseum,** ul. Zamkowa 24, Tel. 0048/ 91 61763, www. muzeumwolin.pl (Juni bis Aug., tägl. 9–17 Uhr, sonst Di bis So 9–16 Uhr, auch deutschsprachige Führungen); im Museum befindet sich auch die **Tourist-Information (Informacji Turystycznej)**

Im Süden zeigt
sich Usedom
von einer ganz
anderen Seite:
ruhiger, „länd-

Süd-Usedom

licher" und weniger dem Meer zugewandt
als im Norden und Osten – ideal für
ausgedehnte Spaziergänge, entspannte
Wanderungen und schöne Fahrradtouren!

◁ Wogende Felder, stilles Haff – der Süden
Usedoms ist noch immer ein fast unberührtes Idyll

Die **Highlights** erkennt man im Buch an der gelben Hinterlegung im Kapitel.

▱ Die Fischer von Kamminke räuchern und verkaufen ihren Fang direkt an der Hafenmole

BODDENKÜSTE UND INLAND

udf3-011

Der **Gegensatz zwischen Ostseeküste und Hinterland** könnte drastischer kaum sein. Während in den turbulenten Kaiserbädern und an den Badestränden im Ostteil der Insel auch außerhalb der Sommersaison reges Leben herrscht und in derselben so richtig der Bär los ist, trifft man nur einen Steinwurf davon entfernt auf ein ebenso abgeschiedenes wie friedliches Stück Insel, in dem sich Fuchs und Hase sprichwörtlich noch Gute Nacht sagen.

Man fühlt sich wahrlich wie ein **Wanderer zwischen zwei Welten,** wenn man die schicken, von Leben erfüllten Seebäder hinter sich lässt. Wie von einer Zeitmaschine in eine vergangene Epoche versetzt, sieht man sich plötzlich umgeben von stillem, ländlichem Idyll, in das sich nur wenige Touristen verirren. In den kleinen Dörfchen sind die Bauern noch Bauern und die Fischer noch Fischer. Hier gibt es keine feinen Restaurants, sondern Dorfschänken, keine mondänen Villen, sondern Bauernkaten, keine prachtvollen Promenaden, sondern holprige Betonwege.

Hier findet man **Ruhe und Entspannung in schöner Natur:** schattige alte Wälder, stille schilfgesäumte Buchten, einsame, mit Seerosen übersäte Teiche und dunkle Waldseen, wogende Felder und saftige Wiesen, feuchte Niederungen und undurchdringliche Moore. Die Straßen und Wege sind immer schmal, meist noch ziemlich holprig und so manches mal nur Betonschwellenwege oder reine Sandpisten.

Vom schmalen Küstenstreifen abgesehen, ist der gesamte Südosten der Insel zwischen Achterwasser, Peenestrom, Oderhaff und polnischer Grenze immer-

0 _____ 2 km

Fußgänger- und
Fahrradfähre
(saisonal)

ACHTERWASSER

Warthe

Lieper

Reestow   Grüssow

Winkel

Waschow

NSG
Cosim

Pudagla

Schmollen

Liepe

P E E N E S T R O M

Quilitz

Balmer See

Selliner
see

Lassaner
Bucht

Krienker
See

NSG Böhmke
und Werder

Neppermin
See

Lassan   Rankwitz   Dewichow   Balm   Benz

Naturparkgrenze

Morgenitz   Neppermin

Krienke

NSG
Mellenthiner Os

Große Heide

Mellenthin   *Usedomer*
Schweiz

Kachliner
See

Buggenhagen

Wahgelkow   Jamitzow

Suckow

Katschow

Kachlin

Klotzow

Usedomer
Stadtforst,

Wisent-
Reservat

Dargen

Usedom   *Mellenthiner Heide,*
Suckower Tannen

Gummlin   Prätenow

110
Vossberg   Paske

Gneventhin   *Usedomer*

Stolpe

Zecherin   Gellenthin   *Winkel*   *Usedomer*
See

Kölpin   Welzin

Wilhelmsfelde   Wilhelmshof

DER STROM   Karnin

Westklüne   Ostklüne

Mönchow

hin die **größte zusammenhängende Landmasse Usedoms,** ein ideales Revier für kontemplative Spaziergänge, weite Wanderungen oder familiäre Fahrradtouren. Landschaftlich gliedert sich der Südosten Usedoms in folgende **Gebiete:** die Region entlang der Grenze zu Polen zwischen Ostsee und Stettiner Haff, die Usedomer Schweiz und die beiden abgeschiedenen Ecken Lieper Winkel und Usedomer Winkel.

ODERBUCHT
(oder
POMMERSCHE
BUCHT)

NSG
Mümmelkensee

Bansin

Gr.
Krebssee
NSG
Bansin
Dorf

Neu
Sallenthin

Kl.
Krebs
see

Heringsdorf

Neuhof

Sallenthin

Ahlbeck

Gothen

NSG
Gothensee

Korswandt

Gothensee

Wolgastsee

Ulrichshorst

Świnoujście
(Swinemünde)

Thurbruch

NSG
Zerninsee-
Senke

POLEN

Görke

Kutzow

Zirchow

Garz

NSG Golm

Bossin

Flughafen
Heringsdorf

Neverow

Kamminke

STETTINER HAFF

Zwischen Ostsee und Stettiner Haff

Süd-Usedom

Korswandt

An der vielbefahrenen **B 110,** auf der alle Usedom-Reisenden, die über die Zecheriner Brücke auf die Insel gelangen, den großen Seebädern an der Außenküste entgegeneilen, liegt das kleine Dorf Korswandt.

Korswandt wird dabei kaum eines Blickes gewürdigt, obwohl es **landschaftlich sehr reizvoll** zwischen dem großen Gothensee und dem kleinen Wolgastsee, dem Ahlbecker Forst und dem Thurbruch liegt. Zwar hat das Dorf selbst nichts weiter Bemerkenswertes, doch alle vier Gebiete in seiner Umgebung sind ausgesprochen schöne Ziele für Wanderungen und Radtouren.

Direkt an der B 110 liegt das **„Idyll am Wolgastsee".** Das Hotel mit Gaststätte heißt nicht nur so, sondern liegt tatsächlich recht idyllisch. Bei ihm befindet sich ein schöner Platz unter riesigen, uralten Bäumen, darunter die höchste und älteste Rotbuche Usedoms. Der Platz ist gut geeignet zum Picknicken. Ein kleiner Strand bietet Bademöglichkeiten und ein Bootsverleih die Gelegenheit über den waldumrahmten Wolgastsee zu rudern, der mit 16 Metern der tiefste See auf Usedom ist. Um den Waldsee führt ein schöner, nur 3,8 Kilometer langer Wanderweg.

Zwischen Korswandt und Zirchow versteckt sich in einer Waldschlucht der **winzige Krebssee.** Zu diesem bildschönen Waldteich mit Badestelle führt ebenfalls ein markierter Wanderweg.

Auch der **Ahlbecker Forst,** der sich um den 59 Meter hohen **Zierowberg** zwischen Ahlbeck, Korswandt und der Grenze zu Polen ausdehnt, bietet sehr schöne Spazier- und Wandermöglichkeiten. Auf dem Zierowberg erhebt sich ein **Aussichtsturm,** der aus 65 m Höhe einen grandiosen Rundblick über die Umgebung ermöglicht und den Hügel zum attraktiven Ausflugsziel macht.

Schließlich bietet der **Campingplatz** von Korswandt eine der wenigen Möglichkeiten, um in der Nähe der drei Kaiserbäder Campingurlaub zu machen.

Unterkunft, Gastronomie

■ **Hotel Idyll am Wolgastsee,** Hauptstr. 9, Tel. 038378/22116, Fax 22546, www.idyll-am-wolgast-see.de (mit Boots-, Fahrradverleih, Angel- und Bademöglichkeit, gutes Restaurant mit Fisch- und Wildgerichten und schöner Café-Terrasse zum See, Ü/F NS 35–58 €, HS 45–63 €)

Camping

■ **Camping Korswandt,** Hauptstraße, Tel. 038378/22110, Fax 47987 (März bis Okt., kleiner Wiesenplatz mit 150 Stellflächen nahe der B 110, 500 m zum Gothensee, Vermietung von Bungalows für 2–6 Pers.)

Zirchow

Zirchow wird wie Korswandt meist auf dem Weg zur Außenküste auf der B 110 durcheilt. Das Dörfchen bietet auch bis auf die **Kirche St. Jakobus** keinen Anlass anzuhalten. Die Kirche stammt aus der zweiten Hälfte des 13. Jh. und ist damit nach der Marienkirche in der Stadt Usedom die älteste Kirche auf der Insel.

In Zirchow biegt ein schmales Teersträßlein ab, das **über Garz zum Haffdorf Kamminke** und damit in einen der unberührtesten Winkel Usedoms führt.

Flughafen Heringsdorf

Das Straßendorf Zirchow ist eng verbunden mit dem Flughafen Heringsdorf, der nicht beim Seebad, sondern **unweit von Zirchow** am Kleinen Haff liegt und die einzige Flugverbindung nach Usedom bietet.

Erbaut im Ersten Weltkrieg als **Militär-Übungsplatz,** wurde er unter den Nazis zum regulären Fliegerhorst ausgebaut, auf dem u.a. aus Flugzeugen gesteuerte Lenkwaffen erprobt wurden.

Nach 1945 wurde der Flugplatz von der NVA genutzt, die hier auch eine Panzereinheit stationiert hatte. Von 1962 bis 1980 war er ein **Zivilflughafen,** zu dem die DDR-Fluggesellschaft Interflug regelmäßige Linienflüge unterhielt.

Heute ist der kleine Flughafen Sitz der „Usedomer Fluggesellschaft", die mit ihrer kleinen Flotte ein- und zweimotoriger Cessnas Rundflüge über Usedom, aber auch zu Rügens Kreidefelsen und über Hiddensee anbietet.

Von und zu allen Linienflügen gibt es einen **Flughafentransferbus** von und nach Heringsdorf, Bansin und Ahlbeck. Am Flughafen gibt es auch eine Gaststätte und eine Autovermietung.

■ **Flughafen Heringsdorf,** Am Flughafen 1, 17419 Zirchow, Tel. 038376/2500, Buchungs-Hotline Tel. 038378/49880, www.flughafen-herings-dorf.de

Garz

Fährt man von Zirchow Richtung Garz und Kamminke, erreicht man nach etwa 2 Kilometern eine Straßengabelung, an der es rechts Richtung Garz geht. Doch es ist durchaus interessant, zuerst einmal die überraschend breite **Straße geradeaus Richtung Polen** weiterzufahren. Sie führte bis vor Kurzem durch völlige Abgeschiedenheit und dichten Wald am Rande des NSG Zerninseesenke weiter. Im Wald erblickt man einen hohen, überwachsenen alten Bahndamm. Der führte, wie die Straße selbst, bis 1945 weiter nach Swinemünde. Bis zum Frühjahr 2007 endete die Straße im Nirgendwo, doch seitdem ist es mit der Ruhe vorbei: Nun ist die alte Straßenverbindung nach Swinemünde wieder geöffnet und darf von Fußgängern, Radfahrern, PKW und Reisebussen genutzt werden.

Die Pläne der UBB, die **alte Verbindung von Swinemünde über Garz** wieder zu beleben, werden wohl leider noch länger nicht realisiert werden können, denn dafür müsste sinnvollerweise auch wieder die seit 1945 zerstörte Eisenbahnhubbrücke bei Karnin wieder aufgebaut werden, womit der Weg für die schnelle Schienenverbindung nach Berlin wieder frei wäre.

Das winzige Garz ist einen Halt wert. In dem verschlafenen Bauerdörfchen steht nämlich eine ausgesprochen **malerische alte Feldsteinkirche.** Das zwischen Bäumen gelegene und von einer nicht minder malerischen Mauer aus aufgeschichteten Findlingen umfriedete Kirchlein stammt aus dem 15. Jh. und besitzt einen freistehenden hölzernen Glockenturm, auf dessen Glocke die Jahreszahl 1936 zu erkennen ist.

Unterkunft

■**Uns Vogelhus,** Thälmannstr. 14, Tel. 0731/66911, Fax 9609751, www.vogelhus.de (hübsches Rohrdach-Ferienhaus für 8–10 Pers., 4 Schlafzimmer, 2 Bäder, nur Nichtraucher, Ferienwohnungen NS 250–600 €/Woche, HS 600–750 €)

Kamminke

Hinter Garz führt das Sträßlein durch sanftes Hügelland weiter dem Stettiner Haff entgegen. Es endet in dem abgeschiedenen, überaus **idyllisch gelegenen Fischerdorf** Kamminke, heute einer der ruhigsten Orte auf Usedom, wo man seinen Urlaub verbringen kann.

Dass die Menschen schon in grauer Vorzeit die reizvolle Lage von Kamminke zu schätzen wussten, zeigt die auf dem nahen Berg Golm entdeckte **bronzezeitliche Wallburganlage.**

Erstmals erwähnt wurde der Ort 1263 in einer Urkunde, in der ein *Michael von Kameke* sechs Hufen Land an das Kloster in Grobe verkaufte. Der **Name** leitet sich wahrscheinlich vom slawischen Wort „Camien" ab, was so viel wie „Stein" bedeutet.

Das alte Fischerdörfchen liegt zu Füßen eines steil aufragenden **Moränenhügels,** an den sich die geduckten Fischerkaten und niedrigen Rohrdachhäuschen schmiegen. Durch das Dorf führt die schmale Straße hindurch bis zum Hafen, in dem sie endet.

Zu DDR-Zeiten war der große, 1938 angelegte Hafen von Kamminke Standort einer Fischverwertungsgenossenschaft, zu der sich 1947 die 47 ansässigen Fischer freiwillig zusammenschlossen.

Die Kamminker waren von jeher eine **von der Idee des Sozialismus inspirierte Gemeinschaft,** was ihnen während der Weimarer Republik zahlreiche gewalttätige Auseinandersetzungen mit den Anhängern der NSDAP einbrachte und nach deren Machtergreifung manchen Kamminker Fischer in die Hände der Gestapo fallen ließ.

Heute liegt über dem großen Hafen, in dem noch immer einige Fischerboote und Heringskutter dümpeln, überwiegend eine große Stille. Möwenschwärme umkreisen die Boote, an langen Stangen hängen Reusen und Netze zum Trocknen. Eine Holzbude dient den Fischern zum Verkauf ihres frischen oder geräucherten Fangs.

Auf dem weiten Platz am Hafenbecken erinnert ein **Denkmal an den Wiederaufbau der Mole,** die 1956 in einer schweren Sturmnacht durch ans Land gedrückte Eismassen zermalmt wurde.

Unterkunft, Gastronomie

■ **Haffblick,** Wiekstraße 12, Tel. 038376/20203, Fax 29165, www.haffblick-kaminke.de (von zwei engagierten, sympathischen Brüdern betriebener Gasthof mit 5 preiswerten Zimmern, teils mit Blick auf das Oderhaff. Gemütliches Kaminrestaurant, wo viel frischer Fisch auf den Tisch kommt. Ü/F NS 25–32 €, HS 27–36 €)
■ **Klön Snack,** Auf der Mole, Tel. 038376/29776 (Fischräucherei von Fischer *Uwe* mit Biergarten direkt am Wasser, April bis Okt., im Sommer Fr/Sa Grillabend)

> Selbst im Sommer finden nur wenige den Weg ins abgelegene Fischerdorf Kamminke

Camping

■ **Campingplatz Steilküste,** Tel. 038376/29851, Fax 038378/47592, www.insel-usedom-camping.de (Mai bis Okt., 10 ha großer Platz an der Steilküste mit Bademöglichkeit im Haff)

Der Golm

In den Wäldern hinter Kamminke liegt, direkt an der Grenze zu Polen, das **Naturschutzgebiet** Golm mit dem **sagenumwobenen Berg Golm.** Der Name leitet sich vom slawischen „gollen" („Hügel") ab. Auf dem 69 Meter hohen Hügel

siedeln seit Jahrtausenden Menschen. Neben steinzeitlichen Geräten wie Pfeilspitzen und Steinwerkzeugen, die man immer wieder dort findet, zeugt ein **bronzezeitlicher Burgwall** von der frühen Besiedlung – übrigens der einzige Burgwall an der Ostseeküste aus dieser Zeit, denn alle anderen wurden in der jüngeren slawischen Epoche angelegt.

Das **25 ha große Naturschutzgebiet** bedeckt ein sehr reizvoller, naturnaher Rotbuchenwald. Die teils sehr alten, knorrigen Bäume bieten verschiedenen Käuzen und Spechten wie Waldkauz und Schwarzspecht zahlreiche Bruthöhlen. In den lichten Laubwäldern blühen viele Pflanzen wie Glockenblume, Zaunwicke

oder Goldrute. Besonders interessant ist das Waldgebiet im Frühling, wenn Leberblümchen, Lerchenkraut, Waldgoldstern oder Maiglöckchen in zum Teil großen Beständen ganze Blumenteppiche bilden. Auch im Herbst, wenn sich die Rotbuchen prachtvoll verfärben, ist eine sehr schöne Zeit, durch das weit abgelegene und sehr stille NSG zu streifen.

Still war es auf dem Golm nicht immer. 1821 ließ hier der „König von Swinemünde", der Kommerzienrat *F. W. Krause,* ein Denkmal zur Erinnerung an die Vereinigung Pommerns errichten. 1834 folgte ein Pavillon, in dem der Pächter *Müller* aus Kamminke die Erlaubnis erhielt, eine Restauration zu be-

treiben. **Rasch entwickelte sich der Hügel zu einem beliebten Ausflugsziel,** das neben der Gaststätte „Onkel Toms Hütte" auch einen hölzernen Aussichtsturm erhielt. Dem Bau der Anlagen fiel der Burgwall weitgehend zum Opfer. 1852 wurde die gepflasterte Golmchaussee eingeweiht, die von Swinemünde über den Golm nach Zirchow führte.

Die Ära als vergnügliches Ausflugsziel endete im **Zweiten Weltkrieg.** Der Golm wurde ab 1943 Friedhof der im Swinemünder Lazarett verstorbenen Marine-Soldaten. Zum größten Friedhof Usedoms und zu einem der größten Kriegsgräberfelder Deutschlands wurde der Golm 1945, als auf ihm die bis zu 23.000 Opfer der Luftangriffe vom 12. März auf Swinemünde beigesetzt wurden.

Heute ist der Hügel selbst eine **Mahn- und Gedenkstätte** mit vier Friedhöfen. Auf dem Gipfel wurde 1968 das vom Rostocker Bildhauer *Wolfgang Eckhard* ringförmig gestaltete zentrale Mahnmal errichtet. Die Worte von *Johannes R. Becher* „Dass nie mehr eine Mutter ihren Sohn beweint" liest man an der Ostwand des Innenhofes, in der Mitte die Inschrift „23.000 Tote des Zweiten Weltkrieges mahnen". Ein Pavillon informiert auf dem Gelände mit einer kleinen Ausstellung über die tragischen Ereignisse.

Die heute am Aufgang zum Mahnmal stehende **Plastik** einer in einen Soldatenmantel gehüllten, frierenden und trauernden Mutter wurde übrigens bereits 1952 für die Gedenkstätte geschaffen, aber nicht auf dem Golm aufgestellt, weil ihr Schöpfer, der Bansiner Bildhauer *Rudolf Leptien*, zum „Republikflüchtling" und deshalb auch im letzten Winkel Usedoms für den real existierenden Sozialismus untragbar geworden war. 30

071sud

Jahre später wurde die Plastik dann doch ihrer Bestimmung zugeführt.

400 Meter von der Gedenkstätte entfernt liegt die **Jugendbegegnungsstätte Golm** in Kamminke, die sich um die Pflege der Gedenkstätte kümmert und Führungen über das Gelände anbietet.

Informationen

● **Jugendbegegnungsstätte Golm,** Dorfstraße 33, 17419 Kamminke, Tel. 038376/2900, Fax 29068, www.jbs-golm.de

● **Buchtipp:** *Der Golm und die Tragödie von Swinemünde,* 1. Auflage 2010, Nordlicht Verlag, 14,80 €

Usedomer Schweiz

Die **Endmoränenlandschaft,** die sich im direkten Hinterland der Kaiserbäder ausbreitet, ist mit ihren zahlreichen, zwischen die Hügel eingebetten Seen einer der abwechslungsreichsten und schönsten Naturräume auf Usedom. Das kuppi-

⌃ Die innige Verflechtung von Wasser und Land verleiht der Gegend ihren ganz besonderen Reiz

ge Hügelland mit „Gipfeln" bis über 50 Meter Höhe nennt man auch die „Usedomer Schweiz". Steil und kurvenreich schlängeln sich die schmalen Sträßchen durch das Moränenhügelgebiet.

Überall bieten sich herrliche Aus- und Durchblicke auf die Landschaft, die durch das eng verflochtene **Zusammenspiel zwischen Wasser und Land** geprägt ist. Wie große blaue Augen liegen die Seen in den grünen Senken zwischen den mit Wiesen und Wäldern bewachsenen Hügeln. Gothensee, Schmollensee, Großer und Kleiner Krebssee, Kachliner See und das Achterwasser mit seiner Bucht Balmer See zerteilen die Usedomer Schweiz so vielfältig und verwirrend, dass es für Ortsunkundige schwer ist zu bestimmen, welches Wasser zu welchem Gewässer gehört.

Einen **besonders schönen Ausblick** hat man entlang dem Sträßlein, das von Bansin über Bansin Dorf und Alt-Sallenthin nach Benz führt. Der schönste Blick, nämlich ein Rundum-Panoramablick, bietet sich vom höchsten Punkt der Usedomer Schweiz, dem 56 m hohen **Kückelsberg** bei Benz. Auch die 54 Meter hohe **Viktoriahöhe** beim Dorf Sellin, die auf der Landbrücke zwischen dem Schmollensee, den beiden Krebsseen und dem Gothensee liegt, bietet eine herrliche Aussicht.

Die Usedomer Schweiz ist ein **ideales Gebiet für Wanderungen und Fahrradtouren** mit der Familie. Nicht zuletzt deshalb, weil sie von den Seebädern an der Außenküste in kürzester Zeit erreicht werden kann und somit keine lange „Anreise" erfordert.

Der Sieben-Seen-Blick

Sieben Seen auf einen Streich, nämlich Achterwasser und Wolgastsee, Kachliner See, Gothensee und Schmollensee sowie den Großen und Kleinen Krebssee – diesen einmaligen Blick bietet der **Aussichtsturm bei Sallenthin.** Kurz vor der Bergmühle oder schräg gegenüber dem Café „Am Gothensee" führt eine neue Straße nach Sallenthin. Wenige Meter hinter der Kurve ist der hölzerne Turm nicht zu übersehen. Der Weg lohnt sich!

Neu Sallenthin/Sellin

Vom Seebad Bansin sind es nur wenige Minuten mit dem Fahrrad, und schon hat mit **Bansin Dorf** eine andere Welt erreicht. Das alte Dorf Bansin liegt reizvoll **über dem Ufer des Gothensees,** der sich von hier aus bis Korswandt erstreckt.

Hinter dem Bauerndorf erblickt man auf einer Anhöhe die Reste einer alten Windmühle. Von Bansin Dorf führt die **Hauptstraße** weiter am Ufer des Gothensees entlang nach **Alt Sallenthin.** Zwischen den Dörfchen lädt die Bergmühle zur Rast mit Blick auf den an dieser Stelle sehr schmalen Gothensee.

Schöner ist es jedoch entweder bereits in Bansin Dorf oder kurz vor der Bergmühle die Hauptstraße zu verlassen und in das schmale **Teersträßchen in Richtung Neu Sallenthin** abzubiegen. Nach kurzer Wegstrecke durch Neu Sallenthin und offenes Streuobst-Wiesengelände hat man die äußerst schmale Landbrücke erreicht, die den Großen Krebssee vom Kleinen Krebssee trennt. Hat man diesen Steg überschritten, taucht die schmale Straße in Wald ein, der die Nordufer der beiden idyllischen Seen säumt. Kurz nach dem Beginn des Waldes biegt von der Teerstraße ein unbefestigter Waldweg ab, der wiederum auf die schmale Landbrücke zwischen dem Großen Krebssee und dem Schmollensee hinausführt.

Nach etwa einem Kilometer durch den Wald erreicht man das zauberhaft still im Wald über dem Ufer des Großen Krebssees gelegene **Forsthaus Fangel.** Das ehemalige Forsthaus wird seit 1937 von der Familie Menges als Café betrieben und ist mit Sicherheit eines der

Süd-Usedom

schönsten Plätzchen auf ganz Usedom, an dem man es sich bei Kaffee und dem als „besten der Insel" gerühmten Kuchen gut gehen lassen kann.

Folgt man der Teerstraße weiter, erreicht man das **Dörfchen Sellin.** Vor dem Minidörfchen, das aus nicht mehr als einer Handvoll alter Rohrdachhäuser und Bauernhöfen besteht, breitet sich der große **Schmollensee** aus. In Sellin tragen die Straßen noch Kopfsteinpflaster und die Häuschen sind von kleinen, liebevoll angelegten Gärtchen umgeben, in denen Enten, Gänse, Hühner, Katzen und andere Hoftiere gackernd und quakend umherspazieren. Am Schmollenseeufer bei Sellin ragt der **Sagenstein** wie der Rücken eines Wales aus dem Wasser. Um den mächtigen Findlingsblock, der auch Teufelstein genannt wird, ranken sich allerhand Sagen und Geschichten.

Von Sellin führt ein markierter **Wanderweg nach Benz.**

Unterkunft

■ **Hotel/Gasthof Bergmühle,** Alt Sallenthin, Benzer Chaussee 5, Tel./Fax 038378/499040, www.bergmuehle-bansin.info (Ü/F NS 28–47 €, HS 35–55 €)
■ **Seegarten,** An den Krebsseen 23–26, 17429 Neu Sallenthin, Tel. 02521/18168, Fax 18101, www.see-garten.de (4 neue Ferienhäuser à 50 m² in idyllischer Lage mit Blick auf den Krebssee, NS 45–60 €/Tag, HS 98 €/Tag)
■ **Ferienanlage Sellin,** Dorfstraße 7, 17429 Sellin, Tel. 038378/2310, Fax 23114, www.ufer-boehm.de (Ferienwohnungen mit 2–4 Zimmern/50–110 m² in schönster Uferlage mit Liegewiese, Bootssteg, Ruderboot am Schmollensee, NS 30–50 €, HS 60–77 €/Tag)

Camping

■ **Naturcamping am Schmollensee,** Sellin 17, 17429 Sellin, Tel. 038378/31452, Fax 29282 (ganzjährig geöffnet, kleiner, ruhig am Dorfrand auf einer Anhöhe gelegener Wiesenplatz mit Blick auf Schmollensee und den Sonnenuntergang. Große Liegewiese zwischen Platz und See)

Gastronomie

■ **Café am Gothensee,** Alt Sallenthin, Haus 21, Tel. 31480 (kleines Café, in dem Frau *Menschner* zum guten Kaffee köstlichen selbst gemachten Kuchen serviert)
■ **Forsthaus Fangel,** Neu Sallenthin, Tel. 32253 (urige Ausflugsgaststätte in idyllischer Alleinlage im Wald mit schöner Terrasse, Kaffee und dazu einen der besten Kuchen Usedoms, kleine Gerichte, nur Mai bis Oktober tägl. 14–18 Uhr)

Aktivitäten

■ **Angeln/Bootsverleih:** Angelparadies Krebssee, An den Krebsseen 8, in Neu Sallenthin, Tel. 038378/31587, www.krebssee.de, NS 50–70 €, HS 70–90 € (mit Bootsverleih, Ferienwohnungen)

Naturschutzgebiet Gothensee/Thurbruch

Im Bansiner Hinterland liegt in reizvollem Hügelland eingebettet das 800 ha große Naturschutzgebiet Gothensee und das anschließende Thurbruch. Der Gothensee und das große Moor des Thurbruchs waren **früher ein sehr wildreiches Gebiet:** Hier lebten Auerochsen, Riesenhirsche, Bären, Biber, Wölfe,

Luchse, Wildpferde und Torfschweine. In der schwer zugänglichen Wildnis vermuteten die Usedomer aber auch Fabelwesen wie den Vogel Greif, der seine Jungen zusammen mit kleinen Kindern aus der Umgebung großgezogen haben soll und das pommersche Wappen ziert.

Die **fürstlichen Jagdgesellschaften,** für die das Thurbruch ein wildreiches Jagdparadies darstellte, rotteten die großen Säuger aus. Den letzten Auerochsen erlegte Pommernherzog *Wartislaw* 1360. Nur kleinere Tiere, die als Trophäe über dem offenen Kamin nichts hergaben, überlebten das „sportliche" Vergnügen.

Die urwaldartige, undurchdringliche Wildnis der einstigen durch einen Dünenwall abgeschnittenen Meeresbucht ist heute verschwunden. Sie fiel der **Entwässerung des Thurbruchs** zum Opfer, die bereits im 18. Jh. unter *Friedrich II.* begonnen und Ende der 60er Jahre des 20. Jh. beendet wurde.

Erhebliche Teile wurden durch den **Torffabbau des VEB Inseltorfwerk** zerstört, der glücklicherweise 1962 endgültig eingestellt wurde.

Beim Kachliner See im südlichen Teil des Thurbruchs erinnert ein **Windkraft-Wasserschöpfwerk** an die Trockenlegung. Das 1920 errichtete technische Denkmal ist das letzte erhaltene seiner Art auf Usedom. Es wurde restauriert und mit einem kleinen einladenden Picknickplatz und Informationstafeln versehen.

Trotz der Eingriffe haben sich große Moorgebiete erhalten, die **vielen Tierarten,** darunter so seltenen und bedrohten wie Fischotter, Eisvogel, Graureiher und Seeadler als Rückzugsgebiet dienen. Darüber hinaus besitzt das Gebiet eine der artenreichsten Schmetterlingspopulationen von ganz Deutschland.

Aber auch seine **Pflanzenwelt** ist von überwältigender Vielfalt und Schönheit. Weiße und Gelbe Seerosen, seltene Orchideenarten, die ganze Pallette von Feucht- und Moorgewächsen und viele andere Pflanzenarten machen das Thurbruch zu einer Perle der Natur.

Achtung: Beim Durchstreifen des Thurbruchs Vorsicht walten lassen. Denn die alten Torfstiche überzieht heute ein dicht verfilzter Pflanzenteppich, der auf den ersten Blick wie fester begehbarer Grund aussehen kann. Doch der Teppich ist nur eine dünne schwimmende Schicht, bei deren Betreten akute **Lebensgefahr** besteht!

Gothen

Der winzige Weiler Gothen am Ostufer des Gothensees ist **dank seines „Storchenvaters Eggebrecht" ein charmantes Ausflugsziel,** das man am besten bei einer kleinen Wanderung oder Radtour von Bansin Dorf aus entdeckt. In dem Dorf hat seit Jahrzehnten ein Storchenpaar auf dem Hause des zwischenzeitlich von den Usedomern zum „Kreisstorchenhorstbetreuer" beförderten Herrn *Eggebrecht* sein großes Nest.

Seit den 1950er Jahren beobachtet Herr *Eggebrecht* seine Schützlinge intensiv und führt Buch über An- und Abflüge, über die Zahl der aufgezogenen Jun-

▷ Windkraft-Wasserschöpfwerk:
Nach der Restaurierung ist das technische
Denkmal wieder voll funktionsfähig

gen und anderes mehr. Im Laufe der Zeit hat der Storchenvater sein Grundstück in einen kleinen **Storchenpark mit Schaukästen und Tafeln** verwandelt. Doch rätselhafterweise bleiben die Störche seit geraumer Zeit aus und der Horst steht leer. 2004 erblickte mit dem 101. der vorerst letzte Storch hier das Licht der Welt. Doch auch ohne brütenden Adebar ist ein Ausflug zu Meister *Eggebrecht* durchaus von Reiz.

Unterkunft

● **Landgut Gothen,** Dorfstr. 13a, Tel. 0172/7418044, www.landgut-gothen.de (restauriertes Landgut mit zahlreichen Tieren und 4 individuell und geschmackvoll in Hofgutmanier gestalteten Zimmern, Tagespreise)

Benz

Das kleine Bauerndorf Benz an der Straße von Neppermin nach Bansin ist in mehrfacher Hinsicht das **Zentrum der Usedomer Schweiz.**

Dafür verantwortlich zeichnen der Maler **Otto Niemeyer-Holstein** und der Dorfpfarrer. Das Ehepaar *Niemeyer-Holstein* verband eine langjährige Freundschaft mit dem **Dorfpfarrer,** der, den schönen Künsten zugetan, in seiner Kirche viele Konzerte, Liederabende und Lesungen veranstaltete.

Schließlich schufen sich die **Niemeyers** in dem Dorf einen **Zweitwohnsitz.** Der Maler konnte die auf dem Hügel hinter dem Dorf stehende und dem Verfall preisgegebene Holländer-Windmühle von der Müllerswitwe mit dem Versprechen erwerben, sie zu renovieren

und zu erhalten. Dazu verwendete er das Preisgeld des soeben erhaltenen Nationalpreises der DDR. Fast 30.000 Schindeln wurden geschnitten und nach langem Suchen fand man schließlich in Wittenberg noch einen alten Mühlenbauer, der in anderthalbjähriger Arbeit neue Windflügel zimmerte. Die Landpartien, die die *Niemeyers* oft unternahmen, fanden meist in Benz in „min Möhl" ihren Abschluss.

Die enge Verbundenheit von *Niemeyer* mit Benz manifestierte sich auch in seinem **Testament,** in dem er sich wünschte, einmal auf dem Friedhof von Benz seine letzte Ruhestätte zu finden.

Die **Sehenswürdigkeiten** von Benz sind auch mit den beiden Personen, dem Pfarrer und dem Künstler verbunden. In der Ortsmitte erhebt sich, von prachtvollen alten Kastanien umringt, die um 1300 aus Feldsteinen errichtete **Dorfkirche St. Peter.** Im Dreißigjährigen Krieg wurde sie als Pferdestall genutzt und um 1660 vom im Schloss Pudagla residierenden schwedischen Gouverneuer *Appelmann* barock-klassizistisch instandgesetzt. Heute finden in der Kirche im Sommer Konzerte, Liederabende und andere Veranstaltungen statt.

In der Kirchstraße neben dem Gotteshaus, das als Motiv auf Bildern des Malers *Lionel Feininger* Berühmtheit erlangte, liegt in einem malerischen ehemaligen Rohrdachstall das **Kunstkabinett Usedom.** Die Verkaufs-Galerie, die Werke bekannter Künstler wie *Niemeyer-Holstein, Oskar Manigk, Matthias Wegehaupt, Horst Janssen* oder *Janosch* im Programm hat, veranstaltet regelmäßige Ausstellungen.

Der **Friedhof mit dem Niemeyer-Holstein-Grab** liegt nicht bei der Kirche

Der Seeadler

Der Seeadler ist mit einer Spannweite von bis zu zweieinhalb Metern **der gewaltigste Greifvogel und einer der größten Vögel Europas überhaupt.** Zu erkennen ist er – außer an seiner Größe – an den breiten, brettartigen Schwingen, seinem kräftigen, gelben Schnabel, den nur zur Hälfte befiederten Läufen und dem kurzen, keilförmigen Stoß, der bei ausgewachsenen Seeadlern weiß gefärbt ist. Das übrige Federkleid ist bis auf den helleren Kopf und Hals fast einfarbig dunkelbraun.

Männchen und Weibchen sind in der Gefiederfärbung gleich, unterscheiden sich jedoch deutlich in der Größe. Während die Männchen (nur) eine Spannweite von 2,10 bis 2,30 m und ein Gewicht von 3 bis 3,5 kg haben, erreichen die Weibchen eine Spannweite von bis zu 2,50 m und ein Gewicht von 4,5 bis 6,5 kg.

Hauptlebensraum der Seeadler sind fisch- und wasservogelreiche Seen und Flüsse sowie teilweise auch Küstengewässer, wie beispielsweise die Boddenküsten an der Ostsee. Als Brutvogel ist der Seeadler an Waldungen mit hohen Bäumen in der Nähe von geeigneten Jagdgewässern gebunden. Auf alten Bäumen baut er in durchschnittlich 20 m Höhe seinen riesigen Horst, meist sichtgedeckt, jedoch mit freier Anflugmöglichkeit an Lichtungen oder Waldrändern.

Das Gelege aus meist zwei Eiern ist etwa Anfang März vollständig und wird 35 bis 40 Tage bebrütet. Die **Jungvögel** sind mit ungefähr 90 Tagen flügge, werden aber erst mit 5–6 Jahren geschlechtsreif. Als Paare sind die Seeadler sehr standorttreu und bleiben gewöhnlich zeitlebens zusammen. In Gefangenschaft haben Seeadler ein Alter von bis zu 42 Jahren erreicht.

Im Gegensatz zum Fischadler besteht die **Nahrung** der Seeadler nicht nur aus Fischen, sondern in erster Linie aus Wasservögeln bis zur Größe von Gänsen, Schwänen und Reihern und gelegentlich auch aus Säugetieren bis zur Größe von Hasen. Meist schlägt er seine Beute auf dem Wasser oder auf der Erde, seltener in der Luft.

Der **Bestand** an Seeadlern war zu Beginn des 19. Jh. noch wesentlich größer als heute. So wurden allein in den Revieren von Mecklenburg-Schwerin in den Jahren 1841–1853 rund 800 Adler erbeutet. Zu Beginn des 20. Jh. war dieser gewaltige Vogel nahezu ausgerottet. Seit den zwanziger und dreißiger Jahren des letzten Jahrhunderts hat sein Bestand allmählich wieder zugenommen. Hauptzentrum der europäischen Population sind heute die boddenreichen Küstengebiete Darß/Zingst, Rügen und Usedom sowie die Mecklenburgische Seenplatte. Insgesamt gibt es heute in ganz Deutschland wieder rund 500 Brutpaare, wovon in M-V etwa 210 zu finden sind.

Bedroht ist der Seeadler heute – außer durch Forstmaßnahmen und Pestizide – hauptsächlich durch **Störungen von Besuchern und Fotografen,** insbesondere während der Brutzeit. Die Horstschutzzonen mit einem Radius von 100 m ganzjährig und 300 m während der Brutzeit vom 1. Februar bis zum 31. Juli sollten daher unbedingt eingehalten werden, damit wir diese imposanten Vögel auch in Zukunft noch beobachten können.

selbst, sondern am Dorfrand zu Füßen des Mühlenhügels. Am Friedhof bietet sich Parkgelegenheit. Das Otto-Niemeyer-Grab ist leicht auszumachen. Es wird von der Plastik „Der Jüngling" seines Künstlerfreundes *Grzimek* geschmückt. Auf dem Friedhof ruhen auch der bekannte Schauspieler *Rolf Ludwig* und seine Frau *Ilse Hurtig,* einst Primaballerina der Staatsoper Berlin, sowie die berühmte Publizistin *Carola Stern.*

Vom Parkplatz führt ein kleiner Trampelpfad hinauf auf den Hügel zu *Niemeyers* **„Min Möhl",** der **Holländer-**

Windmühle. Die 1863 erbaute Mühle ist dank *Niemeyer-Holstein* die am besten erhaltene auf Usedom. Das technische Denkmal, in dem der Künstler einst malte und Schüler unterrichtete, besitzt nicht nur funktionstüchtige Windflügel, sondern noch ihre komplette, originale Inneneinrichtung mit Mahlwerk. Die Windmühle, die ganz im Sinne ihres ehemaligen Besitzers heute als Galerie und Arbeitsstätte für Nachwuchskünstler dient, kann besichtigt werden. Doch nicht nur das faszinierende Innenleben der Mühle ist den Aufstieg wert, sondern

Museum/Kultur

■ **Kunst-Kabinett Usedom,** Kirchstraße 14a, Tel. 038379/20184, Fax 20185, www.kunstkabinett.de (Fr bis So 11–17 Uhr)

■ **Kultur-Mühle Benz,** Führungen nach Anmeldung, *Martin Meenke,* Labömitzer Straße 6, Tel. 038378/3650, www.muehle-benz.de (April bis Okt. Di bis So 10–17 Uhr)

■ **St.-Peter-Kirche, „Benzer Kirchensommer",** Konzerte, Liederabende etc., Programm bei Pastorin *Annegret Möller-Titel,* Tel. 038379/20365, www. kirche-benz.de (alle Veranstaltungen sind frei, Juni bis Aug. Di und Do 20 Uhr)

Aktivitäten

■ **Reiten:** *Reit- und Ferienhof Benz,* 17429 Benz, Labömitzer Str. 3, Tel. 038379/2530, Fax 25399, www.benzer-ferienhof.de (mit Gaststätte und Pension, NS 29 €, HS 34 €)

Pudagla

Eingefasst von Schmollensee und Achterwasser liegt Pudagla (430 Einw.) auf einem schmalen Landstreifen, der die beiden großen Wasser trennt.

Das Dorf, dessen Name vom slawischen „pod glowe", „am Berge", herrührt, war **einst Sitz eines bedeutenden Prämonstratenserklosters,** das vorher das Kloster Grobe auf dem Marienberg bei der Stadt Usedom als Sitz hatte. 1309 wurde das Kloster von Prämonstraten-

auch die **wunderbare Aussicht,** die man von dem Hügel über die Usedomer Schweiz genießen kann.

Unterkunft

■ **Schwalbennest,** Fritz-Behn-Str. 33, Tel. 038379/20303, Fax 20060, www.usedom-urlaub-mit-hund. de (kleine familiäre Pension mit Restaurant und Sauna, Hunde und Katzen sind ausdrücklich willkommen, nichts für Tierallergiker, Ü/F NS 35 €, HS 45 €)

◁ Niemeyers Windmühle dient heute jungen Künstlern als Atelier

sern aus Havelberg gegründet und von Papst *Benedikt XII.* bestätigt.

Das Kloster sicherte sich durch herzogliche Schenkungen und im Tausch gegen weit entfernte Besitzungen, vor allem aber durch systematische Fälschungen von Besitzurkunden **umfangreichen Landbesitz** auf Usedom samt den darauf liegenden Dörfern und die Fischereirechte im Schmollensee und Usedomer See.

Die ergaunerten Besitzungen wurden von den Pommernherzogen bestätigt und die **Macht der Mönche** wuchs weiter durch Brücken-, Wege- und Schiffszölle. Bereits 1394 war das Kloster Pudagla der bestimmende wirtschaftliche Faktor auf Usedom, der fast die gesamte Insel sein eigen nannte und über eine eigene Gerichtsbarkeit verfügte.

1535 war es mit der (Selbst-)Herrlichkeit der Mönche vorbei. Im Zuge der **Reformation** überließ der letzte Abt, *Gerhard Zarte,* gegen 300 Gulden die ge-

⌂ In der Bockwindmühle vereint sich originale Mühlentechnik mit moderner Kunst

07-jud

samten Besitzungen des Klosters der weltlichen Macht der Pommernherzöge.

Nach der Reformation wurde das Kloster Pudagla 1574 **Witwensitz der Herzogin Marie von Pommern.** Zeitgleich begann ihr Gemahl Herzog *Ernst Ludwig* mit dem Bau eines Schlosses in Pudagla.

Vom einst so mächtigen Kloster ist heute kaum etwas geblieben. Dort wo es stand, findet man heute verrottete Überreste einer ehemaligen Landwirtschaftlichen Produktionsgenossenschaft.

Das 1574 errichtete **Schloss Pudagla** dagegen blieb wenigstens in seiner ur-

sprünglichen äußeren Form erhalten, wurde jedoch durch einen mehr als hässlichen Zementgrauputz zu DDR-Zeiten verschandelt. Neben einem Erker im Obergeschoss und einem Treppenturm auf der Hofseite erinnert an dem Gebäude nur noch das Wappen der Pommernherzöge über der Toreinfahrt an seine einstige Funktion. Das Wappen zeigt neben dem pommerschen Greif im Schild, zwei wilden Männern mit Keulen und anderem auch die Inschrift: „Wer Gott vertrauet, hat wohl gebauet, VGG Ernst Ludwig Herzog zu Stettin hat dies Haus IFG freundliche Lieben Frau Mutter Marien zu Sachsen Herzogin zu Stettin Pommern Witwe zum Leibgedinge Gott gebe zum Geluck erbauet Anno MDLXXIV." Mittels ABM-Kräften soll das Schloss nun wieder etwas von seinem alten Aussehen zurückerhalten.

Es soll einen unterirdischen **Geheimgang** zu dem 7 km entfernten Mellenthiner Schloss geben, die Existenz von Geheimgängen behauptet man aber von vielen Schlössern und Burgen.

Sehenswerter als das Schloss ist die von einem Verein **schön restaurierte Bockwindmühle,** die sich außerhalb des Orts an der Straße zwischen Pudagla und Neppermin auf dem fast 39 Meter hohen Glaubensberg erhebt. Der kleine Spaziergang zur Mühle und weiter bis zum Gipfel des Hügels, der in manchen Karten auch als Richtberg vermerkt ist, wird mit einem wunderbaren Blick über den Schmollensee und das Achterwasser bis hinüber zur Halbinsel Gnitz belohnt.

Hübsch ist auch der kleine Spaziergang vom Schloss hinab an die Ufer des Achterwassers, wo unterhalb einer kleinen, still-romantischen Steilküste der **Teufelsstein** im Wasser liegt. Der mächtige Findling mit einem Volumen von 22 m³ wird auch Riesenstein genannt, weil er – so die Sage – von einem Riesen einst auf das Kloster Pudagla geschleudert werden sollte, dem Riesen aber aus der Hand glitt und hier landete.

Beim Findling bietet eine **kleine Badestelle** Gelegenheit zum Sprung ins Wasser.

Museen

■ **Bockwindmühle,** Tel. 038378/34872, www. usedom-bockwindmuehle-pudagla.de (1. Mai bis 15. Okt. Mo bis Fr 10–16 Uhr, Sa/So 13–16 Uhr, sonst nach Absprache)
■ **Welt der Erfindungen,** Gewerbegebiet 1, Am Sandfeld, Tel. 038379/289855, www.weltdererfindungen.de (April bis Okt. Mo bis Sa 10–18 Uhr, Nov. bis März 10–16 Uhr, Anfassen und Mitmachen erwünscht!)

Aktivitäten

■ **Straußenfarm,** Tel. 038378/29253 (zwei Dutzend Strauße, aber auch Lamas und Alpakas im großzügigen Freilandgehege, mit Hofladen, Mai bis Okt. 11–17 Uhr, Gehege ganzjährig)

Neppermin/Balm

Noch unspektakulärer als Pudagla ist das Nachbardorf **Neppermin.** Das 350-Seelen-Dorf an der viel befahrenen Straße zur Außenküste lohnte nicht weiter der Erwähnung, wäre da nicht der **Balmer See,** an dem es liegt.

Die seeartige Einbuchtung des Achterwassers ist mit seinen **Inselchen Böhmke und Werder** landschaftlich sehr reizvoll und als bedeutendes Vogelbrut- und Rastgebiet zu großen Teilen **Naturschutzgebiet.** Hier brüten seltene Vogelarten wie die Flussseeschwalbe oder Uferschnepfe, sowie Schnatter-, Reiher-, Tafel- und Stockente. Auch vom Dachsberg bei Neppermin eröffnet sich ein sehr schöner Blick auf die Inseln und den Balmer See.

Noch schöner ist der Blick vom erhöht gelegenen **Nachbarort Balm,** der durch den hier errichteten Golfplatz Balm 1998 aus seinem Dornröschenschlaf geweckt wurde.

Der landschaftlich einmalig gelegene Golfplatz ist fraglos einer der schönsten Deutschlands. Die weitläufige Anlage am Balmer See mit Blick auf Ostsee und Achterwasser ist 120 ha groß. Herz der Golf-Parklandschaft ist das **Golf- und Landhotel Balm** (4 Sterne), ein aus mehreren malerischen Rohrdachhäusern bestehendes Minidorf mit Restaurant, Bar und 800 m² großer Wellness- und Beauty-Landschaft.

Aber auch wer nicht den inneren Drang verspürt, mittels seltsam geformter Eisenschläger weiße Bälle durch die Landschaft zu dreschen, um sie dann irgendwo im Gelände oft genug vergeblich wieder suchen zu gehen, hat gute Gründe dem Dorf einen Besuch abzustatten. Denn vom Restaurant der Anlage und dessen Terrasse kann man bei hervorragender Küche einen **Traumblick auf den Balmer See** genießen.

Von Balm führt ein schmales Teersträßlein durch absolut stilles Bauernland zum einsam gelegenen früheren Rittergut Dewichow am Ufer des malerischen **Krienker Sees.** Auf der Fahrt dorthin überquert man den bewaldeten Wall des **Naturschutzgebiets Mellenthi-**

ner Os, auf dem Reste einer slawischen Wallburg zu finden sind. Am Ufer des Krienker Sees, der eigentlich eine tief ins Land drängende Bucht des Achterwassers ist, hat die Gemeinde einen sehr schönen Picknickplatz mit Grillstelle angelegt, der auch über einen Mini-Sandstrand verfügt.

Unterkunft

■ **Golfhotel Balmer See,** Drewinscher Weg 1, 17429 Balm, Tel. 038379/280, Fax 28222, www.golfhotel-usedom.de (Ü/F NS ab 42 €, HS ab 66 €)

Camping

■ **Campingplatz Am See,** Dorfstr. 30, Tel. 038379/ 20044, Fax 28752, www.usedom-camping.com (ganzjährig geöffnet, kleiner, schön und ruhig gelegener Platz mit nur 50 Stellflächen am Neppermiliner See, Bungalow-, Caravanvermietung, Boots- und Fahrradverleih, Camping-Gas, gemütliche „Fischerstube")

Mellenthin

Im Unterschied zum Schloss Pudagla ist das Schloss des zwischen dem großen Waldgebiet der Mellenthiner Heide und dem Achterwasser gelegenen Dorfes Mellenthin den Abstecher wirklich wert. Doch das Wasserschloss ist nicht die einzige Sehenswürdigkeit des Dorfes, dessen Wurzeln bis ins 8. Jh. v. Chr. zurückreichen.

Nach der Besiedlung Usedoms durch die Slawen im Zuge der Völkerwanderung errichteten diese im „Borgwald" (Naturschutzgebiet Mellenthiner Os) ih-

re stärkste Wallburg. Von der **slawischen Wallburg** führt noch heute ein von knorrigen Eichen und uralten Weiden gesäumter Weg nach Mellenthin, das in der Zeit der Christianisierung Usedoms um 1336 in den Besitz des Adelsgeschlechtes derer von Neuenkirchen kam.

Besonders bemerkenswert ist die **Kirche** von Mellenthin, die aus einer um 1338 errichteten Kapelle hervorging. Das von alten Eichen umgebene Gotteshaus gilt als eine der schönsten Dorfkirchen Usedoms. Einzigartig auf Usedom sind ihre mittelalterlichen Kreuzrippengewölbe im Chor, die mit 1930 entdeckten und **freigelegten Fresken** ausgeschmückt sind. In der Kirche findet man auch das reich geschmückte Grab des Gutsbesitzers *Rüdiger von Neuenkirchen* und dessen Gattin.

Von der Kirche sind es nur wenige Schritte bis zur Hauptattraktion des Dorfes – das auf einer künstlichen Insel gelegene Mellenthiner **Wasserschloss.** Bauherr war *Rüdiger von Neuenkirchen,* der sich 1575 vom italienischen Baumeister *Antonio Giulielmi* ein kleines Renaissanceschloss errichten ließ. 1630 fiel das Schloss im Dreißigjährigen Krieg in die Hände der Schweden und kam in Besitz des schwedischen Reichskanzlers *Johann Oxenstierna.* 1871 erwarb der königliche Forstmeister *Bernhard von Bülow* das Gut Mellenthin und verkaufte es parzellenweise. In der DDR-Zeit diente es als Sitz kommunaler Einrichtungen (wie z.B. eines Kindergartens), denen wesentliche Teile der historischen Inneneinrichtungen zum Opfer fielen.

Nach dem Untergang der DDR war das Schloss in einem bejammernswerten Zustand. Der Versuch eines Vereins, das Gebäude zu erhalten, scheiterte. Seit

2001 befindet es sich in **Privatbesitz der Familie Fidora.** Diese hat begonnen, das Schloss in Eigenregie zu restaurieren. Keller, Erdgeschoss und 1. Obergeschoss sind bereits fertiggestellt. Der Öffentlichkeit ist nur das Erdgeschoss mit Restaurant und Café zugänglich. Besonders erwähnenswert ist das Gewölberestaurant, das sich in kurzer Zeit sowohl mit seinem Ambiente als auch seiner Küche einen besonderen Ruf erworben hat. Im Westflügel hat das Schlosshotel mit stilvoll eingerichteten Zimmern eröffnet, das durch einen Wellnessbereich mit Sauna ergänzt wird.

☑ Mellenthin: Die Familie Fidora lädt regelmäßig zum stilechten Ritteressen mit Minnesang auf ihr Wasserschloss

Die Rekonstruktion der **historischen Brauerei** im Ostflügel wurde 2011 abgeschlossen; nun wird also wieder eigenes Schlossbier gebraut und ausgeschenkt. Eine Galerie und eine Töpferei sollen folgen. Der Schlosspark mit Kräutergarten steht schon jetzt allen für Spaziergänge offen. Jüngstes fertiggestelltes Werk ist die in der ehemaligen Schlosshofkapelle eingerichtete **erste Usedomer Kaffeerösterei.**

Eine recht neue Attraktion ist der an der B 110 gelegene **Botanische Garten Mellenthin.** Auf 60.000 m² verzaubert er seine Besucher mit der Pflanzen- und Blütenpracht von **70.000 Pflanzen.** Durch das Gelände führt ein rund 4 km langes Wegenetz, an dem an mehr als 100 Stellen Sitzbänke und Rastplätze zur Pause einladen. Mit Landgasthaus Klein.

■**Botanischer Garten Mellenthin,** 17429 Mellenthin, Chausseeberg 1, Tel. 038379/20246, www. usedoms-botanischer-garten.de (April/Sept. tägl. 9–19 Uhr, Okt. tägl. 9–18 Uhr, Mai/Aug. tägl. 9–20 Uhr, Juni/Juli tägl. 9–22 Uhr, mit Pflanzenverkauf)

Unterkunft, Gastronomie

■**Wasserschloss Mellenthin,** Dorfstr. 25, 17429 Mellenthin, Tel. 038379/28780, Fax 2878280, www. wasserschloss-mellenthin.de (Hotel im Westflügel mit Wellnessbereich, Café und Restaurant im historischen Gewölbesaal, ausgezeichnete Themenküche, z.B. Di mittelalterliches Ritterbuffet mit Live-Musik oder Do Piratenabend mit Gesang und Spektakel, Ü/F NS 42–65 €, HS 55–96 €, Schloss-Restaurant tägl. 11–22 Uhr, Schlossladen tägl. 11–21 Uhr)
■**Gutshof Insel Usedom,** Morgenitzer Berg 8, Tel. 038379/20700, Fax 28830, www.gutshof-use-dom.de (der Gutshof ist die liebevolle Rekonstruktion eines alten pommerschen Dorfes in reizvoller Umgebung. Er besteht aus 5 Einzel- und 3 Doppelhäusern, die alten Hofgebäuden nachgeahmt wurden. Zentrum der Anlage ist die Alte Schmiede mit Erlebnisrestaurant. App. für 2–6 Pers. 70–80 €, DZ NS 40–90 €, HS 55–64 €)

Lieper Winkel

Fernab der Außenküste liegt ein Stück Usedom, an dem alle Umwälzungen der Geschichte anscheinend spurlos vorübergegangen sind – der Lieper Winkel. Obwohl er vom viel befahrenen „Seebadrennweg" B 110 von der Stadt Usedom an die Außenküste in kurzer Fahrt zu erreichen wäre, verirren sich nur wenige Urlauber in den **abgelegenen Winkel,** der wie eine gewaltige Keule zwischen Achterwasser und Krienker See vorspringt.

Seine isolierte Lage weit weg von den Touristenströmen und den trubeligen Seebädern ließen den Lieper Winkel eine eigene Entwicklung nehmen und einen **eigenen „Inselcharakter"** ausprägen, in dem sich slawische Traditionen und Trachten, aber auch der Aberglaube wie das Strohablegen nach Beerdigungen bis weit ins 20. Jh. erhalten konnten. Und nach wie vor ist das Zusammengehörigkeitsgefühl und der Gemeinschaftssinn der Winkelbewohner besonders stark ausgeprägt.

Bis ins **Mittelalter** war die Halbinsel von undurchdringlichen dichten Wäldern bestanden und von weiten sumpfigen Niederungen überzogen. 1187 machte die Pommersche Herzogin *Anastasia* den Lieper Winkel dem bei der Stadt Usedom gelegenen Prämonstratenserkloster Grobe zum Geschenk. Deren Mönche machten sich daran, die undurchdringlichen Wälder zu roden und das Land urbar zu machen.

Dennoch dauerte es bis Ende des 19. Jh., bis der Lieper Winkel durch den **Bau einer Straße** auch von Land her verkehrstechnisch erschlossen wurde. Bis dahin verkehrten die Einwohner der acht winzigen Dörfchen nur mit Booten über das Achterwasser mit der Außenwelt.

Die Urwälder sind heute gerodet, sonst hat sich aber im Wesentlichen nichts geändert. Die isolierte Lage besteht nach wie vor und weite feuchtsumpfige Niederungen gibt es auch heute noch. In den **acht Dörfchen und Weilern,** die kaum mehr als 100 Einwohner zählen und verstreut in der stillen Land-

Süd-Usedom

schaft liegen, gehen die Uhren noch etwas langsamer. Auch wenn es vielleicht etwas zuviel der Romantik scheint, so beschleicht einen bei der Fahrt durch den Lieper Winkel das Gefühl, dass hier noch immer die Großmütter ihren Enkeln an langen Winterabenden wunderliche Geschichten und Märchen aus der alten Zeit erzählen, der Bauer mit dem Hahnenschrei sein Feld bestellt und der Fischer nach getaner Arbeit mit der Tabakspfeife im Mundwinkel auf der Bank vor dem Hause döst. Alles strahlt **schlichte Bodenständigkeit** aus, wo das Leben unaufhaltsam seinen schicksalhaften Gang geht und ein Psychiater ein armer Mann bleiben würde.

Mit diesen selten gewordenen Vorzügen ist der Lieper Winkel heute ein **ideales Refugium,** in dem der moderne Mensch seine von Stress und permanenter Zeitnot angefressenen Nerven kurieren kann.

Von der B 110 führt eine schmale, **von einer herrlichen Allee gesäumte Straße** über Suckow, Rankwitz und Liepe hinaus bis in den äußersten Winkelzipfel nach Warthe.

Schon kurz nach Suckow, quasi am Eingang zum Lieper Winkel, erwartet den Besucher als eine Art Ouvertüre ein imposantes Naturdenkmal. Nur wenige Schritte von der Straße entfernt erhebt sich hier auf einem Hügelgrab die gewaltige **Suckower Sockeleiche,** deren Alter auf mindestens 800 Jahre geschätzt wird. Die riesige Eiche hat einem Stammumfang von 5,50 Metern und ist knapp 20 Meter hoch. Ihre gewaltige Krone hat einen Durchmesser von fast 30 Metern, vielmehr hatte. Denn trotz eines schweren eisernen Bauchgurtes, mit dem man den mächtigen Stamm zusammenzuhalten versuchte, konnte der Methusalem seine eigene Last nicht mehr tragen – ein großer Ast brach vom Stamm. Doch ungeachtet dieses bedauerlichen Umstands ist die gewaltige Eiche ein sehr schönes Plätzchen, um eine Rast einzulegen.

Morgenitz

Von Suckow führt eine Nebenstraße zum Dorf Morgenitz. „Murignevitz" war im Tausch gegen das Dorf Jagenow an das Kloster Grobe gefallen und wurde mit freien „Zehntbauern" aus Niedersachsen besiedelt.

Der beschauliche Flecken mit seinen kleinen Bauernhäuschen besitzt eine unter Denkmalschutz stehende **hübsche Dorfkirche** mitsamt freistehendem Glockenturm und **sehenswertem Friedhof.** Auf dem kleinen Gottesacker kann man nicht nur zahlreiche alte Gräber entdecken, deren eiserne Grabkreuze von ertrunkenen Fischern oder von der 1823 von ihrem eigenen Knecht ermordeten *Ilse Farrenzin* erzählen. Die Linden- und Maulbeerbäume, die auf dem Friedhof wachsen, sind Überbleibsel der gescheiterten Seidenraupenzucht, die *Friedrich II.* hier etablieren wollte.

Interessant ist die **Sammlung alter Mahlsteine,** die der 1945 verstorbene Dorfpfarrer *Höstel* zusammengetragen und vor der Zerstörung bewahrt hat. Die Steine sind Reibsteine aus der Bronzezeit, in denen Getreidekörner mit einem Stein auf einem Stein zerrieben wurden. Durch den Gebrauch höhlte sich der Reibstein langsam aus und es entstanden verschiedenste Mühlenformen.

Unweit der Kirche erblickt man ein großes und altes, malerisches Gehöft, in dem das Künstlerehepaar *Dannegger* lebt und arbeitet. Der **Keramikhof Dannegger** bietet keramische Plastiken, Fayencen und Steinzeug aus eigener Werkstatt an. Am letzten Juli-Wochenende veranstalten die *Danneggers* einen großen Töpfermarkt, in dem zahlreiche Töpfereien aus ganz Deutschland ihre Werke ausstellen und verkaufen.

Neben Kirche, Friedhof und Keramikhof ist es die Morgenitzer **„Bauernstube",** die Besucher in das Dörfchen lockt. Wer die übersichtlichen Gerichte der „neuen Küche" bevorzugt und „Kreationen" anstatt eines Essens sucht, ist hier völlig fehl am Platz. Hinter der äußerlich eher unscheinbaren Fassade wird in der guten Stube, die ihren Namen verdient, zu zivilen Preisen Deftiges und Herzhaftes aus „Mudders Küche" in Portionen aufgetischt, die auch den ausgehungerten Wanderer oder Radfahrer zufriedenstellen.

Unterkunft, Gastronomie

● **Bauernstube,** Dorfstr. 32, Tel. 038372/70924, www.bauernstube-morgenitz.de (herzhafte Hausmannskost und traditionelle Fischspezialitäten, im Haus gibt es außerdem 6 Apartments für 2–3 Pers., Ü/F NS 25 €, HS 30 €)

Aktivitäten

● **Keramikwerkstatt Dannegger,** Dorfstr. 8, Tel. 038372/ 70910, www.keramik-morgenitz.de (Mo bis Sa 12–13 Uhr und 16–17 Uhr, außerhalb dieser Zeiten bitte telefonisch anmelden!)
● **Frühlings-Töpfermarkt** am 18./19. Mai, **Sommer-Töpfermarkt** am letzten Juli-Wochenende, jeweils 10–18 Uhr

● **Reiterhof Matthäus,** Dorfstr. 2, Tel. 038372/ 70348, www.reiterhof-morgenitz.de

Rankwitz

Von Morgenitz aus geht es weiter auf alleengesäumter, schmaler Spur über den Weiler Krienke zum Fischerdorf Rankwitz. Das niedliche Dörfchen am Ufer des Peenestroms bietet mit seinen geduckten, schiefen Fischerkaten und rohrgedeckten **Fachwerk-Bauernhäuschen** einen Anblick, wie ihn der Chronist *Gadebusch* 1850 erlebte: „Die Bauerngehöfte werden aus Fachwerk erbaut, die Wände mit Klemstaken ausgesetzt, welche mit Stroh bewunden und mit Lehm beworfen werden. Die Dächer werden mit Rohr gedeckt."

Von Beginn an war Rankwitz ein **Ort des Fischfangs.** Am Ortseingang erinnern noch alte Anlagen an die **„FPG 20. Jahrestag"** (Fisch-Produktionsgenossenschaft), die in den 1970er Jahren hier eine Karpfen- und Forellenmast aufbaute und eine Fisch-Aufzuchtanlage betrieb. Heute haben sich die großartigen Massenproduktionspläne in Wohlgefallen aufgelöst. Nichtsdestotrotz ist Rankwitz ein Ort geblieben, in dem der Fischfang die Haupteinnahmequelle ist.

Im kleinen **Fischerhafen** mit Sommercafé und Wassersport-Verleih dümpeln ein paar Fischkutter und -boote. Die aus dem „20. Jahrestag" hervorgegangene **„Feinfisch GmbH"** betreibt am Hafen eine Fischräucherei und ein Fischrestaurant, ein Wasserwander-Rastplatz (Tel. 038372/70521, Frau *Reschke*) bietet Booten und ihren Besatzungen einen sicheren Hafen mit Sanitäranlagen und Versorgung.

Im eigentlichen Ort, der etwa 500 Meter vom Hafen entfernt liegt, erzählt der liebevoll gestaltete **Heimathof Rankwitz** anhand alter Gerätschaften vom Fischfang in vergangenen Zeiten und vom Kunsthandwerk des Lieper Winkels, das besonders für schöne Webwaren bekannt war.

Am Ortsrand von Rankwitz ragt neben der Straße nach Liepe der **Jungfernberg** auf, die mit 18,40 Metern höchste Erhebung im Lieper Winkel. Der kleine Spaziergang hinauf wird mit einer wundervollen Aussicht über den gesamten Winkel, die ihm umgebenden Gewässer, die Festlandküste und die dem Lieper Winkel gegenüberliegende Halbinsel Gnitz belohnt.

Von Rankwitz kann man entlang dem Peenestromufer zum etwa 2 Kilometer entfernten Weiler **Quilitz** spazieren. Kurz vor dem winzigen Ort versteckt

sich in einem kleinen Kiefernwäldchen in stillster Lage eine **Ferienhaussiedlung,** die aus einem DDR-Teil mit den sattsam bekannten „Bungalows" und einem „Westteil" mit Nur-Dach-Häuschen besteht. In der Siedlung bietet eine Gaststätte Möglichkeit zur Einkehr und ein Badestrand Gelegenheit zum Sprung in den Peenestrom.

Gastronomie

■**Zur Alten Fischräucherei,** am Hafen, Tel. 038372/ 70521, www.usedomer-feinfisch.de/usedom (Fischgerichte und Fisch frisch aus dem hauseigenen Rauch in dem auf rustikal gemachten Gastraum, dem allerdings seine FPG-Veganenheit olfaktorisch noch anzumerken ist)

■**Rankwitzer Hof,** Dorfstr. 15, Tel. 038372/ 70563, www.rankwitzer-hof.de (Landgasthof mit guter Pommerscher Küche. Hier gibt es Leckereien

Süd-Usedom

wie den selten angebotenen „Pommerschen Kaviar" oder auch Steinlachs mit Speckwürfeln, zartestes Kotelett vom Salzwiesenlamm oder Elchsteaks mit frischen Waldpilzen, außerdem selbst gebackenen Kuchen; Frau *Kreiseler* vermietet auch einige einfache Gästezimmer, NS 28 €, HS 33 €)

■ **Elkes Fischgaststätte,** Dorfstraße 26, Tel. 038372-70519 (drinnen unterm Prachtmodell der „St. Alice" wie draußen zwischen den Blumen urgemütliches Lokal, in dem die Hausherrin bemerkenswert schmackhafte Gerichte aus eigenem Fang zubereitet. Wer will, kann mit dem Hausherrn Fischer *Köster* hinausfahren (max. 6 Pers.) und so womöglich das eigene Mittagessen aus der Reuse holen.

■ **Sommercafé,** am Hafen, Tel. 0178/3877738 (Mai bis Sept. tägl. 11–22 Uhr)

Museum

■ **Heimathof Rankwitz,** Peeneweg 1a, Tel. 038372/70535 (nur nach tel. Voranmeldung)
■ **Atelier Elke Bellinger,** Triftstraße 1, Tel. 038372/71111 (Goldschmiedearbeiten, Schmuck, Besuch Fr u. Sa nach telefonischer Anmeldung)

Aktivitäten

■ **Wassersport:** am Hafen, Tel. 0178/3877738 (Verleih von Kanu, Jetski, Angelboot, Wakeboard, Segelkatamaran, Kajak, Wasserski, Canadier)

☐ Vom Fischerhafen Rankwitz fahren die Kutter zum Fang hinaus

Liepe

Das Dorf Liepe, der Namensgeber des Winkels, liegt im Zentrum der wuchtigen Keule, die der Lieper Winkel formt. Die **Wurzel des Namens** „Liepe" steckt im slawischen Wort „Lipa" für „Linde".

Liepe liegt nicht nur im geografischen Mittelpunkt, sondern war seit seiner Gründung das **Zentrum des Winkels.** Erstmals erwähnt wurde er in der Urkunde, in der die Herzogin *Anastasia* 1187 ihn dem Kloster Grobe schenkte. Als weltliches und geistiges Zentrum erhielt Liepe eine Kirche, die 1216 erstmals schriftliche Erwähnung fand.

Damit ist die **St.-Johannes-Kirche** von Liepe die älteste Dorfkirche auf der Insel Usedom. Das kleine, turmlose Gotteshaus liegt, umgeben von einem kleinen, baumbestandenen Friedhof mitten im Ort. Der malerische Feld- und Backsteinbau mit freistehendem Glockenturm, den man heute sieht, wurde am Ende des Mittelalters gebaut. Vom Vorgängerbau ist nur noch der Fuß des Taufsteins erhalten. In dem erstaunlich großen Innenraum findet man an der Ostwand die **Wandmalerei „Kreuzigung und Auferstehung Christi",** die noch aus dem 13. Jh., also aus der Bauzeit, stammt. Kanzel, Beichtstuhl und Gestühl wurden nach dem Einsturz des Daches 1792 eingefügt.

Von Liepe führt ein holpriger Betonweg zum einsamen Weiler **Grüssow** am stillen Ufer des Achterwassers.

Wer gut zu Fuß oder mit dem Fahrrad unterwegs ist, kann von Grüssow aus auf markiertem Pfad (gelber Balken auf weißem Untergrund) immer am Achterwasser entlang die **äußerste Spitze des**

Lieper Winkels umrunden. Unterwegs lädt ein kleiner Sandstrand zur Badepause ein. Der Weg endet in Warthe am Hafen.

■ Die malerische Kirche St. Johannes in Liepe ist Usedoms ältestes Gotteshaus

Unterkunft

■ **Zum Storchennest,** in Reestow, Ballitzer Weg 2–3, Info/Buchung unter Tel. 02943/3514, Fax 7572, www.middeke-usedom.de (Fewo für 2–6 Personen mit Sauna, Solarium, Minigolf, Fahrradverleih, außerdem Gaststätte mit tollem Biergarten, Fewo NS 55–85 €, HS 65–90 €/Tag)

Warthe

In Warthe endet die Straße, die quer durch den Lieper Winkel führt. Man kann sich des Eindrucks nicht ganz erwehren, dass in Warthe auch die Welt

Unterkunft, Gastronomie

■ **Am Achterwasser,** Dorfstr. 12, Tel. 038372/
7520, Fax 75252, www.am-achterwasser.de (in absolut stiller Lage am Ufer. Neu erbautes „Minidorf"
aus vier sehr schönen Fachwerkhäusern, mit komfortablen 4-Sterne-Ferienwohnungen, mit Sauna,
Grillplatz, Ruderboot, Ferienwohnungen für 2–6
Pers., NS 40–50 €, HS 69 €, jeweils für 2 Pers.)

■ **Gutshof Warthe,** Dorfstr. 2, Tel. 038372/
769906, Fax 769907, www.gutshof-warthe.de (drei
Apartments im restaurierten denkmalgeschützten
Dreiseithof in malerischer Lage, 75–85 €. In der alten Scheune erwartet den Gast von April bis Okt.,
11–22 Uhr, ein kleines Café mit Kaffee und selbst
gebackenem Kuchen oder eine Brotzeit mit Bier)

Usedomer Winkel

Wie der Lieper ist auch der Usedomer
Winkel **ein Stück fast völlig unbeachtetes Usedom,** das von der im Sommer
nicht enden wollenden Blechlawine auf
der Fahrt zur Außenküste und den Seebädern durcheilt wird.

Doch dem Winkel zwischen der Zecheriner Brücke, dem großen Waldgebiet der Mellenthiner Heide und dem
Kleinen Haff sollte man schon noch seine Aufwartung machen, bevor man die
Sonneninsel Usedom nach schönen Urlaubstagen am Strand wieder verlässt.
Denn die Unberührtheit und Abgeschiedenheit des Usedomer Winkels ist so
recht angetan, noch einmal die herrliche
Seeluft, die **schöne Natur** und die **erholsame Ruhe** in vollen Zügen zu genießen,
bevor man die Insel Usedom verlässt
und einen der Alltag mit all seinen Sorgen und Nöten wieder in Besitz nimmt.

endet. Jedenfalls ist das 100-Seelen-Örtchen ein Hort der **Weltabgeschiedenheit.** Ohne Mühe kann man sich beim
Anblick der verstreuten Rohrdachkaten
und der uralten knorrigen Weiden am
Ufer in eine mythische Märchenwelt
hineindenken. Tatsächlich soll hier das
**berühmte Märchen vom „Fischer un
syner Fru",** das der in Wolgast geborene
Maler und Dichter *Phillip Otto Runge* für
die Gebrüder *Grimm* aufschrieb, entstanden sein.

Stadt Usedom

Dort, wo der Teil der Insel, den man bei Zecherin als erstes erreicht, von den Wassern des Peenestroms und des Usedomer Sees vom Rest Usedoms fast abgeschnürt wird, liegt der 1125 erstmals erwähnte Ort Usedom, der der Insel den Namen gab.

Die Stadt Usedom ist mit ihren nicht einmal 2000 Einwohnern und ihrem bescheidenen Erscheinungsbild weit **eher ein großes Dorf als eine Stadt.** Hier gibt es keine prächtige Seebäder-Architektur, kein Schloss, keinen Kurpark, keine Fußgängerzone mit Ladengeschäften. **Nur kleine niedrige Häuschen,** die sich bescheiden aneinanderreihen und so Straßen bilden. Wie der Treck der Badetouristen in Richtung Seebäder scheint auch die Zeit an der Stadt vorübergezogen sein. Einzig die mächtige **Marienkirche,** die alles weit überragt, bringt einen gewissen städtischen Aspekt in den unbeachteten und oft übersehenen Ort, der in der Geschichte der Insel Usedom jedoch eine zentrale Rolle spielte.

Dennoch, oder gerade deshalb hat sie ihren eigenen **betulichen Charme** entwickelt und erhalten. Und sie hat vor allem eins – **schöne Haustüren.** Ganz als ob die Usedomer, die sich keinen Luxus erlauben konnten, ihre ganze Liebe und Fantasie in ihre Haustüren gesteckt haben, zieren zahlreiche bescheidene Häuschen besonders liebevoll gestaltete Türen.

◁ Wahrlich überschaubar:
der Hafen von Usedom Stadt

Geschichte

In grauer Vorzeit lag am Rande der heutigen Stadt die **Slawenburg „Uznam",** die neben dem auf der Insel Wolin gelegenen „Jumne" die mächtigste war. Grund für ihre Bedeutung war ihre Lage am bedeutenden Seehandelsweg Peene-strom, der damals einzig schiffbaren Zufahrt ins Oderhaff. Der **Seehandel,** die fischreichen Gewässer und die fruchtbaren Felder des Usedomer Winkels ließen die Slawensiedlung bis zur Ankuft der Christen wohlhabend und einflussreich werden.

Mit der Kolonisierung des Slawenlandes und der damit einhergehenden **Bekehrung der Heiden** zum rechten Glauben kam der deutsche **Bischof Otto von Bamberg** auf seinen Missionsreisen 1124 und 1128 auch nach Usedom. Der Krieger Gottes ließ auf der Slawenburg „Uznam" alle Slawenfürsten zusammenkommen und brachte sie nach langen Verhandlungen endlich dazu, sich zu bekehren. Wer dies nicht freiwillig tat, wurde für vogelfrei erklärt und musste Haus und Hof verlassen, um nicht dem christlichen Schwert zum Opfer zu fallen. Ein plastisches Beispiel für die von „Nächstenliebe" geprägte Bekehrungskunst vatikanischer Art. So hat man sich denn auch nicht entblödet, 1928 am Ort der Bekehrung, auf dem Schlossberg in dem alten slawischen Burgwall, ein großes weißes Kreuz aufzustellen, auf dem der Besucher folgende Worte lesen darf: „An dieser Stelle nahmen zu Pfingsten 1128 die Fürsten der Wenden in Westpommern das Christentum an. Gott will nicht erzwungenen, sondern freiwilligen Dienst. Otto von Bamberg."

Dem Christentum folgten **deutsche Kolonisten** auf dem Fuß. 1140 wurde das Bistum Wolin eingerichtet, das 1176 nach Kammin auf Usedom verlegt wurde. 1155 errichteten Prämonstratensermönche bei der Stadt Usedom das Kloster Grobe, das 1307 nach Pudagla verlegt wurde. 1298 erhielt Usedom von Herzog *Bogislaw IV.* das **„Lübische Recht"** ver-

Wie entstand der Name Usedom?

Wie der Ort und die Insel Usedom zu ihren Namen kamen, darüber gibt es **zwei Versionen.** Die eine besagt, der Name Usedom leite sich **vom slawischen Wort „uznam"** gleich „Mündung" ab. Das klingt plausibel, aber auch etwas nüchtern und wissenschaftlich trocken. Die zweite Version erzählt, dass sich die Bewohner des noch namenlosen Ortes versammelten, weil sie das Bedürfnis verspürten, wie alle anderen endlich auch irgendwie zu heißen. Doch trotz langem Palaver und vielerlei Vorschlägen konnte sich die versammelte Einwohnerschaft auf keinen Namen einigen. Um die unschöne Angelegenheit endlich irgendwie zu einem Ende zu bringen, machte einer aus der Runde den Vorschlag, einfach das nächste Wort, das falle, als Namen zu nehmen. Alle waren einverstanden – und schwiegen ängstlich, um nicht nachher dafür verantwortlich gemacht zu werden. Nach Stunden des Schweigens verlor ein Teilnehmer dann doch die Geduld und rief verärgert **„Oh so dumm".** Und so taufte man Ort und Insel „Osodumm", aus dem sich dann Usedom entwickelte.

liehen, womit neben dem Stadtrecht auch das Fischereirecht und die Zollfreiheit gewährt wurden.

Die weitere Geschichte hat es mit der Stadt nicht eben gut gemeint, sie blieb relativ **arm und unbedeutend.** 1476 wurde sie durch einen Brand fast vollständig zerstört und nur sehr zögerlich wieder aufgebaut. Auch gelang es Usedom nicht, sich am lukrativen Seehandel über die Ostsee zu beteiligen und Mitglied des Wohlstand versprechenden Hansebundes zu werden. Die benachbarten Hafenstädte Wolgast und Anklam wussten das Emporkommen eines neuen Konkurrenten erfolgreich zu verhindern. So fanden die Usedomer ihr Auskommen weiterhin hauptsächlich in der **Landwirtschaft** und **Fischerei.** Und in der **Kunst des Bierbrauens.** 1720 hatte die kleine Stadt immerhin 16 Brauereien. Weitere große Stadtbrände wie der

von 1688, als ein Blitz die Stadt bis auf neun Häuser einäscherte, brachten über die Einwohner immer wieder Hunger und Not.

Die Lage besserte sich erst 1876 mit der Eröffnung der **Eisenbahnlinie,** die Usedom einen Bahnhof bescherte und damit Anbindung an das Schienennetz und die neuen Handelswege.

Mit der Eröffnung der **Zecheriner Brücke** 1930 erhielt der Südosten Usedoms eine direkte Landverbindung, mit der Einweihung der **Eisenbahnhubbrücke** bei Karnin 1934 eine direkte Bahnverbindung, die die Badegäste aus Berlin nun im Rekordtempo zu ihrer „Badewanne" brachte. Mit der Sprengung der beiden Brücken Ende des Zweiten Weltkrieges war die Stadt ihre Anbindung wieder los. Zwar wurde die Zecheriner Klappbrücke 1956 wieder aufgebaut, doch der Besucherstrom, der über sie

Süd-Usedom

auf die Insel kommt, zieht vor den Toren der Stadt Usedom vorbei.

Sehenswertes

Wahrzeichen der Stadt ist das **Anklamer Tor,** das Einlass in die kleine Altstadt gewährt und dieser etwas städtisches Flair verleiht. Das schön gegliederte spätgotische Stadttor aus Ziegelstein stammt aus der Mitte des 15. Jh. Beim Stadttor stehen noch Reste der ehemaligen Stadtmauer. Im Torturm ist die **Heimatstube** untergebracht, die von Leben und Arbeit der Bauern und der Fischer Usedoms in früheren Zeiten erzählt.

Vom Anklamer Tor sind es nur wenige Schritte bis zum zentralen Marktplatz, an dem sich die große **Marienkirche** majestätisch über die Dächer der geduckten Häuschen erhebt. Der imposante Sakralbau wurde anstelle einer beim großen Stadtbrand von 1447 zerstörten Vorgängerin unter Einbeziehung von Resten derselben errichtet. Es entstand eine **dreischiffige Hallenkirche,** die durch den Einsturz eines Gewölbegurtbogens 1699 mit einer auf Eichenpfählen ruhenden Balkendecke saniert wurde. Der heutige Bau ist überwiegend das Ergebnis einer umfassenden Restaurierung der Kirche zwischen 1891 und 1893, in deren Zuge sie weitgehend abgetragen und unter Verwendung des historischen Grundrisses im Stil des **Historismus** wieder aufgebaut wurde. Damit haben sich die Sehenswürdigkeiten der Stadt Usedom auch bereits erschöpft.

⊳ Das Anklamer Tor bewacht den Zugang zur historischen Altstadt von Usedom

Fast die gesamte Bebauung der Stadt stammt aus dem 18. und 19. Jahrhundert. Die schlichten Häuschen zeigen, dass hier keine Kaufleute, Hoteliers oder Händler wohnten, sondern einfache Arbeiter, Bauern und Fischer. Deren ganzer Stolz scheint sich in den Haustüren ihrer kleinen Behausungen auszudrücken. Haustüren in einer solchen Vielfältigkeit und Schönheit wie in Usedom sind jedenfalls nirgends anders auf der Insel zu sehen.

Von der Altstadt kann man zum Schlossberg hinauf flanieren, auf dem sich einst die Slawenburg befand und nun das Denkmal steht, das an die Bekehrung der Slawen zum Christentum im Jahr 1128 erinnert. Erbaulicher als das Denkmal ist jedoch der schöne Blick, den man von ihm auf die Stadt und den Usedomer See genießen kann.

Schön ist auch der **Spaziergang zum kleinen Hafen am Usedomer See.** Der große See ist eigentlich kein See, sondern eine Haffbucht, die jedoch fast abgeschnürt ist und nur durch einen schmalen Kanal mit dem Kleinen Haff verbunden ist.

Spaziert man am Seeufer entlang bis nach Westklüne am Haffufer, kommt man etwa auf halber Strecke an einem kleinen Landvorsprung in den See vorbei. Hier stand früher das **Kloster Grobe,** das erste Kloster der Insel.

Informationen

● **Vorwahl:** 038372
● **Stadtinformation** (An der B110), Bäderstr. 5, 17406 Usedom, Tel. 70890, Fax 71072, www. stadt-info-usedom.de (Mai bis Sept. Mo bis Fr 10–18 Uhr, Sa 10–15 Uhr, Okt. bis April Mo bis Fr 10–16 Uhr)

■**Naturpark-Informationszentrum,** Bäderstr. 5, Tel. 7630, Fax 76411, www.naturpark-usedom.de (Öffnungszeiten wie Stadtinformation)

Unterkunft, Gastronomie

■**Gasthaus Natzke,** Geschwister-Scholl-Str. 5, Tel. 70398, Fax 71965, www.gasthaus-natzke-usedom.de (außerhalb der Altstadt mit Solarium, Fahrradverleih, romantischem Hofgarten, Ü/F NS 30–33 €, HS 35 €)
■**Roseneck,** Rosenstr. 8, Tel. 76737, www.roseneck-usedom.de (nettes Café mit Plätzen vorn auf dem Marktplatz oder hinten im einladend lauschigen Garten, mit Pension; DZ NS 30 €, HS 33 €, Fewo NS 60–70 €, HS 70–80 €)

Museum/Aktivitäten

■**Museum:** *Heimatstube,* im Anklamer Tor, Tel. 70890 (Mo bis Fr 10–15.30 Uhr)
■**Segeln/Bootsverleih:** *Segelschule Rückenwind,* im Hafen, Tel. 600013, www.segelschule-rueckenwind.de
■**De Spinndönz,** Markt 16, Tel. 76390, www.spinndoenz.de („De Spinndönz" *Annelene Lühmann* führt vor, wie auf historischen Webstühlen Pommersches Leinen, Wollteppiche und andere Webwaren gefertigt werden und bietet sie zum Verkauf. März bis Okt. Mo bis Sa 9–18 Uhr, So 11–17 Uhr, Nov. bis Febr. Di/Fr 9–18 Uhr)
■**Wittis Kartbahn,** Bäderstr. 7, Tel. 76344, www.wittis-kartbahn.de (Indoor-Bahn mit einer Länge von knapp 300 m und anspruchsvoller Streckenführung, Mi bis So 13–20 Uhr, in Ferienzeiten tägl.)

▷ Das schöne Schloss von Stolpe wurde dank EU-Mitteln vor dem Verfall gerettet

Stolpe

Ab der Stadt Usedom bietet sich eine **schöne Wander- oder Radstrecke** an, die zum Haffdorf Westklüne führt. Dort wird man mit dem Ruderboot (auch mitsamt Fahrrad) über die schmale Verbindung des Usedomer Sees zum Haff nach Ostklüne übergesetzt. Dann geht es weiter durch flaches Land über Welzin bis zum abgelegenen Dorf Stolpe.

Das 1233 erstmals erwähnte **Dorf Stolpe** ist eines der reizvollsten im Usedomer Hinterland. Mit Dorfkirche, Dorfbäckerei, Dorfteich und Dorfladen, alten Hofanlagen und einem Storchennest besitzt es noch eine intakte dörfliche Struktur, wie sie heute nur noch sehr selten zu finden ist.

Direkt am Dorfteich steht das im 17. Jh. erbaute **Schloss Stolpe.** Seine **letzte Besitzerin, Edda von Schwerin,** floh 1945 nach Westdeutschland. Damit waren die neuen Herren im Land die verhasste Landjunkerin los und das **„Junkerland in Bauernhand".** Das Schloss wurde Sitz einer LPG, die Teile der Anlage als Steinbruch benutzte. Doch die alte Dame kam zurück und löste damit bei den örtlichen Parteimitgliedern Panik und Chaos aus. Denn *Edda von Schwerin* hatte testamentarisch verfügt, in Stolpe beigesetzt zu werden. Als dann 1957 plötzlich ihr Sarg eintraf, versuchte der Rat des Kreises, eine öffentliche Beerdigung zu verhindern und die renitente Gräfin bei Nacht und Nebel zu bestatten. Sogar Traktor-Straßensperren wurden eigens dafür errichtet. Die pikante Episode, die allerhand Aufsehen erregt hatte, wurde 1991 unter dem Titel „Begräbnis einer Gräfin" vom ZDF verfilmt.

Die **verwahrlosten Reste des Herrenhauses** wurden nach der Wende von einer Gruppe engagierter junger Leute aus Berlin übernommen, die mit viel Enthusiasmus, aber kaum Geld vergeblich versuchten, dem alten Gemäuer mit ihrem Verein „Kultur Burg" wieder Leben einzuhauchen.

Das leer stehende und nur zeitweise für Ausstellungen und Veranstaltungen genutzte Schloss ist nun **wieder im Besitz der Gemeinde** und der rührige Förderverein bemüht sich erfolgreich mit Mitteln von Land, Bund und EU das Kleinod Stück für Stück zu restaurieren.

Außerhalb von Stolpe erwartet die Besucher in herrlicher Alleinlage der Stolperhof, ein ökologisches Projekt auf 200.000 m² Land. Nur ein von Alleebäumen gesäumter Sandweg führt zu der schönen Anlage, auf der Pferde, Hühner, Ziegen, Gänse und andere Tiere umherlaufen. Die nach ökologischen Gesichtspunkten restaurierte Hofanlage mit eigener Trinkwasser- und Solaranlage besitzt eine Liegewiese, einen Bauerngarten, Spielecken, einen Backplatz, eine Spinnstube, ein Außenschach usw. Zur Badestelle am Haff wird man mit der hauseigenen Pferdekutsche gebracht. Im Herbst kann man hier direkt vor der Haustür die Hirschbrunft erleben. Der Gasthof bietet neben Pommerscher Küche auch Vegetarisches an.

Ganz in die Gegend passt der **Usedomer Falknerhof,** der in direkter Nachbarschaft vom Stolperhof mit Vorführungen der fantastischen Flügkünste von Tag- und Nachtgreifen, sprich Raubvögeln und Eulen, die ganze Familie begeistert.

Schließlich sei noch auf die **Inselkäserei im benachbarten Weiler Welzin** aufmerksam gemacht, in der der Käse noch nach alter Tradition ohne fiese Zusätze von Hand gemacht wird. Inte-

ressierte können hier bei dem aus dem Schwarzwald zugewanderten Käsemacher, der sein Handwerk in der Schweiz erlernte, die Kunst des Käsens erleben und natürlich das Endprodukt auch erwerben.

Informationen

- ■**Vorwahl:** 038372
- ■**Förderverein Stolper Schloss,** Am Schloß 9, Tel. 70193, www.schloss-stolpe.de, Di bis So 11–18 Uhr, Führungen nach Voranmeldung unter Tel./Fax 70193, b.mlynski@schloss-stolpe.de
- ■**Usedomer Falknerhof,** Landweg 1, Tel. 71081, www.falknerhof-usedom.de (Mai bis Okt. tägl. 10.30 und 14.30 Uhr, Vorführungen und Schautraining)
- ■**Inselkäserei Usedom,** Dorfstraße 30, in Welzin, Tel. 76139, www.inselkaeserei.de (Mo bis Sa 10–17 Uhr, So 13–17 Uhr, im Sommer bis 18 Uhr)

Unterkunft, Gastronomie

- ■**Stolperhof,** Landweg 1, Tel. 71081, Fax 71082, www.stolperhof.de (ökologische Anlage in herrlicher Alleinlage auf 200.000 m^2 Land mit Pension, Gastronomie und Erlebnisbereich, Ü/F NS 43 €, HS 58 €)

Aktivitäten

- ■**Fotowanderungen,** *Harald Nadler,* Zum Haff 4, 17406 Stolpe, Tel. 76230, www.fohana.de (thematische Wanderungen von 6–8 Std. in Kleingruppen bis max. fünf Personen mit einem einheimischen Profi-Fotografen. Kosten 30 €/p.P.)

Dargen

Von Stolpe führt ein markierter (Rad-) Wanderweg (roter Balken auf weißem Grund) bis zum Nachbardorf Dargen. In dem kleinen Weiler, der mit dem Auto von der B 110 über einen Abzweig bei Kachlin zu erreichen ist, erwartet den Besucher das **Zweirad- und Technik-Museum** mit einer Sammlung von Mopeds, Motorrädern und Motoren aus DDR-Produktion, die vor allem für viele Besucher aus dem Westen gänzlich unbekannt sein dürften.

Die neue, für den Autor allerdings etwas zweifelhafte Attraktion, ist eine **Straußenfarm,** in der es derzeit 40 Exemplare des größten Laufvogels unserer Erde zu sehen gibt. Da das Ganze kein Zoo, sondern Business ist, werden die Vögel geschlachtet und vom Ei über Federn, Fleisch und Haut praktisch zu 100 Prozent direkt ab Farm vermarktet.

Unterkunft, Gastronomie

- ■**Gasthof To'n Eikbom,** Haffstr. 19, Tel./Fax 038376/20421, www.eikbom.de (Fleisch-, Wild- und Fischgerichte zu zivilen Preisen, mit kleiner Sonnenterrasse, außerdem Fremdenzimmer, Ü/F NS 27,50 €, HS 32,50 €)

Museum

- ■**Zweirad- und Technik-Museum,** Bahnhofstraße 7, Tel. 038376/20290, www.museumdargen.de (April bis Oktober tägl. 10–18 Uhr, Nov. bis März 11–15.30 Uhr)

Süd-Usedom

Aktivitäten

● **Straußenfarm,** Schmiedestraße 6, Tel. 038376/ 20354, www.straussenfarm-buchholz-usedom.de (tägl. 11–17 Uhr)

Usedomer Stadtforst/ Suckower Tannen/ Mellenthiner Heide

Zwischen der Stadt Usedom und den Dörfchen Stolpe, Mellenthin und Morgenitz erstreckt sich ein **großes zusammenhängendes Waldgebiet.** Der wild- und pilzreiche Wald, durch den die Straße B 110 von Usedom zu den Seebädern führt, setzt sich aus dem Usedomer Stadtforst, den Suckower Tannen und der Mellenthiner Heide zusammen.

In der Mellenthiner Heide verbergen sich ehemalige **unterirdische Munitionsbunker,** die die Nazis für die Küstenbatterien eingerichtet hatten und die noch von der NVA genutzt wurden. Die Armee ist erfreulicherweise abgezogen.

Dafür wurden nahe Prätenow sechs Hektar Wald- und Moorgebiet vom Naturschutzbund Deutschland zum **Wisent-Reservat** umgewandelt. In der ursprünglichen Natur lebt eine kleine Herde von ursprünglich vier erwachsenen Zuchttieren, die aus dem Wisent-Reservat im Nationalpark Wolin stammen (siehe „Der polnische Teil Usedoms/Die

Insel Wolin"). Mit Erfolg: Im Frühjahr 2005 erblickte mit dem Kälbchen *Usedomka* das erste Usedomer Urrind, ein weibliches, das Licht der Welt. Jüngster Spross der Herde ist ein Wisent-Mädchen, das *Powyzita*, die Leitkuh der Herde, der Welt am 25. Mai 2012 schenkte.

● **Wisent-Reservat,** 17419 Prätenow, Wiesenstr. 9, Tel. 038376/20554, www.wisentgehege-usedom. de (Ostern bis Okt. tägl. 10–17 Uhr, Nov. bis Ostern Di bis Do 10.30–15.30 Uhr, Fütterungen 10.30 und 14.30 Uhr, Führungen für Gruppen nach Anmeldung; Anfahrt: B 110 bis Abfahrt Dargen, von Dargen über die Kreisstraße ca. 1,5 km bis Prätenow, dann Schild folgen)

170ud

> ❯ Die Reste der Karniner Eisenbahn-Hubbrücke im Peenestrom

Ein Hotel für Zwei

Die ideale Fluchtburg für Ziviliastionsmüde oder das perfekte Liebesnest für frisch Verliebte und zugleich **Usedoms ungewöhnlichstes und kleinstes Hotel ist der 70 Jahre alte Lotsenturm bei Karnin.** Wo einst die Lotsen nach Schiffen Ausschau hielten, bietet nun ein exklusives Zweipersonen-Hotel im modernen Design Minispa mit Whirlpool im EG, eine Spiel- und Liegewiese mit Flatscreen-TV und Hifi-DVD-Anlage im zweiten OG und als Sahnehäubchen eine Turm-Lounge mit umlaufendem Balkon und Minibar. Die Lage direkt am Haff ist einmalig schön und ruhig, der Blick aus 22 Metern Höhe auf das stille Haff ein Erlebnis. 50 cm dicke Wände garantieren, dass man die Anlage endlich einmal voll aufdrehen kann und auch die wildesten Liebeslaute niemand hört. Wasser, Kaffee und Tee stehen bereit. Champagner, Rot- und Weißwein und anderes mehr hält die Minibar kühl. Das Frühstück kommt zur Wunschzeit, ein Dinner-Service auf Abruf. Also rein bzw. rauf ins Vergnügen!

■ **Lotsenturm Usedom,** Dorfstraße 28b, www.lotsenturm-usedom.de, Info und Buchung: *Heike Wittenbecher*, Lötzener Allee 16, 14055 Berlin, Tel./Fax 030/89093351, 2 Pers. So bis Do 250 €/Nacht, Fr/Sa/Feiertag 290 €/Nacht, Silvester 400 €/Nacht

Karnin

Ganz in der südlichen Ecke des Usedomer Winkels liegt das **vergessene Dörfchen** Karnin, in das sich kaum ein Urlauber verirrt.

Das war nicht immer so. Denn bei Karnin, das an der schmalsten Stelle des Peenestroms liegt, wurde 1876 eine **Drehbrücke** eingeweiht, über die nun die Eisenbahnstrecke von Ducherow auf dem Festland nach Swinemünde verkehrte. Karnin war damit direkt mit der Hauptstadt Berlin verbunden. Der zunehmende Besucherstrom der Hauptstädter zur „Badewanne Berlins" machte es notwendig, die Strecke 1907 zweigleisig auszubauen. 1932 wurde die alte Drehbrücke durch eine Eisenbahnhubbrücke ersetzt, die damals als die modernste Europas galt. Am 29. April 1945 wurde die kolossale Stahlkonstruktion gesprengt. Seither dämmert das winzige Haffdorf im stillen Abseits vor sich hin.

1968 gab es Pläne, die Bahnlinie wieder in Betrieb zu nehmen und die Brücke wieder aufzubauen, die jedoch nicht realisiert wurden. Nach der Wiedervereinigung Deutschlands 1990 wurde der Mittelteil der Brücke **als technisches Denkmal unter Schutz gestellt** und 1992 der **historische Karniner Bahnhof.** Das um 1900 errichtete Bahnhofsgebäude ist bereits restauriert und mit Gleisen versehen. Das Aktionsbündnis „Karniner Brücke" (www.karninerbruecke.eu) kämpft für die Wiedereröffnung der Strecke.

Fußgänger und Radfahrer können vom Karniner Hafen mit der **Fähre von Herrn Reimann** auf das Festland nach Kamp übersetzen (1. Mai bis 30. Sept.

tägl. 11–17 Uhr, sonst nach Anmeldung, Tel. 0177/2834504, max. 12 Pers., Erwachsene mit Fahrrad 7,50 €, Kinder mit Fahrrad 5 €).

Gastronomie

● **Haffschänke**, Dorfstr. 19, Tel. 038372/70375, www.haffschaenke.de (gemütliche Kneipe von „Vadder Gentz", der mitsamt seiner Schänke besonders bei den hier häufig verkehrenden Seglern schon eine Legende ist. Mit Stellplatz für 5 Wohnmobile)

Mönchow

Vom kleinen Hafenbecken Karnin, in dem ein Zollboot dümpelt, führt ein Spaziergang am Ufer entlang zum Nachbarort Mönchow, der nur aus wenigen Häusern besteht. Der Weiler, der 1168 als „Munichowe", der „Ort der Mönche", verzeichnet war, besitzt ein **Kirchlein** aus dem 17. Jh. Wer sich beim Küster meldet und sich von ihm das Innere zeigen lässt, der wird bei dessen lebendigen Erzählungen die Zeit vergessen.

Sehenswert ist auch das **Mausoleum,** das sich 1900 die Familie *Dannenfeld* als Grabstätte errichten ließ. Der imposante Backsteinbau sieht mit seinem großen Rundbogenportal und seiner von vier Obelisken flankierten und von einem Kreuz gekrönten Kuppel selbst wie ein Dorfkirchlein aus.

Unweit des Friedhofes erinnert ein **alter Lotsenturm** an längst vergangene Zeiten, als der Peenestrom noch eine vielbefahrene Schiffspassage war. Heute ist darin ein Mini-Hotel untergebracht (siehe „Ein Hotel für Zwei").

Zecherin

Der kleine Ort Zecherin, an dem sich heute die Blechlawine über die **Zecheriner Brücke** auf die Insel Usedom ergießt, war schon seit dem 13. Jh. ein verkehrstechnischer Knotenpunkt.

Jahrhundertelang verband eine Fähre die Insel mit dem Festland. An die Fähre, die mit der Eröffnung der Zecheriner Drehbrücke 1931 überflüssig wurde, erinnert auf dem Festland nur noch der auf einer weit vorgeschobenen Landzunge gelegene, gottverlassene Flecken Anklamer Fähre.

Zum Abschied von den schönen Tagen auf der Badeinsel Usedom kann man von Zecherin noch einen letzten wehmütigen **Spaziergang am stillen Peenestrom entlang bis zum alten Fähranleger** machen, über den längst das Gras der Geschichte gewachsen ist. Danach lädt das „Peene-Idyll" zur letzten Rast auf Usedomer Boden ein, bevor man über die Zecheriner Brücke Deutschlands Sonneninsel Richtung Heimat verlässt.

Gastronomie

● **Peene-Idyll,** An der Zecheriner Brücke, Tel. 038372/70832, www.peene-idyll.de (hier kann man vom Wintergarten oder der Terrasse bei preiswerter gutbürgerlicher Küche noch ein letztes Mal auf den stillen, verschilften Peenestrom blicken, vergangene Urlaubstage Revue passieren lassen oder günstig übernachten, Ü/F NS 25 €, HS 30 €)

Praktische Reisetipps A–Z

◁ Ein Heringskutter bietet willkommenen Windschutz vor kühler Ostseebrise

Anreise

Mit dem Auto

Von Westen

Die verkehrstechnische Schlagader der Ostseeküste ist die **Ostseeautobahn A 20,** welche die A 1 bei Lübeck mit der A 11 bei Prenzlau verbindet und auf ihrer weitgehend parallel zur Küste verlaufenden, 324 Kilometer langen Trasse, die politisch wie ökonomisch wichtige Ost-West-Verbindung an Stettin (Szczecin) und damit an den EU-Partner Polen sicherstellt. Anreisende aus Richtung Westen/Hamburg fahren bis zur Abfahrt Gützkow und dann jeweils weiter von dort direkt **auf der B 111 nach Wolgast, dem westlichen Tor nach Usedom.**

Wer Zeit im Reisegepäck hat, sollte die Autobahn jedoch meiden und **kleine Landstraßen benutzen.** Die sind zwar weniger komfortabel, dafür führen sie durch die schönen Landschaften Mecklenburgs und Vorpommerns.

005ud

Öffnungszeiten der Peenebrücke bei Wolgast

17.5.bis 14.10. tägl. 5.45, 8.45, 12.45, 16.45, 20.45 Uhr, 15.10. bis 16.5. 5.45, 7.45, 12.45, 16.45, 20.45 Uhr für jeweils max. 30 Min. Die Bedarfsöffnung um 23.45 Uhr erfolgt nur nach vorheriger Anmeldung bis 21 Uhr unter Tel. 03836/2324458 oder 0175/5773610 (gültig ab 15.10.2012 bis auf Widerruf).

Ob Autobahn, Bundes- oder Landstraße – für den aus Richtung Westen Anreisenden führt kein Weg am **Nadelöhr Wolgast** vorbei. Dort verbindet die 256 m lange „Blaue Brücke" (Peenebrücke) Usedom mit dem Festland. Über diese Zufahrt muss der gesamte von Westen kommende Verkehr auf die Insel. Zusätzlich wird die Straßenbrücke täglich mehrfach geschlossen, damit große Schiffe passieren können. So ist es in Urlaubszeiten leider nicht eben selten, dass sich hier lange Staus bilden.

Von Süden

Reisende aus Richtung Süden/Berlin nach Vorpommern und Usedom benutzen die A 11 Berlin – Stettin bis zum Dreieck Uckermark, an das die **Küstenautobahn A 20** die zweite direkte Anbindung an das bundesweite Autobahnnetz hat. Die nächste Zufahrt nach Usedom führt über die Abfahrt Friedland und dann weiter auf der B 197 auf der Ortsumgehung um die **Geburtsstadt von Otto Lilienthal** herum bis zur Zecheriner Brücke.

Wer ganz auf Autobahn verzichten möchte und Zeit hat, für den empfiehlt sich die Anreise auf der entlasteten B 109 von Berlin via Wandlitz quer durch das herrliche Wald- und Seengebiet des **Biosphärenreservats Schorfheide**. Die Anreise abseits der großen, stark belasteten Hauptverbindungen lohnt sehr, denn die kleinen Landstraßen führen nicht nur durch die berühmte Schorfheide, sondern auch durch das vorpommersche Endmoränengebiet. Beides landschaft-

⌃ Das „Blaue Wunder", die Peenebrücke bei Wolgast, ist Deutschlands größte Waagebalken-Klappbrücke

lich zauberhafte Regionen, in denen seit 100 und mehr Jahren die Zeit stehen geblieben scheint. So wird schon die Anreise nach Usedom zu einem entspannten Urlaubserlebnis.

Unvermeidlich ist jedoch auch hier der 235 m lange **Engpass Zecheriner Brücke.** Über den südlichen Zugang zur Insel Usedom rollt der gesamte aus Osten und Süden kommende Verkehr. Die Brücke ist ebenfalls eine Klappbrücke, die mehrfach täglich geschlossen wird. Zähflüssiger Verkehr und Staus sind in Ferienzeiten deshalb auch hier vorprogrammiert.

Öffnungszeiten der Zecheriner Brücke

5.45, 9.40, 11.45, 16.45, 20.45 Uhr, 23.30 Uhr bei Bedarf. Die Brücke schließt max. für 20 Minuten.

Zwischen 1.10. und 31.3. keine Öffnung um 5.45 Uhr und 20.45 Uhr, Öffnung um 16.45 nur auf Anmeldung bis 15 Uhr unter Tel. 038372/70838 oder 0175/ 5773609.

Verkehrsfunk

■ **Antenne Mecklenburg-Vorpommern:**
Frequenzen 103.8, 105.1, 105.4,
www.antennemv.de/verkehr
■ **Ostseewelle:** Frequenz 100.0,
www.ostseewelle.de/verkehr
■ **NDR 1/Radio MV:** Frequenz 89.0,
www.ndr.de/regional/verkehr/verkehr197

Mit der Bahn

Nach über 50-jähriger Unterbrechung hat Usedom seit dem Jahr 2000 wieder einen **direkten Bahnanschluss über die Peenebrücke bei Wolgast.**

Die langjährige, mehr als lästige Lücke zwischen dem Bahnhof Wolgast und der bis dahin nur auf der Insel verkehrenden **Usedomer Bäderbahn (UBB),** die nur per Taxi oder zu Fuß zu überwinden war und die die Anreise per Bahn nach Usedom zu einer ziemlich zeitraubenden und höchst unkomfortablen Angelegenheit machte, gehört damit endgültig der Vergangenheit an.

Der Zustand in den 1930er Jahren, als Usedom über zwei Bahnanschlüsse verfügte und von Berlin aus per Expresszug in weniger als drei Stunden erreichbar war, ist zwar noch nicht erreicht. Dennoch ist es bereits jetzt sehr viel komfortabler geworden. Denn die modernen Züge der 1995 aus der Taufe gehobenen UBB verkehren bis Züssow, wo man von den aus Richtung Süden/Berlin kommenden Zügen der BahnAG direkt nach Usedom umsteigen kann. Eine Direktverbindung ohne Umsteigen bietet jedoch bislang einzig der nur saisonal verkehrende **Usedom-Express** (s.u.).

> Herbstliche Stimmung in Warthe (oben) und am Streckelsberg (unten) – Usedom ist nicht nur im Sommer eine Reise wert

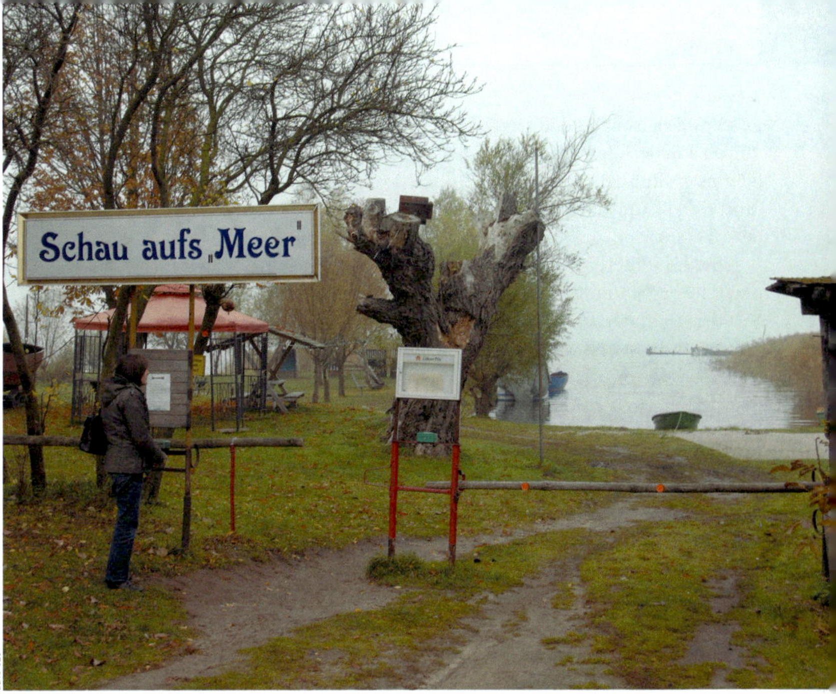

ud13-020

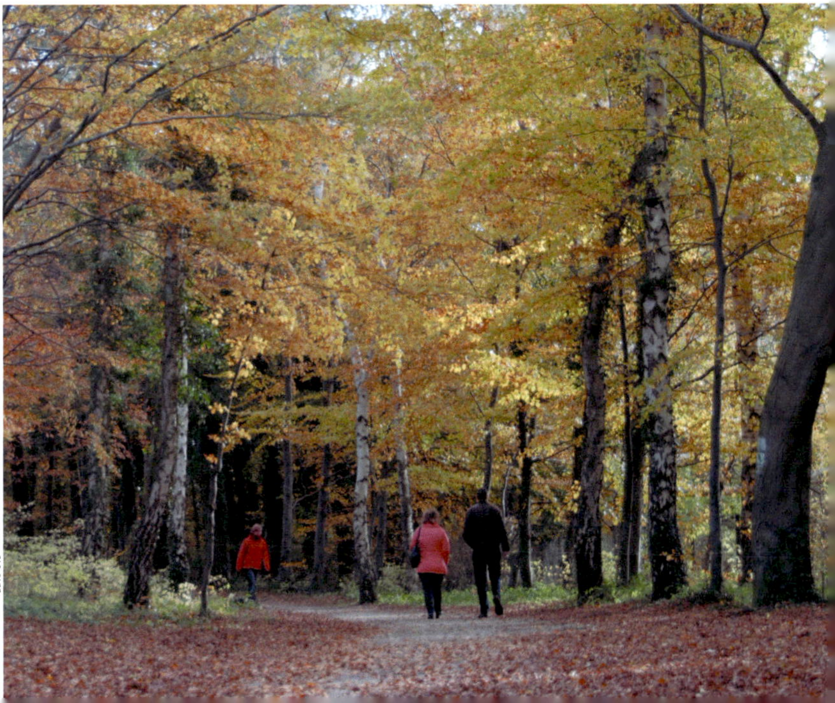

ud13-015

Die einfallsreiche und deshalb ökonomisch auch erfolgreiche UBB fährt etwa alle zwei Stunden auch nach Stralsund und Barth, um dort Usedom-Urlauber abzuholen.

Die seit 1999 verfolgten Pläne, die historische Verbindung über die Grenze bei Ahlbeck hinweg **bis ins Zentrum des heute polnischen Städtchen Swinemünde (Świnoujście)** zu verlängern, wurden endlich realisiert und die Verbindung im Jahr 2008 eröffnet. Die ehemalige Verbindung zwischen Heringsdorf, Swinemünde und Ducherow findet Erwähnung im Bundesverkehrswegeplan, was einen entscheidenden Schritt zum Wiederaufbau der alten Eisenbahnverbindung von Berlin – Pasewalk – Ducherow – Karnin – Swinemünde bis Heringsdorf darstellt. Die Fahrt Berlin – Usedom würde sich so um ca. zwei Stunden verkürzen. Es gibt auch Überlegungen, den geplanten Neubau der Meiningenbrücke bei Barth als Straßen- und Schienenverbindung auszubauen und die UBB dann über Barth und weiter bis auf den Darß verkehren zu lassen.

● **UBB:** Am Bahnhof 1, 17424 Heringsdorf, Tel. 038378/ 27132, www.ubb-online.de

Usedom-Express

Zwischen Mai und Oktober verkehrt der Usedom-Express jeweils ab Berlin/Hbf freitags 16.52 Uhr und sonntags 8.57 Uhr direkt zu den Seebädern der Insel und über die Grenze bis ins polnische Świnoujście. Zurück nach Berlin geht es ab Świnoujście Zentrum So 16.35 Uhr. **Ideal für Radler,** denn er führt vier Fahrradabteile mit insgesamt 32 Stell-

plätzen mit. Neben den Fahrscheinen des Fernverkehrs gilt im Usedom-Express auch das günstige **Ostsee-Ticket.** Fahrzeit ca. 4 Std.

● **Info:** Tel. 01805/5996633 (14 Cent/Min.), www. bahn.de/regional

Urlaubsexpress M-V

Zwischen März und Oktober verkehrt der Urlaubsexpress M-V jeweils freitags und samstags (IC 2426) direkt **ab Köln bis nach Heringsdorf** mit Halt u.a. in Dortmund, Hannover und Berlin. Der Urlaubsexpress verfügt über ein **Bordbistro** und eine **Fahrradmitnahmemöglichkeit.** Neu ist die Direktverbindung freitags von Berlin/Gesundbrunnen nach Seebad Heringsdorf und in der Gegenrichtung sonntags nach Köln. Alle genannten IC-Züge halten auch in Wolgast und Zinnowitz sowie in den Seebädern Trassenheide, Zempin, Koserow, Kölpinsee, Ückeritz und Bansin.

Bis Züssow verkehren ein IC von Dresden/Erfurt/Halle (Saale)/Berlin, Pasewalk, Anklam, ein IC von Frankfurt/Main via Eisenach, Weimar, Berlin sowie ein IC von München über Nürnberg, Jena und Berlin. In Züssow besteht direkter UBB-Anschluss nach Usedom.

Regionaltickets

Das **Mecklenburg-Vorpommern-Ticket** für 1–5 Personen (1. Person 21 €, bis 4 weitere Pers. je 3 €, Fahrradmitnahme zzgl. 4,50 €) gilt auf allen Nahverkehrsstrecken des Landes sowohl auf einigen ausgewählten Strecken in Hamburg und

Schleswig-Holstein als auch bis ins brandenburgische Bad Wilsnack und in die polnische Stadt Stettin. Es gilt Mo bis Fr 9 bis 3 Uhr des Folgetages sowie Sa und So ab 0 Uhr und bis 3 Uhr des Folgetages.

■**Info:** www.bahn.de/mecklenburg-vorpommern, Tel. 0385/7502405

Das **Ostsee-Ticket** ist speziell für Berliner und Brandenburger gedacht (Hin- und Rückfahrt müssen innerhalb von neun Tagen erfolgen!). Es kostet 43 € für die 1. Person und je 33 € für die 2. bis 5. Person. Zur Familie gehörende Kinder reisen kostenlos, andere für 31 €. Das Ostsee-Ticket kann nicht im Zug erworben werden.

Weitere **Spezialtickets** für Ausflüge in der Region sind das **Pomerania-Ticket** für 12 €, das zur Fahrt mit dem Regionalzug und Bus zwischen Pasewalk im Landkreis Uecker-Randow und Szczecin Główny berechtigt, und das für 15 € erhältliche **Bernstein-Ticket** zur Fahrt auf ganz Rügen und in Stralsund.

Das **UsedomPlus-Ticket** kostet für einen Erwachsenen 17 € (Familie 23 €) und berechtigt zu allen Fahrten auf der UBB-Strecke Ahlbeck – Stralsund – Barth und im Netz der DB Regio MV, sowie in den Stadtbussen der Verkehrsbetriebe Greifswald GmbH (VBG) und der SWS Nahverkehr GmbH. Auch die Nutzung des **Ostseebusses** (nur auf der Insel Usedom) ist im Ticket inbegriffen.

Bahn & Bike

Die **Fahrradkarte** (5 € für Nahverkehrszüge, 9 € für Fernverkehrszüge) gilt für eine Fahrt ohne Kilometerbegrenzung. Die **Monats-Radkarte MV** für 18 € ist gültig für alle DB-Regionalzüge innerhalb des Landes und die Züge der OME (Ostmecklenburgische Eisenbahn). Weitere Vergünstigungen bei der Radmitnahme gibt es in Verbindung mit dem „Schönes-Wochenende-Ticket" und dem „Mecklenburg-Vorpommern-Ticket".

Bei der UBB kostet die Fahrradtageskarte 4 € (Junior 2 €).

Detaillierte **Auskunft** zu Reisen mit Bahn und Rad erhält man unter der Service-Nr. 01805/996633, Stichwort: *Fahrrad* (14 Cent/Min., 24 Std.), oder unter www.bahn.de/bahnundbike.

Mit dem Bus

Ab **Berlin ZOB** (Zentraler Omnibusbahnhof) gibt es von Ende März bis Ende Oktober bis zu 4x wöchentlich (Mo, Fr, Sa, So) die direkte Verbindungen Berlin – Ahlbeck – Zinnowitz und zurück, eine Platzreservierung ist erforderlich (www.berlinlinienbus.de)!

■**Info/Buchung:** ZOB-Reisebüro, Tel. 030/3010380, www.zob-reisebuero.de

Ab **Hamburg ZOB** fährt von Anfang Mai bis Ende September dienstags ein Bus via Zinnowitz nach Heringsdorf.

■**Reservierung:** Tel. 0800/2323646 (kostenfrei), Fax 04108/7430395, www.globetrotter-reisen.de

Von **Dresden** fährt ab Mitte Mai bis Mitte September samstags ein Bus über Ahlbeck nach Zinnowitz.

■**Reservierung:** Tel. 01802/443443, www.rvd.de

Von **Zwickau** verkehrt von Mitte Mai bis Mitte September (mit Stopp u.a. in Marienburg, Chemnitz und Dresden) jeden Samstag ein Direktbus über Ahlbeck bis Zinnowitz.

■ **Reservierung:** Regionalverkehr Erzgebirge (RVE), Tel. 0351/4921357, www.rve.de

Mit dem Flugzeug

Einziger Flughafen auf Usedom ist der Regionalflughafen Heringsdorf, der allerdings nicht beim Seebad Heringsdorf liegt, sondern im Südosten der Insel im Hinterland beim Dorf Zirchow.

■ **Flughafen Heringsdorf,** Am Flughafen 1, 17419 Zirchow, Tel. 038376/2500, Fax 25016, www.flughafen-heringsdorf.de

Die **Linienverbindungen** nach Usedom wechseln von Saison zu Saison. Derzeit (Anfang 2013) bieten folgende Airlines Verbindungen an: *airberlin* von Dortmund, Düsseldorf, Köln, Frankfurt und Stuttgart jeweils Sa (Mai bis Ende Okt.), *OLT Express Germany* ebenfalls jeweils Sa von München und Wien (Juni bis Ende Sept.), *Helvetic Airways* fliegt von Zürich und Bern nach Usedom (Ende Mai bis Ende Sept.).

Eine besondere Anreise bietet an den Sommerwochenenden die *LTS* mit einer **historischen Antonow AN 2,** dem größten Doppeldecker-Flugzeug der Welt ab dem Flughafen Berlin/Strausberg (www.classic-antonow.de).

■ Ein **Taxi in die Kaiserbäder** kostet ca. 15 €.
■ **Autovermietung am Flughafen:** über Flughafen-Service, Tel. 038376/29734

Informationsstellen

Lokale Infostellen

Alle Urlaubsorte an der Küste betreiben eigene Informationsstellen, die **touristische Auskünfte** erteilen. Sie nennen sich Tourist-Information, Kurverwaltung, Fremdenverkehrsamt oder ähnlich, erfüllen aber alle die gleiche Funktion: Sie helfen dem Besucher bei Fragen und Problemen und bieten einen breiten Fächer touristischer Dienstleistungen an.

Zumeist sind sie gleichzeitig zentrale **Vermittlungsstellen für Unterkünfte,** über deren örtliches Angebot sie jährlich aktualisierte, detaillierte Verzeichnisse bereithalten, in denen neben der Art der Unterkunft auch Lage, Ausstattung und Preis aufgeführt sind.

Man erhält in den Büros **Info-Material** wie z.B. Stadtpläne, Verzeichnisse der Sehenswürdigkeiten, Kulturkalender, Wanderkarten, Broschüren und Informationsblätter von privaten Freizeitangeboten sowie meist auch **Souvenirs.**

Daneben bieten die Büros der größeren Orte oft auch eigene **touristische Dienstleistungen** wie Hafenrundfahrten, Stadtführungen oder die Organisation von Gruppenreisen an. Gleichzeitig fungieren sie auch als Ticketservice für Veranstaltungen vor Ort.

▷ Kunst aus Strandgut

Sitzender Akt
DRAHTIGE ENDZWANZIGERIN
[Powerfrau]

Das Angebot der kommunalen Tourist-Informationen wird durch zusätzliche Stellen ergänzt, die **Spezialinformationen** wie z.B. zum **Naturpark Usedom** bereithalten und ein eigenes, saisonales, von Fachpersonal begleitetes Angebot an Exkursionen, Naturführungen, Tierbeobachtungen u.a. anbieten. Die Adressen, Telefonnummern und Öffnungszeiten der einzelnen Informationsstellen finden sich im Infoteil der jeweiligen Ortsbeschreibung. Bei kleineren Orten, die über keine eigene Touristenformation verfügen, kann man sich an das dortige **Rathaus** oder die **Gemeindeverwaltung** wenden.

Regionale Infostellen

Neben den lokalen Informationsbüros existieren Einrichtungen, die über die gesamte Region informieren. Über die Region Vorpommern und die Insel Usedom informieren folgende **Adressen:**

■ **Tourismusverband Mecklenburg-Vorpommern e.V.,** Platz der Freundschaft 1, 18059 Rostock, Tel. 0381/4030500, Fax 4030555, www.auf-nach-mv.de, Service Center, Tel. 0381/4030500, Mo bis Fr 8–18 Uhr, Sa 9–13 Uhr
■ **Regionaler Fremdenverkehrsverband Vorpommern,** Fischstr. 11, 17489 Greifswald, Tel. 03834/891189, Fax 891555, www.vorpommern.de
■ **Usedom Tourismus GmbH,** Waldstraße 1, 17429 Seebad Bansin, Tel. 038378/477110, Fax 477129, www.usedom.de, Buchungszentrale Tel. 038378/477115
■ **Tourismusverein Ostseeinsel Usedom e.V.,** Am Maiglöckchenberg 15, 17449 Karlshagen, Tel. 038371/28135, Fax 28138, www.meer-usedom.de (Mo bis Fr 8.30–12 und 13–17 Uhr)

Versand von Infomaterial

Alle genannten Stellen versenden auf Anfrage kostenfrei aktuelles Infomaterial wie Unterkunftsverzeichnisse etc., aber mit der Bitte um einen **freiwilligen Unkostenbeitrag von ca. 3 €.** Darüber hinaus kann man bei diesen Adressen auch kostenpflichtiges Material wie Land-, Rad-, Wanderkarten, Reiseführer, spezielle Verzeichnisse o.Ä. beziehen.

Usedom im Internet

■ **www.usedom.de:** Offizielle Seite der Usedom Tourismus GmbH – gut gestaltet, ausführlich, aktuell, kurz: wirklich sehr informativ und nützlich
■ **www.meer-usedom.de:** Offizielle Homepage des Tourismusvereins Insel Usedom
■ **www.usedomkurier.de:** Die Lokalausgabe der regionalen Tageszeitung *Nordkurier*. Hier kann man sich über das gesellschaftliche und politische Leben auf der Insel informieren, Kleinanzeigen studieren, Veranstaltungskalender durchforsten usw.
■ **www.insel-usedom.net:** Ansprechend gestaltete Infoseite mit Tipps, Hinweisen, Adressen und vielen sehr schönen Usedom-Fotos des Hobbyfotografen und Betreibers
■ **www.usedom-infoweb.de:** Übersichtlich gestaltete Seite, die u.a. jeden Ort an der Küste insbesondere mit Bildergalerien vorstellt, sodass man sich schnell einen optischen Eindruck verschaffen kann
■ **www.allesusedom.de:** Regionales Portal mit buntem Themenkorb, neben klassisch Touristischem auch viele Lokalinfos wie Kleinanzeigen, Immobilienmarkt etc.
■ **www.usedom-web.de:** Info-Sammlung zu Usedom, von Unterkunft über Literatur bis Kultur
■ **www.usedomfotos.de:** Website eines professionellen Usedomer Fotografen mit sehr schönen Bildern zu verschiedenen Themen

Kleidung und Reisegepäck

Klima und Reisezeit

Gleich zu welcher Jahreszeit man an die vorpommersche Ostseeküste reist, es muss stets mit **wechselhaftem Wetter** gerechnet werden. Deshalb gehört auch beim sommerlichen Strandurlaub zu Bikini, Sonnenhut und Strandlatschen immer auch solides Schuhwerk sowie wärmende und wind- und regendichte Kleidung ins Gepäck.

Stärkerer und kühler Wind (meist Westwind) kann auch bei schönem Sommerwetter den Badespaß beeinträchtigen. Er wirbelt am Strand den feinen Sand auf, was in den Augen und zwischen den Zähnen als unangenehm empfunden wird. Man sollte stets einen **Windschutz** mit sich führen, den man in zahlreichen Geschäften vor Ort erwerben kann.

Vorsicht mit Sommersonnenschein am Strand! Durch die an heißen Tagen als angenehm kühlend wahrgenommene Meeresbrise spürt man die intensive Strahlung auf der Haut nicht so sehr. **Kopfbedeckung** und **Sonnenschutzmittel** sind dringend angeraten.

*„Schient de Sün upn natten Paal,
giwt dat Rägen inne Stund nochmal."*
(Pommersche Wetterregel)

Das Wichtigste vorweg: **Usedom ist Deutschlands Sonneninsel Nummer eins!** Die Insel belegt nach Messungen des Deutschen Wetterdienstes mit durchschnittlich 1906 Sonnenstunden im Jahr innerhalb der letzten 30 Jahre den ersten Platz als sonnigste Region Deutschlands. Auf Platz zwei folgt mit 1825 Sonnenstunden das Kap Arkona auf Rügen, Platz drei belegt das Allgäu mit 1791 Stunden Sonnenschein im Jahr. Bezogen auf etwa 4380 Tagesstunden im Jahr zwischen Sonnenauf- und -untergang scheint auf Usedom also zu etwa 44 % die Sonne!

Die Region Usedom zählt großklimatisch gesehen zum **Ostseeküstenklima,** was sicher wenig überrascht. Ein Merkmal dieses Klimas ist der häufige und schnelle Wechsel zwischen kontinentalen und maritimen Einflüssen, wobei Letztere dominieren. Kurz: **Die Sommer sind mäßig warm, im Winter ist es mäßig kalt.** Der Frühling kommt später, dafür ist der Herbst länger und wärmer. Der Winter kommt spät und ist vergleichsweise mild und kurz.

Lang anhaltende, stabile **Wetterlagen** sind eher selten. Das Wetter ändert sich oft schnell und gründlich, von Trockenheit und Sonnenschein zu Wolken und Regen und umgekehrt.

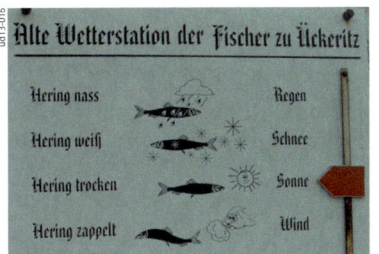

Wind, vorwiegend aus Westen, ist in unterschiedlicher Stärke fast immer da, völlig windstill ist es selten. Dafür ist die Luft besonders rein und frisch und durch ihren hohen Jodgehalt, den sie vom Meer mitbringt, auch sehr gesund. Insgesamt nennt man dies alles ein bekömmliches Reizklima. Die **Lufttemperaturen** liegen im Jahresmittel bei 8°C, wobei der Höchstwert von 19°C im August, der Tiefstwert von 2°C im Januar erreicht wird. Im Juli/August gibt es zuweilen heiße Perioden von über 30°C. Sonnenreichster Monat ist der Juli mit ca. 271 Stunden **Sonnenscheindauer** (August ca. 260 Stunden), die sonnenärmsten Monate sind der Dezember und der Januar mit je ca. 38 Stunden. Die durchschnittliche **Wassertemperatur** beträgt im August 18°C. Den meisten **Regen** gibt es mit 58 mm im August, den wenigsten im Februar mit 27 mm.

Die **beste Reisezeit** sind die Monate **Mai bis September.** Doch auch der Oktober kann noch eine schöne Reisezeit sein (Hinweise zu Festen und Veranstaltungen s. Exkurs „Usedomer Events").

Informationen

■ **Wetterdienst MV:**
www.mvwetter.info, www.mvwetter.de
■ **Seewetter MV:**
www.mv-maritim.de/blick-ins-land/wetter

☑ Der schnelle Wechsel von Sonne und Wolken ist typisch für das Ostseeklima

ud006

Kurtaxe

Ein Reizthema ist die Kurtaxe, die von Urlaubern zu Recht **häufig und heftig kritisiert** wird. Während manches Ostseebad im Westen die vom preußischen Landtag 1893 erfundene Zwangsabgabe in letzter Zeit vernünftigerweise wieder abgeschafft hat, wurde sie in den Seebädern auf Usedom nach der Wiedervereinigung leider neu eingeführt.

Dass den zuständigen Gemeindevätern dabei offensichtlich noch nicht einmal selbst ganz wohl ist, zeigen die variationsreichen **Erklärungsversuche für die „Strandsteuer"** in manchen Imagebroschüren. Mit dem vagen Hinweis auf Kosten für Strandreinigung, Kurkonzerte und Parkanlagen wird versucht, das Zwangsgeld zu legitimieren. Das eigentlich Wissenswerte, die Höhe der Abgabe, wird dagegen des Öfteren schamhaft versteckt oder gar nicht erst erwähnt.

Selbst wenn man **als Durchreisender** nur mal ein Stündchen am Strand liegen will, ist dafür die Gebühr in voller Höhe zu entrichten.

Tickets muss man an Automaten am Strand lösen. All dies ist wenig geeignet, entspannte Urlaubsstimmung aufkommen zu lassen, zumal es sich bei der Kurtaxe nicht um einen Kleckerbetrag handelt: Abhängig von Saison und Ort kann die **Tagestaxe für Erwachsene** mit **bis zu 3 €** zu Buche schlagen; in den drei Kaiserbädern werden für einen Hund ganzjährig 0,50 € pro Tag fällig.

Gebühren

Die abgedruckte Gebührenliste ermöglicht es, die Sonderkosten in der Urlaubskasse zu kalkulieren und bei der

Kurtaxe: Gebühren (in Euro) auf Usedom

Ort	Hauptsaison	Nebensaison
Ahlbeck	3,00	1,50
Heringsdorf	3,00	1,50
Bansin	3,00	1,50
Koserow	2,00	keine
Zempin	2,00	keine
Zinnowitz	2,00	1,30
Peenemünde	keine	keine
Karlshagen	2,00	1,30
Trassenheide	2,00	1,30
Kölpinsee	2,00	1,30
Loddin (inkl. Stubbenfelde)	2,00	keine
Ückeritz	2,00	keine

Auswahl des Urlaubsortes zu berücksichtigen. Genannt ist der **Betrag pro Tag für einen Tagesgast** in der Haupt- und Nebensaison. Es existieren darüber hinaus jedoch von Gemeinde zu Gemeinde unterschiedliche von der Aufenthaltsdauer abhängige „Mengenrabatte". Manche Gemeinde macht nun auch noch den Tarif-Spagat zwischen Tages- und Übernachtungsgast, wobei der Tagesgast mehr zahlt als sein übernachtender Kollege.

Die **Befreiung für Kleinkinder, Schwerbehinderte und Begleitperson** sowie die **Ermäßigungen für Jugendliche bis 18, Schüler, Studenten, Rentner** und andere Gruppen sind ebenfalls von Gemeinde zu Gemeinde unterschiedlich geregelt.

Sport und Erholung

Urlaub am Meer

Der Mensch strebt zum Wasser, egal, ob das Wasser die Form von Bächen, Flüssen, Seen oder dem Meer hat. Nirgends anders hält man sich mit größerer Freude auf als dort, wo sich Land und Wasser begegnen. Von ganz besonderer Anziehungskraft für Urlauber und Erholungssuchende sind deshalb Inseln. Strand und Meer stehen ohne Frage im Mittelpunkt eines Inselurlaubs. Egal ob zum Baden, Sonnen, Surfen, Segeln, Tauchen, Angeln oder zum stillen Strandspaziergang, zum romantischen Sonnenuntergang, Strandpicknick, stil-

len Stelldichein oder zur lustigen Schiffspartie, die bei keinem Aufenthalt am Meer fehlen sollte.

All dies bietet Usedom in Hülle und Fülle, das mit seinem 40 Kilometer langen und bis zu 100 Meter breiten **Superstrand an der Außenküste** ein Strandparadies schlechthin ist. 160 Kilometer **Binnenküste** und **13 Seen** ergänzen das Angebot an jener Landschaftsform, deren Schönheit sich kaum jemand zu entziehen vermag.

Wasserqualität

Usedom besitzt **26 Badestellen** (18 an der Außenküste, acht an Achterwasser und Peenestrom), an denen die Wasserqualität einer **hygienischen Kontrolle** unterliegt. An der Festlandsküste am Stettiner Haff gibt es sechs überwachte Badeplätze. An diesen Stellen werden zwischen Mai und September alle zwei Wochen Proben entnommen und analysiert. Die jeweils **aktuellen Messergebnisse** veröffentlicht das Ministerium für Soziales und Gesundheit Mecklenburg-Vorpommerns, Dreescher Markt 2, 19061 Schwerin, in ihrer jährlich erscheinenden Übersichtskarte „Badewasserqualität Mecklenburg-Vorpommern", die dort kostenlos erhältlich ist oder online unter www.gaia-mv.de/badewasser eingesehen werden kann.

> Auch wenn die Sonne lacht – ein Windschutz ist auf Usedom fast immer angebracht

Von den kontrollierten Badestellen erreichen glatte **100 % die höchste Qualitätsstufe „sehr gut, keine Belastung".** Auch die bislang oft noch niedriger eingestuften Stellen an Achterwasser und Stettiner Haff bekamen 2012 die Bestnote. Fazit: Dem im Wortsinn ungetrübten Badegenuss steht nichts im Wege.

Segeln

Mit seiner außerordentlich zerfransten, vielgestaltigen Küstenlinie bieten die Gewässer um Usedom **hervorragende Bedingungen** für Segler, ob in stillen, friedlichen **Boddengewässern** oder auf der offenen **Ostsee.**

39 Marinas, Häfen und Anlegestellen bieten rings um Usedom nicht nur Zuflucht vor schwerer See, sondern auch Versorgung, Reparatur und sonstigen maritimen Service. **Tankstellen** sind u.a. in den Häfen Wolgast, Karlshagen, Netzelkow, Freest, Kröslin, Mönkebude und Ueckermünde vorhanden. **Bootsverleiher, Yachtcharter** und **Segelschulen** geben auch dem Anfänger die besonders schöne Möglichkeit, die Inseln vom Wasser aus zu entdecken.

Segelschulen

■ **Segelschule Rückenwind,** Hafenstr. 32, 17438 Wolgast, Tel. 03836/600013, Fax 234750, www.segelschule-rueckenwind.de (mit Yachtcharter, auch Kite-Surfen)

■ **Wassersport-Camp,** Zum Bauerberg 7, 17440 Wehrland, Tel. 038374/82280, Fax 82281, www.wassersport-camp.de (Katamaran-Segeln)

■ **Segelschule Ückeritz,** Hauptst. 36, 17459 Ückeritz, Tel. 038375/20641, Fax 22394, www.windsport-usedom.de (mit Segelyollen-Charter, Surfschule)

● **Zeesboot-Segeln,** *Rika Harder,* Westklüne 1, 17406 Usedom, Tel. 0173/6079768, www.zeesenboot.de (Mitsegeln auf der bilderbuchschönen FZ 18 „Romantik")
● **Sail Away Usedom,** 17454 Zinnowitz, Tel. 038377/36018, www.sail-away-usedom.de

Surfen

Obwohl es an Außen- und Innenküste der „Badeinsel" Usedom zahlreiche gute Surf- und Kiteplätze gibt, hat die Inselbürokratie verfügt, dass diesen Trendsportarten **nur an zwei Stellen** nachgegangen werden darf. Das ist einigermaßen verblüffend und rätselhaft, da Usedom sich ja als *die* Badeinsel schlechthin versteht, sein Einkommen zum Großteil von wassersportbegeisterten Besuchern bezieht und sich seit Jahren bemüht, auch mehr jüngere Klientel auf die Insel zu locken.

Der eine, noch relativ unerschlossene Spot liegt **an der Außenküste** zwischen Karlshagen und Peenemünde und bietet besonders bei Winden zwischen Nord und Ost bis zu 3 m hohe Wellen.

Die andere Stelle liegt **am Achterwasser** bei Ückeritz. Dieser Flachwasserspot mit großem, bis zu 200 m tief ins Wasser reichendem Stehbereich ist besonders für Anfänger sehr geeignet. Ideal ist hier Süd- bis Nordwestwind, da der Wind dann nahezu ungebremst einfallen kann.

Parasailing

● **Wassersportzentrum Erdmann,** 17424 Heringsdorf, Rudolf-Breitscheid-Straße 7, Tel. 038378/31678, Fax 22281, www.pension-erdmann.de

Angeln

Anhänger dieser stillen Sportart finden in den verschiedenen **Gewässerarten See, Achterwasser und Meer** auf und um die Insel Usedom ein abwechslungsreiches Betätigungsfeld. Immerhin 75 Fischarten sind in den Landesgewässern nachgewiesen (50 Binnengewässer, 25 Meer). Die **Hauptfischarten** sind Aal, Barsch, Dorsch, Flunder, Scholle, Zander, Hecht, Hering, Meeresforelle, Hornfisch, Plötze und Blei.

Doch wer in der Ostsee erfolgreich sein will, muss dann an die Küste ziehen, wenn die Sonnenanbeter den Strand verlassen. Die hohe Zeit der **Meeresangler** liegt von Oktober bis April. Nur Hering und Hornhecht (bis in den Juni) bekommt man auch noch am Ende des Frühjahrs.

Seit 2005 gibt es für Angel-Besucher in Mecklenburg-Vorpommern den sogenannten **Touristen-Fischereischein.** Dieser kostet 20 € und kann pro Antragsteller einmal je Kalenderjahr und für die Dauer von bis zu 28 aufeinander folgenden Tagen erteilt werden. Der Schein erlaubt das Angeln in allen landeseigenen Gewässern, wozu die Küstengewässer gehören sowie die vom Landesanglerverband bewirtschafteten Gewässer. In den Binnengewässern sind dies jedoch nur ca. 10 %, weshalb man hier meist eine zusätzliche Genehmigung des Gewässerbesitzers oder Pächters benötigt. Dieser Angelschein wird dann gegen ein Entgelt direkt ausgegeben. Gültige Fischereischeine anderer Bundesländer werden anerkannt.

Informationen

■ **Landesamt für Landwirtschaft, Lebensmittelsicherheit und Fischerei,** Thierfelder Str. 18, 18059 Rostock, Tel. 0381/40350, Fax 4001510, www.lallf.de (hier gibt es umfangreiches Infomaterial, darunter ein „Gewässerverzeichnis M-V", einen „Verbreitungsatlas der Fische in M-V", „Angeln in M-V" oder „Angeln im nördlichen Greifswalder Bodden".)
■ **Landesanglerverband Mecklenburg-Vorpommern,** Siedlung 18 a, 19065 Görslow, Tel. 03860/56030, Fax 560329, www.lav-mv.de
■ **Deutscher Anglerverband MV,** Peeneweg 13, 17168 Lekendorf, Tel. 03995621/206, www.dav-mv.com

Angelangebote

■ **Angelcenter Zinnowitz,** Ahlbecker Str. 30, 17454 Zinnowitz, Tel. 038377/40298, www.alb-maritim.de
■ **Angelservice Usedom,** Rieckstr. 5, 17459 Zempin, Tel. 038377/40040
■ **Angeln-Exklusiv,** Fliederweg 6a, 17509 Vierow, Mobil 0171/7219712, www.angeln-exklusiv.de
■ **Angel-Service Bork,** Burgstr. 13, 17438 Wolgast, Tel. 03836/234636, www.angeln-usedom.de (Küstengewässer, Peenestrom)
■ **Angelteiche Ückeritz,** Loddiner Landweg 21, 17459 Ückeritz, Herr *Schulz,* Mobil 0171/7440818, www.angelteiche-ueckeritz.de
■ **Nord-Ost-Reederei,** Straße der Freundschaft 16, 17438 Wolgast, Tel. 03836/203220, Fax 202902, www.no-reederei.de (Peenestrom, Greifswalder Bodden)
■ **Hering & Hornhechtangeln Nagel,** Hafen Zecherin, Wolgaster Weg 3a, 17449 Mölschow/OT Zecherin, Tel. 03836/202316

Tauchen

Auch Aquanauten und solche, die es werden wollen, finden in den **Gewässern um Usedom und dem benachbarten Rügen** interessante Reviere. So können Fortgeschrittene zum **Wrack** eines 1945 vor Usedom gesunkenen Minenlegers oder der 1993 im Sturm untergegangenen polnischen Fähre *Jan Heweliusz* tauchen oder **Nachttauchgänge** im besonders fischreichen Tromper Wieck unternehmen. Auch für **Anfänger** ist die Ostsee sehr gut geeignet.

Die **Sichtweite** beträgt 3 bis 5 Meter, die **Wassertemperatur** im Sommer ungefähr 18 bis 20°C, im Frühjahr etwa 14°C. Die **Tauchsaison** geht von Mai bis Oktober.

Tauchangebote

■ **Green Sea Diver,** Ahlbecker Str. 21, 17454 Zinnowitz, Tel. 038377/36796, www.green-sea-diver.de

Schiffsausflüge

Wer an Bord eines Ausflugsdampfers die Usedomer Wasserwelt bei Kaffee und Kuchen erleben, eine Ausflugsfahrt nach Polen oder zur Nachbarinsel Rügen unternehmen möchte, hat saisonabhängig von diversen Orten und Seebrücken aus zahlreiche Möglichkeiten. Das **Angebot** reicht von der halbstündigen Hafenbesichtigung über mehrstündige Rundfahrten bis zum großen Tagesausflug. Neben fahrplanmäßigen Rundfahrten bieten die Reedereien auch verschiedene Sonderprogramme wie Lampion- oder

Tanzfahrten. Über das aktuelle Angebot informieren die Reedereien und lokalen Tourist-Informationen.

Ausflugsangebote

Die Adler-Linie bedient den Seebrückenverkehr zwischen den Seebrücken Ahlbeck, Bansin, Heringsdorf, Koserow und Zinnowitz. Fahrplanmäßig fährt sie auch von Freest und Peenemünde nach Rügen über Göhren und Sellin nach Binz, zu den Kreidefelsen, ins polnische Swinemünde und nach Misdroy. Ausflugsfahrten gibt es von den drei Kaiserbädern in die polnische Hafenstadt Kolberg und ab Swinemünde nach Stettin.

■ **Adler-Schiffe GmbH,** Tel. 038378/47790, www.adler-schiffe.de

Die *Reederei Tessnow* bietet ab Hafen Karlshagen Ausflugsfahrten zu den **Inseln Greifswalder Oie** und **Ruden.**

■ **Reederei Tessnow,** Tel. 03836/202796

Die *Apollo-Reederei* bietet ab Peenemünde Ausflugsfahrten auf die **Insel Ruden** mit Landgang (Vorbuchung erforderlich!) und Ausflugsfahrten auf die **Greifswalder Oie** mit Leuchtturmbesichtigung an.

■ **Apollo Fahrgastreederei,** Tel. 038371/20829, www.reederei-peenemünde.de

Die *Ückeritzer Personenschifffahrt* unternimmt ab Karlshagen Ausflugsfahrten zur **Insel Ruden** und nach **Wolgast,** ab Zinnowitz **Achterwasser- und Peenestromrundfahrten** sowie mit der „MS

Johannes" **Angelfahrten** nach Lassan, ab Zinnowitz und Hafen Stagnieß Achterwasser- und Peenestromrundfahrten und ab **Stagnieß** Fahrten zum **Fischerhafen/Fischgaststätte Rankwitz.**

■ **Ückeritzer Personenschifffahrt,** Tel. 038375/20329, 0171/6514769, www.ms-astor.de

Die *Nord-Ost-Reederei* bietet vom Hafen Wolgast aus **Hafenrundfahrten,** Fahrten auf dem **Achterwasser** und dem Peenestrom sowie zur **Insel Ruden** an.

■**Nord-Ost-Reederei,** Tel. 03836/203220, 0174/9436962 oder 0173/1948167 (Kapitän), www.pee-neangeln.com

Die *Usedomer Schifffahrts- und Touristikgesellschaft* offeriert von Mai bis September mit dem Segelschoner *Weiße Düne* und der Yacht *Germania* besonders romantische und **exklusive Charterfahrten.**

■**Usedomer Schifffahrts- und Touristikgesellschaft,** Tel. 0491/5982, www.weisse-duene.com

Die *Oderhaff-Reederei* bedient von Ueckermünde fahrplanmäßig die Strecken nach Kamminke, Neuwarp und Stettin (Polen). Haff- und Hafenrundfahrten in Swinemünde ergänzen das Angebot.

■**Oderhaff-Reederei,** Tel. 039771/22426

☑ Mit der Tauchgondel kommt man auch trockenen Fußes auf den Ostseegrund

Die *Reederei Peters* bietet in der Saison **rund ums Oderhaff** die Linien Ueckermünde – Kamminke – Stettin, Kamminke – Ueckermünde sowie Haffrundfahrten und die Verbindung Ueckermünde – Swinemünde mit Fahrt durch den **Kaiserkanal.**

■ **Reederei Peters,** Tel. 039771/22426, www.reederei-peters.de

Personenfähren

Speziell für Wanderer und Radfahrer gedacht sind die **saisonal** verkehrenden Personen-Fahrrad-Fährlinien zwischen Usedom und dem Festland.

Die *Apollo-Reederei* betreibt die Linie **Peenemünde – Freest – Kröslin – Peenemünde** (in der Hauptsaison zwischen ca. 10 und 18 Uhr stündlich, in der Nebensaison bis 16 Uhr, Info unter Tel. 038371/20829).

Der Fährmann *Christof Reimann* verkehrt zwischen 1. Mai und 30. Sept. tägl. von 11 bis 17 Uhr **zwischen Kamp und Karnin.**

Tipp: Vorher anrufen (Tel. 0177/2834 504); Erwachsene und Fahrrad 7,50 €, Kind und Fahrrad 5,50 €, max. 12 Personen können mitgenommen werden).

Wandern

Zu Fuß das Land zu durchstreifen gehört immer noch zu den schönsten Fortbewegungsarten, bei der so manch hektischer Zeitgenosse die Vorzüge der Langsamkeit wiederentdecken kann. Usedom

☒ Personen- und Radfähre von Karnin nach Kamp

bietet dafür auf über 400 Kilometer angelegten und markierten **Wanderwegen** beste Gelegenheit. Ob an der Außenküste am endlosen Sandstrand entlang, am schilfgesäumten, ruhigen Achterwasser oder in den stillen Winkeln im Inselinneren wie Lieper Winkel.

Viele Tourist-Informationen und Kurverwaltungen, aber auch die Naturparkverwaltung, Forstverwaltungen und Vereine veranstalten **geführte Wanderungen.** Aktuelle Angebote erhält man direkt bei den genannten Einrichtungen. Unter www.traumziel-mv.de/wandern_usedom findet man zahlreiche, in Kurz (bis 5 km), Mittel (bis 8 km) und Lang (bis 12 km) eingeteilte, ausführlich beschriebene **Wandertouren** zum Downloaden.

Informationen

■ **Wanderfreunde Wolgast e.V.,** Schillerstraße 6, 17438 Wolgast, Tel. 03836/601406 (organisierte Wandertouren)
■ **Naturpark Usedom,** Bäderstr. 5, 17406 Usedom, Tel. 038372/7630, Fax 76311, www.naturpark-usedom.de (Wanderungen zu Fuß und Rad auf Usedom und im Nationalpark Wolin/Polen)
■ **Forstamt Neu Pudagla,** 17459 Neu Pudagla, Tel. 038375/29110, www.forstamt-neupudagla.m-vp.de (Wanderungen im Trassenmoor und Waldführungen)
■ **Fotowanderungen,** *Harald Nadler,* Zum Haff 4, 17406 Stolpe, Tel. 038372/76230, www.fohana.de (thematische Fotowanderungen von 5–8 Std. in Gruppen bis max. 5 Pers. mit einem Profi auf ganz Usedom. Für Fotobegeisterte sehr zu empfehlen!)
■ **Klaus' Insel-Tours,** Saarstr. 20, 17438 Wolgast, Tel. 03836/602152 (Planung, Organisation und Durchführung von individuell geführten Fuß- und Radwanderungen)

Karte

■ **Kompass Wander- und Bikekarte Insel Usedom, Insel Wolin** (Usedom 1:50.000, Wolin 1: 60.000. Sehr gute, detaillierte und GPS-genaue Karte im schützenden Plastikeinband mit beiliegendem „Lexikon". Die Karte mit eingezeichneten Wander- und Radwanderstrecken, Museen, Naturdenkmalen, Gaststätten, FKK-Stränden, Aussichtspunkten und anderem Interessanten ist die einzige, die beide Inseln umfasst. Das beiliegende Lexikon gibt neben den Stichpunkten Geschichte, Flora, Fauna, Geologie zu allen Orten Auskunft zu Sehenswürdigkeiten, Spazier- und Wanderwegen, Bahnstation und Busverbindungen.)

Naturlehrpfad „Ostseeküste"

Der 126 Kilometer lange Naturlehrpfad „Ostseeküste" ist der Hauptwanderweg (126 km) der Insel Usedom. Sein Symbol ist ein grünes Eichenblatt auf weißem Untergrund. Der Wanderweg führt von Peenemünde entlang der Küste bis zum Mümmelkensee und von dort durch das Inselinnere bis nach Usedom Stadt. Entlang der Route weisen **Info-Tafeln** auf historische Hintergründe, Sehenswürdigkeiten und sonstige Besonderheiten hin.

Nach **Peenemünde** führt der Pfad vorbei am **Cämmerer See** und an der **Piese,** einem beliebten Anglertreff. Über ausgedehntes Weideland und Feuchtwiesen erreicht man den sehenswerten Jacht- und Fischereihafen von **Karlshagen.** Karlshagen liegt zwischen Ostsee und Peenestrom und ist von ausgedehnten Nadelwäldern umgeben. Die Peenestraße führt in den Ort hinein und über die Strandstraße gelangt man zum Naturschutzzentrum Karlshagen. Hier bietet sich die Möglichkeit, die heimische Flora und Fauna in Wort und Bild kennenzulernen oder an Vorträgen und Führungen teilnehmen.

Nächste Station ist **Zinnowitz,** das größte Seebad im Norden Usedoms. Die Strandpromenade ist mit schönen alten Villen bebaut. Von Zinnowitz geht es weiter bis in das zwischen Achterwasser und Ostsee gelegene Seebad **Zempin.** Unmittelbar am Weg befinden sich die Zempiner Salzhütten, die ursprünglich den Fischern zum Lagern des Pökelsalzes dienten.

Im weiteren Verlauf des Weges gelangt man an die schmalste Stelle der Insel Usedom, dem Koserower Ortsteil **Lüttenort.** Hier sollte man einen Besuch des Gedenkateliers *Otto Niemeyer-Holstein* nicht versäumen. Ein Gedenkstein an der Straße erinnert an die Sturmfluten, die hier 1872 und 1874 die Insel in zwei Teile zerschnitten.

Entlang des Wanderweges auf dem Deich und durch den Dünenwald erreicht man das Seebad **Koserow.** Direkt am Strand liegen die Koserower Salzhütten, in denen neben Fischräuchereien auch ein hervorragendes Fischrestaurant einlädt.

Über den 56 Meter hohen **Streckelsberg** mit herrlicher Aussicht auf Strand und Meer gelangt man nach **Kölpinsee.** Der in einer schmalen Niederung gelegene gleichnamige See bildete einst die Verbindung zwischen Ostsee und Achterwasser. Auf dem malerischen See, den man auf einem Pfad umrunden kann, lassen sich viele verschiedene Wasservögel beobachten. Auch um die nächste Station, den in herrlichen Buchen-Mischwäldern gelegene **Wockninsee** mit seltenen Tier- und Pflanzenarten und uralten, unter Schutz gestellten Eichen, führt ein Rundweg.

Über **Ückeritz** erreicht man das **NSG Mümmelkensee,** ein in seinem ursprünglichen Zustand erhaltenes Hochmoor.

Durch **Bansin** mit herrlicher Bäderarchitektur im wilhelminischen Stil, in dem das Tropenhaus mit exotischen Pflanzen und Tieren einen Abstecher lohnt, geht es nach **Heringsdorf.** Im Muschelmuseum kann man über 2500 Muscheln bestaunen oder auf der mit 508 Meter längsten Seebrücke Deutschlands flanieren. Wie Bansin und Heringsdorf ist auch **Ahlbeck** in typischer Seebäderarchitektur errichtet. Das Wahrzeichen des Seebads ist die zauberhafte, von vier Türmen gekrönte hölzerne, weiß gestrichene Seebrücke, die älteste Seebrücke Deutschlands.

Von Ahlbeck führt der Naturlehrpfad nach **Korswandt** und zum in hügelige, waldreiche Landschaft eingebetteten **Wolgastsee.** Um den See herum, an dem man sich Ruderboote leihen kann, ist ein 3,8 km langer Wanderweg angelegt, der auch an der höchsten und ältesten Rotbuche Usedoms vorbeiführt. Von Korswandt geht es in südlicher Richtung zu dem am Ufer des Stettiner Haffs gelegenen, malerischen Fischerdorf **Kamminke.** Vom Hafen eröffnet sich ein zauberhafter Blick über das Stettiner Haff bis zum Festland.

⊡ Mit 2 PS über die Insel: Ausflüge mit der Pferdekutsche sind ein Spaß für die ganze Familie

Von Kamminke geht es Richtung Norden zum **NSG Golm** weiter. Auf dem direkt an der Grenze zu Polen gelegenen stillen Hügel befindet sich eine Gedenkstätte für die 23.000 Opfer des Bombenangriffes auf Swinemünde vom 12. März 1945. Über einen Wiesenweg mit alten Kopfweiden gelangt man zum **Schöpfwerk Welzin,** das am Rande des Usedomer Sees liegt. Der See ist über die Kehle mit dem Kleinen Haff verbunden. Der Naturlehrpfad endet in der kleinen **Stadt Usedom,** auf deren Marktplatz sich die spätgotische Marien-Kirche erhebt.

Segway-Wandern

Individuell oder geführt „wandern" mit den neuartigen elektrobetriebenen Segway ermöglicht der **Segway-Verleih Usedom** in Ahlbeck, Goethestr. 30, Tel. 0171/7844104, www.segtouren-usedom. de (Mindestalter 15 Jahre, Mindestgewicht 45 kg).

Reiten und Kutschfahrten

Pferdefreunde finden auf Usedom auf Reiterhöfen, Reit- und Fahrvereinen und ähnlichen Einrichtungen ein breites **Betätigungsfeld.** Wem das freihändige „Steuern" eines edlen Rosses zu unbequem oder zu riskant erscheint, der kann sich auf einer **Kremserfahrt** gemütlich mit der Kutsche durch die Gegend schaukeln lassen.

Reiterhöfe

- **Reit- und Therapiehof Matthäus,** Dorfstr. 2, 17406 Morgenitz, Tel. 038372/70348, www.reiterhof-morgenitz.de
- **Ostlandhof,** Mühlenstr. 7, 17459 Ückeritz, Tel. 038375/21368
- **Reiterhof Bannemin,** Trassenheider Str. 1, 17449 Bannemin, Tel. 038377/41178, www.reiterhof-bannemin.de
- **Reiterhof Jaddatz,** Koppelweg 18, 17440 Ziemitz, Tel. 03836/23 35 10, www.hof-jaddatz.de
- **Reiterhof Sallenthin,** Alt Sallenthin 1, 17429 Heringsdorf, Tel. 038378/339980, www.reitenauf-usedom.com
- **Friesenhof,** Bahnhofstraße 48, 17449 Trassenheide, Tel. 038371/2610, www.friesenhof-trassenheide.de
- **Reit- und Ferienhof,** Labömitzer Str. 3, 17427 Benz, Tel. 038379/2530, www.reiterhof-benz-usedom.de

Kutschfahrten

- **Hans Jürgen Will,** Gothenweg 14, 17419 Ahlbeck, Tel. 038378/28450, www.pferdehof-will.de
- **Harry Kramp,** Wiesengarten 14, 17419 Ahlbeck, Tel. 038378/30280
- **Fuhrgeschäft H. Zeplin,** Dorfstr. 42, 17429 Bansin, Tel. 038378/29372

Golf

Der Golfpark Balm ist einer der landschaftlich schönsten Golfplätze in ganz Deutschland. Die weitläufige Anlage mit Hotel und Restaurants in herrlicher Alleinlage am Balmer See mit Blick auf Ostsee und Achterwasser ist 120 ha groß und umfasst zwei 18-Loch-Plätze mit ausgedehnter Driving Range. Dazu gibt es einen 9-Loch-Kurzplatz, einen Golf-Shop, eine Golfschule und mehr.

Bei Korswandt bietet der 57 ha große Golfplatz **Baltic Hills** einen 18-Loch-Platz, eine Driving Range, einen Golf-Shop und ein Restaurant mit Café und Terrasse mit Blick auf die Golfanlage.

■ **Golfpark Balmer See,** Drewinscher Weg 1, 17429 Balm, Tel. 038378/280, Fax 28222
■ **Golfplatz Baltic Hills,** Hauptstraße 10, 17419 Korswandt, Tel. 038378/32318, www.baltic-hills.de

Rundflüge

Wer sich die landschaftliche Schönheit der von Ostsee, Achterwasser und Peenestrom umspülten Insel Usedom sowie der umliegenden vorpommerschen Boddenküste einmal aus der Vogelperspektive anschauen möchte, dem bietet sich dazu **vom Flugplatz Heringsdorf in Zirchow und vom Flugplatz Peenemünde** Gelegenheit. Von oben ist besonders die extreme Zerlappung der vorpommerschen Boddenküste gut zu erkennen, die deshalb und natürlich auch wegen ihrer herrlichen Sandstrände und ihrer unberührten, abwechslungsreichen Naturräume fraglos als Deutschlands schönste Küste gilt. In Zirchow hat der Fliegerclub Heringsdorf seinen Sitz, bei dem man das **Motor- und Segelfliegen erlernen** kann.

Informationen

■ **Flughafen Heringsdorf,** Service-Tel. 038376/29734, www.flughafen-heringsdorf.de
■ **Flugplatz Peenemünde,** Airport Touristik Center, Info-Hotline: 0700/33334747 (12 Cent/Min.),

www.peenemuende.com (Von Ostern bis Oktober werden je nach Wetterlage Inselrundflüge zwischen 10 und 18 Uhr angeboten)
■ **Fallschirmsport,** Tel. 038376/29507 (Tandemsprünge, FKK-Sprünge, Ausbildung etc.)
■ **Usedomer Fliegerclub e.V.,** 17429 Mellenthin, Tel. 038379/20239, www.usedomerfliegerclub.de (Hängegleiter, Ultraleichtflugzeuge, Modellflugzeuge, Fallschirmsprungbetrieb)
■ **Heißluftballon,** Peer Wittig, Friedländer Str. 18, 17389 Anklam, Tel. 03971/211993, www.ballon-mbb.de

Tipps für Kinder

Bei schönem Wetter ist es sicher unproblematisch, die lieben Kleinen zu beschäftigen. Dann ist das Buddeln und Planschen am **Strand** das höchste Vergnügen für die Bambini. Doch die Ostsee ist nicht das Mittelmeer, und es muss auch im Sommer mit Tagen gerechnet werden, an denen der Wettergott Groß und Klein den Strandspaß vermiest. Deshalb muss jedoch keine Langeweile aufkommen. Usedom bietet auch bei Wind, Wolken und Regen genügend Möglichkeiten, damit Kinder (und Eltern) ihren Spaß haben.

Tipps für Regentage

Hier in Stichworten ein paar Anregungen **für Ausflüge und Unternehmungen** für Tage, die sich nicht für Strandvergnügungen eignen. Näheres dazu findet man in den Info-Anhängen unter dem Stichwort „Aktivitäten" bei den jeweiligen Ortskapiteln.

■ Gokart-Bahn/Flughafen Peenemünde

Mal Formel 1 spielen und so richtig die Sau rauslassen auf dem 900 m langen Rundkurs der ehemaligen Startbahn des Flughafens.

■ Heimattierpark/Wolgast

Über 400 einheimische wie exotische Tiere zeigt der in eine schöne Parkanlage eingebettete Tierpark. Die Attraktion ist das große Affenhaus.

■ Ostsee-Therme/Heringsdorf

Wasserspaß auch bei Kälte und Regen in exotischer Wasserlandschaft mit 6 Schwimmbecken, Wasserfall, Grottenrutsche, Luftsprudelbecken, römischem Dampfbad, Sauna und anderem mehr.

■ Muschel-Museum/Heringsdorf

Fast 3000 Muscheln, Korallen und Schnecken in vielfältigen Formen und Farben führen lebendig vor Augen, was es am Usedomer Strand weniger zahlreich zu finden gibt. Darunter die mit 1,8 m Umfang und 95 kg Gewicht größte Muschel.

☐ Im Sand ist es für Kinder
immer noch am allerschönsten

■ Historisch-Technisches Informationszentrum/Peenemünde

Flugzeuge, Bunker, Raketen, Schiffe, Hubschrauber, ein U-Boot und vieles mehr gibt es auf dem Gelände mit Innen- und Außenbereich zu entdecken und erleben.

■ Kulturhof/Mölschow

Eintauchen in die Welt der Bauern mit landwirtschaftlichen Erlebnisbereichen, malerischem Kräutergarten, urigem Backofen und handwerklichen Schauwerkstätten. Oder in Kursen das Töpfern, Korbflechten, Seidenmalen, Holzschnitzen oder Filzen selbst erlernen.

■ Naturschutzzentrum/Karlshagen

Die Pflanzen und Tiere von Usedom und der Ostsee entdecken und studieren und dabei erfahren, warum der Schutz der Natur so wichtig ist. Neben der Ausstellung kann man Vorträge anhören oder an einer Naturführung teilnehmen.

■ Minigolf/Koserow

Bewegung an der frischen Seeluft in schöner Natur. Ein großer Familienspaß ist immer wieder eine Runde Minigolf, besonders groß der Spaß, wenn dies auf Deutschlands längster 2x18-Loch-Minigolfbahn

150ud

stattfindet; der Clou: Abendgolfen mit dezenter Beleuchtung und Lagerfeuer mit Grillwurst.

■ Tauchgondel Zinnowitz

Abenteuerliche Unterwasserfahrt mit der Tauchgondel an der Seebrücke Zinnowitz und die Tiere und Pflanzen Ostsee in ihrem Element erleben. Dazu Spannendes über die fernen Ozeane mittels 3-D-Film.

■ Tropenhaus/Bansin

Auf einer abenteuerlichen „Urwald"-Exkursion über 100 exotische Tiere wie Schlangen, Kaimane, Schildkröten, Affen und Vögel erleben und danach Essen und Trinken im „Dschungel-Restaurant" im Obergeschoss.

■ Welt der Erfindungen/Pudagla

Ebenso auf- wie anregend und fantasiefördernd für neugierige Kleine wie ihre Eltern ist die Welt der Erfindungen, die auf 4000 m² 150 geniale Ideen zeigt. Anfassen und Ausprobieren der Ausstellungsstücke ist in Deutschlands erstem Erfindungsmuseum ausdrücklich erwünscht!

■ Windmühle/Benz

Ein Fahrradausflug zur romantischen Holländer-Windmühle bei Benz. Die intakte Windmühle kann man nicht nur von außen besichtigen, sondern in ihr herumklettern und die eindruckvolle Technik im Inneren kennenlernen.

■ Usedom-Park-Kinderland/Trassenheide

„Kinderland" heißt der Usedom-Park nicht von ungefähr. Hier ist alles zum Spaß für die Kurzen da. Ob Ponyreiten oder Streichelzoo, Karussells oder Hüpfburg, Trampolin oder lebensgroßes Damespiel – Spielzeug en masse – nicht ganz einfach, die Kleinen hier wieder wegzukriegen.

■ Wisentgehege/Prätenow

Auge in Auge mit dem mächtigen europäischen Urrind, das schon fast ausgestorben war. Im 6 ha großen Wisentgehege auf Usedom streifen Wisente, Auerochsen und nordamerikanische Bisons durch die (fast) freie Wildbahn. Eine Attraktion sind die kleinen Wisente, die hier Jahr für Jahr geboren werden. Für Kinder gibt es dazu einen Spielplatz mit Kletterwald und Baumhaus. Eintritt frei!

■ Kletterwald/Forstamt Neu Pudagla

Auf Bäume klettern ist für alle Kids ein unbändiges Verlangen – oft zum Schrecken der Mütter und Väter. Im Kletterwald können die kleinen und die großen Kinder, also auch die Eltern, auf über 50 Kletterelementen wie Tarzan und Jane unter fachlicher Aufsicht und gesichert durch die Wipfel hangeln.

■ Mit dem Kutter zur Insel Ruden/ Hafen Karlshagen oder Peenemünde

Mit einem alten Heringskutter hinüber auf die unter Naturschutz stehende Leuchtturminsel. Neben unberührter Natur, einem einladenden Sandstrand kann man in der schönen Landschaft auch bizzare und höchst amüsante Kunstwerke der zwei schrulligen Junggesellen, die als einzige die Insel bewohnen, entdecken.

■ Baggerpark/Trassenheide

Hier erfüllen sich auch Papas Kinderträume vom Baggerfahren – auf 1000 m² kann er mit einem 1,5-Tonner nach Herzenslust herumbaggern, während die Kiddies mit Mini-Quads quer durch das Gelände toben dürfen. Sonntagskleidung ist hier fehl am Platze!

Unterkunft

Kapazität

Mecklenburg-Vorpommerns Küste ist die touristische Boomregion Deutschlands. Seit Jahren erzielt das Bundesland die mit Abstand höchsten Zuwachsraten aller Länder. Zu den beliebtesten Urlaubszielen an der Küste zählen die Inseln und Halbinseln, also auch Usedom. Das wirkt sich nicht nur auf die Preise, sondern auch auf die Unterbringungsmöglichkeiten aus. Obwohl Usedom insgesamt rund 45.000 Gästebetten (Betriebe ab neun Betten) besitzt, davon etwa

30.000 in Hotels und Pensionen, und die Kapazität weiter steigt, ist **im Juli und August die Insel oft ausgebucht.** Ad hoc findet man entweder gar nichts oder, wenn doch, nur noch im Hochpreissegment der Hotels oder überteuerte Privatunterkünfte mit für den Preis eventuell „bescheidener" Ausstattung. Für den Hochsommer ist also eine frühzeitige Buchung angeraten, außerhalb dieser Zeit ist es kein Problem, eine Unterkunft zu finden.

Kategorien/Preise

Hotels, Pensionen

Die rund 200 Hotels und Pensionen auf Usedom sind, wenn nicht neu erbaut, fast durchweg außen bildschön restauriert und innen modernisiert und entprechen dem üblichen Standard. **Die Mehrheit ist in der 3-Sterne-Mittelklasse einzuordnen.** In den Seebädern gibt es allerdings auch sehr elegante und schöne 4-Sterne- und 5-Sterne-Luxus-Herbergen. Sehr rar geworden sind dagegen einfache und einfachste Unterkünfte mit Etagen-WC und -Dusche.

Ein Hotel- oder Pensionsurlaub auf Usedom ist also nicht ganz billig. Die **Preise** bewegen sich im unteren Bereich etwa bei 30–40 € pro Person im Doppelzimmer. Bessere Adressen, Lagen und Ausstattungen sind dann für 50–80 € p.P./ DZ oder auch mehr zu bekommen. **Die in diesem Buch bei den einzelnen Unterkünften genannten Preise beziehen sich auf eine Person im Doppelzimmer mit Frühstück, in der Hauptsaison (HS) und Nebensaison (NS).** Sind meist zwei Preise angegeben, so ist die Preisspanne zwischen dem billigsten und dem teuersten Angebot gemeint. Die Preisangaben sollen jedoch nur zur ersten **Orientierung** und zu **Vergleichszwecken** dienen. Die aktuellen Preise sollte man vor einer Buchung unbedingt noch einmal direkt abfragen! Genaue Preisangaben sind schwer zu machen, weil die Hotels ein breit gefächertes Angebot an Spezialangeboten wie Wochenendarrangements usw. anbieten und sehr unterschiedliche Haupt- und Nebensaison-Preise haben.

Zur Orientierung und zum Preisvergleich eignen sich die **Unterkunftsverzeichnisse,** die die saisonalen Preise der einzelnen Herbergen detailliert auflisten.

Ferienwohnungen

Auf Usedom werden etwa **1500 Ferienwohnungen und -apartments** angeboten. Die Preise liegen etwa zwischen 40 und 90 € pro Wohnung und Tag, im Schnitt also bei etwa 70 €. Größere, luxuriösere und in der ersten Reihe gelegene Wohnungen schlagen dagegen schnell mit 80–150 €/Tag zu Buche. Da man in einer Ferienwohnung jedoch meist mit 3–6 Personen unterkommen kann und dank der vorhandenen Küche Selbstversorger sein kann, ist ein Apartment eine oft günstigere Art der Unterkunft als ein Hotel oder eine Pension.

▷ Die Jugendherberge in Heringsdorf ist sicher eine der schönsten im Lande

Privatzimmer

Die rund 300 angebotenen Privatzimmer kosten etwa zwischen 30 und 40 € pro Person, also ca. 35 € im Durchschnitt. **Die Ausstattung kann** allerdings **sehr unterschiedlich sein.** Hier sollte man sich vor der Buchung genau informieren. Am besten auch per Fotos, denn manches zeigt sich in Sachen Ambiente und Flair im ziemlich geschmackfreien Gewand. Über die Lage und Ausstattung informieren die Unterkunftsverzeichnisse detailliert.

Buchung

Alle Unterkünfte kann man **direkt buchen.** Immer häufiger wird dazu das Internet benutzt. Für **Online-Buchungen** steht die Homepage der Usedom Tourismus GmbH (UTG), www.usedom.de, zur Verfügung, die über eine 5000 Betten umfassende Datenbank verfügt.

Eine **Liste ausgewählter Hotels und Pensionen** findet man in diesem Buch unter „Unterkunft" im Info-Anhang der einzelnen Ortskapitel.

Von zu Hause aus oder vor Ort kann man auch über die **Tourist-Informationen** buchen.

Neben den Kurverwaltungen, Tourist-Informationen und Fremdenverkehrsämtern gibt es auch private Zimmervermittlungen.

Überregional

■ **TOURBU MV,** Platz der Freundschaft 1, 18059 Rostock, Tel. 0381/4030500, www.tourbu-mv.de, Mo bis Fr 8–18 Uhr, Sa 9–13 Uhr (Buchungen in gesamt Mecklenburg-Vorpommern)

Private Zimmervermittlung

- **Usedom Touristik,** Waldoase 1, 17419 Ahlbeck, Tel. 038378/500, Fax 50299, www.usedom-touristik.de
- **Bäder-Tourist,** Hauptstraße 33, 17449 Karlshagen, Tel. 038371/20815, Fax 28162, www.baedertourist.de (mit Online-Katalog)
- **Usedomtourist,** Sölversborger Str. 2, 17438 Wolgast, Tel. 03836/261314, Fax 261394, www.usedomtourist.de

Urlaub auf dem Bauernhof

Nicht nur, aber **besonders für Stadtkinder** erlebnisreich und spannend ist es, die Ferien zwischen Tieren und Traktoren auf einem Bauernhof zu erleben. Hier können die Kleinen nicht nur sehen und lernen, wo Wurst, Milch und Brot herkommen oder wie man Getreide und Kartoffeln anbaut, sondern auch selbst mit anpacken. Heu ernten, Hühner füttern, mit dem Hofhund spielen, die Katze beim Mäusefangen beobachten und vieles mehr lässt bei Kindern keine Sekunde Langeweile aufkommen.

Die **Bauernhöfe** liegen meist ruhig, oft in Einzellage inmitten der stillen Natur und bieten schrankenlosen Platz zum Spielen, Toben und Entdecken.

Informationen

- **Landurlaub MV,** Griebnitzer Weg 2, 18196 Dummersdorf, Tel. 038208/60672, Fax 60673, www.landurlaub.m-vp.de (Illustriertes Gastgeberverzeichnis „Landurlaub MV", Broschüre „Reiturlaub in MV"; zum kostenlosen Download stehen die Broschüren „Heuherbergentour MV" und „Hofläden und Hofcafés in MV" bereit)

Jugendherbergen

Die Übernachtung in Jugendherbergen (JH) setzt die **beitragspflichtige Mitgliedschaft in einem Jugendherbergsverband** voraus. Diese kann auch direkt in einer JH erworben werden. Für Familien und Gruppen ist eine schriftliche Anmeldung unbedingt erforderlich. Einzelreisende sollten sich einen Tag vor Ankunft telefonisch ankündigen.

Auf Usedom selbst gibt es nur eine Jugendherberge in Heringsdorf. In der näheren Umgebung gibt es in Bellin, bei Ueckermünde, in Greifswald und in Murchin bei Anklam Jugendherbergen.

- **Jugendherberge Heringsdorf,** Puschkinstr. 7–9, Tel. 038378/22325, Fax 32301, Ü/F ab 25,50 €
- **Jugendherberge Ueckermünde-Bellin,** Herbergstr. 1, Tel. 039771/22411, Fax 22554, Ü/F ab 19,50 €
- **Jugendherberge Greifswald,** Pestalozzistr. 11/12, Tel. 03834/51690, Fax 516910, Ü/F ab 20,90 €
- **Jugendherberge Murchin,** Jugendherberge 1, Tel. 03971/210732, Fax 259411, www.murchin.jugendherberge.de (mit Zeltplatz), Ü/F ab 18,50 €

Informationen

Allgemeine Informationen zu den JH in Mecklenburg-Vorpommern erteilt:

- **Deutsches Jugendherbergswerk,** Landesverband M-V, Charles-Darwin-Ring 4, 18059 Rostock, Tel. 0381/776670, Fax 7698682, www.djh-mv.de

Camping

Auf Usedom stehen **16 Campingplätze mit insgesamt rund 4000 Stellplätzen** zur Verfügung, wovon sieben an der Außenküste und unmittelbar am Strand liegen. Die meisten Plätze sind nur in der Saison, also etwa von Mai bis September geöffnet, eine zunehmende Zahl ganzjährig. Genaue Angaben zu den einzelnen Plätzen finden sich unter dem Stichwort „Unterkunft" im Infoteil der jeweiligen Ortsbeschreibung.

Die Usedom Tourismus GmbH (UTG) gibt ein alle zwei Jahre aktualisiertes **Campingplatzverzeichnis** heraus, das über die UTG und die lokalen Tourist-Informationen und Kurverwaltungen erhältlich ist.

Informationen

■ **Verband der Camping und Freizeitbetriebe Mecklenburg-Vorpommern (VCMV),** Pläterstr. 2, 18055 Rostock, Tel. 0381/4034855, Fax 448402, www.camping-caravan-mv.de

Wohnmobile

Während das klassische Zelten und auch der Wohnwagenurlaub rückläufig sind, gewinnt der Urlaub mit dem Wohnmobil **Jahr für Jahr neue Anhänger.** So hat sich auch in M-V bei manchen Campingplatzbetreibern erfreulicherweise die Erkenntnis durchgesetzt, dass Wohnmobile eben keine Camper im herkömmlichen Sinne sind.

Freies Stehen

Die **Recht- oder Unrechtmäßigkeit** des sogenannten „freien Stehens" mit dem Wohnmobil ist landesweit ein Dauerstreitpunkt. Grundsätzlich ist wildes Campen verboten. Erlaubt ist jedoch zu parken und mittels einmaliger Übernachtung seine Fahrtüchtigkeit wiederherzustellen. Dabei dürfen aber keine Campingstühle aufgestellt werden, da dies bereits als Campen zählt.

Lage auf Usedom

Erfreulicherweise ist die Küste von Mecklenburg-Vorpommern im Gegensatz zur Ostseeküste von Schleswig-Holstein ein sehr Wohnmobil-freundliches Urlaubsziel und noch nicht mit „Womo-Verbotsschildern" zugepflastert. **Das Stehen auf Parkplätzen ist fast überall problemlos möglich.** Viele Gemeinden und private Parkplatzpächter erlauben dies auf ihren Plätzen gegen eine Gebühr von 5–10 € sogar offiziell. Neben Park- und Campingplätzen gibt es auch immer mehr **Wohnmobil-Stellplätze.** Sie verfügen neben einem Stromanschluss auch über Ver- und Entsorgungseinrichtungen und bewegen sich preislich zwischen einfachem Parkplatz und Campingplatz.

Service

■ **Caravan/Reisemobil-Service Wöller,** 17498 Hinrichshagen, Chausseestr. 12, Tel. 03834/500448, www.caravan-woeller.de (Vermietung, Verkauf, Reparatur, direkt an der B 96 Hinrichshagen Ortsumgehung, Abfahrt Greifswald Südwest, mit Stellplatz 10 €/Nacht, inkl. Strom sowie Ver- und Entsorgungsmöglichkeiten)

Unterwegs auf Usedom

Mit der Usedomer Bäderbahn (UBB)

Die UBB, eine Tochter der Bahn AG, hat in den letzten Jahren das gesamte rund **80 Kilometer lange Schienennetz,** die Bahnhöfe und die Schienenfahrzeuge auf Usedom **modernisiert und ausge-** baut und auf das Festland erweitert. Bereits jetzt verkehrt die erfolgreiche UBB im 2-Std.-Takt über Greifswald nach Stralsund und Barth.

2008 wurde die Strecke **von Ahlbeck über die Grenze bis ins polnische Swinemünde** eröffnet. Von dort aus soll es einmal weiter bis Garz gehen, sodass der dortige Usedomer Flughafen Bahnanbindung haben wird. Es ist zu wünschen, dass die Überlegungen, den vorgesehenen Neubau der Meiningenbrücke bei Barth als Straßen- und Schienenverbindung auszuführen und die UBB dann über Barth und weiter bis auf den Darß verkehren zu lassen, bald Wirklichkeit werden. Solange ersetzt noch die Buslinie 210 die Lücke, die vom DB-Bhf. Rib-

☑ Anschluss ans Festland –
die UBB überquert das „Blaue Wunder" bei Wolgast

nitz-Damgarten über den gesamten Darß bis Bhf. Barth verkehrt.

Die von Eisenbahnfreunden und Usedomer Verkehrsplanern geforderte Wiedererrichtung der Eisenbahnhubbrücke bei Karnin, die bis zu ihrer Sprengung 1945 Usedom in nur drei Stunden mit Berlin verband, wird dagegen aller Wahrscheinlichkeit nach aus Kostengründen in naher Zukunft leider nicht realisiert werden.

Mit der UBB sind alle Seebäder und Badeorte an der Außenküste zu erreichen. Die **Hauptstrecke** führt von Züssow über Wolgast und Trassenheide nach Zinnowitz und weiter quer durch die gesamte Insel bis ins polnische Swinemünde. Wer in den Nordzipfel von Usedom nach Karlshagen oder Peenemünde fahren will, muss in Zinnowitz umsteigen.

Die weiß-blauen UBB-Züge verkehren **im Sommer im 30-Min.-Takt,** im Winter etwa im Stundentakt. Die **Fahrzeit** von Züssow nach Zinnowitz beträgt 41 Minuten, von Züssow nach Ahlbeck 1 Stunde, 33 Minuten und von Stralsund bis Swinoujście Zentrum 2 Stunden, 20 Minuten.

Informationen

 **Usedomer Bäderbahn,** Am Bahnhof 1, 17424 Heringsdorf, Tel. 038378/27132, Fax 27114, www.ubb-online.de

■ **Tickets** für DB AG nur im Bhf. Heringsdorf, Zinnowitz, Wolgast

ud13-018

Mit Linienbussen

Auf, um und nach Usedom verkehren **fünf Busgesellschaften** im Linienverkehr. Das mit 15 Linien dichteste Netz, mit dem praktisch jeder Ort auf der Insel erreicht werden kann, unterhält die **Ostseebus GmbH.** Sie betreibt auch die „Europa-Linie" (Nr. 290) von Bansin bis zum Hafen/Fähre Swinemünde. Achtung: Fahrscheine können auf deutscher Seite nur in Euro, in Świnoujście nur in Złoty gelöst werden!

Die **Anklamer Verkehrsgesellschaft AVG** bedient zwischen Friedland, Jarmen, Greifswald und Wolgast 21 Überlandlinien. Die Linie 201 fährt nach Heringsdorf, die Linie 202 nach Wolgast.

Die **Verkehrsbetriebe Greifswald Land** bieten von Greifswald ZOB die Linie 508 über Katzow und Linien 518 über Lubmin nach Wolgast Bhf., wo man in Züge der UBB umsteigen kann.

Entlang der Festlandküste verkehrt der **Omnibusbetrieb Pasternak** auf den Strecken Wolgast – Lassan und Lassan – Klotzow – Anklam.

Alle Unternehmen sind Mitglieder der Verkehrsgemeinschaft Müritz-Oderhaff (VMO), die einen **Gesamtfahrplan für die Region** herausgibt. Der Fahrplan ist für 2 Euro bei allen Linien, teils sogar in den Bussen erhältlich.

Informationen

● **Ostseebus GmbH,** An der Feuerwehr 3, 17419 Ahlbeck, Tel. 038378/33630, www.ostseebus.de
● **Verkehrsbetrieb Greifswald Land,** Zum Voßberg 7, 17498 Helmshagen, Tel. 03834/81963, www.vbg-l.de
● **Anklamer Verkehrsgesellschaft,** Heinrich-Hertz-Str. 2, 17389 Anklam, Tel. 03971/206112, www.avg-anklam.de
● **Omnibusbetrieb Pasternak,** Wendenstr. 74, 17440 Lassan, Tel. 038374/80226, www.lassaner-busse.de

Mit dem Fahrrad

Vorteile

Aus gutem Grund erfreut sich Urlaub mit dem Fahrrad zunehmender Beliebtheit: **Radeln schont die Umwelt und ist gesund.** Doch es spricht noch mehr dafür, sich auf Usedom in den Sattel zu schwingen. Besonders in Urlaubszeiten sind die Straßen auf Usedom oft sehr stark belastet und überlastet, sodass in den Blechlawinen und Staus wenig Urlaubsfreude aufkommen will. Auch die

praktisch durchweg kostenpflichtigen Parkmöglichkeiten in den Badeorten sind dann meist voll belegt und die Suche nach einem freien Stellplatz ist nervenzerrend.

Ein weiterer Vorteil ist, dass der Radfahrer, anstatt mit dem Straßenverkehr zu „kämpfen", **auf idyllischen Nebenstrecken oder ausgebauten Radwegen** die Schönheit und Vielfalt der Landschaft unmittelbar erleben kann. Ganz praktisch ist das Rad dort, wo Autos nicht fahren dürfen. Und genau da findet sich oft das schönste Picknickplätzchen oder die lauschigste Badestelle.

Wer einmal für die Rückfahrt zu müde ist, kann an jeder Station der UBB mit seinem Rad **in den Zug** steigen.

Gefährlich

Unbedingt meiden sollte der Radfahrer die großen **Hauptverkehrsadern B 110 und B 111.** Insbesondere ihre Alleen-Abschnitte und durch Wald führenden Bereiche sind für Radfahrer sehr gefährlich. Da hier auch bei Sonnenschein Dämmerlicht herrscht, werden Radfahrer von Autos immer wieder übersehen und überfahren.

Verleih

Wer mit dem Auto anreist und kein Fahrrad mitführen kann, braucht auf die Zweiradwonnen dennoch nicht zu verzichten. **In allen Ferienorten** halten Verleihstationen die praktischen Fortbewegungsmittel bereit. Die Mietgebühr liegt zwischen 4 und 8 € pro Tag. Besonders komfortabel ist das Leihen bei *Usedom-*

Rad (auch E-Bikes), denn man kann das Rad an jeder der inselweit rund 100 Stationen des Verbundes zurückgeben und genießt dazu noch einen kostenfreien Pannenservice.

■ **UsedomRad,** kostenlose Service-Hotline 030/55576911, www.usedomrad. de

E-Bikes auf Usedom

Der E-Bike-Hersteller Movelo unterhält auf Usedom **fünf Akku-Wechselstationen** sowie jeweils eine in Greifswald und Anklam. Mietstationen findet man u.a. in Ahlbeck, Heringsdorf und Korswandt. Damit steht der Erkundung ganz Usedoms per komfortablem E-Bike nichts mehr im Wege.

■ **Mietstationen:** Ahlbeck, Lindenstraße 76, Tel. 038378/497206, www.mietrad-ahlbeck.de; Heringsdorf, Kulmstr. 26a, Tel. 038378/497731

Radwanderwege

Das Radwegenetz auf Usedom, das ständig weiter ausgebaut wird, ist **fast 200 Kilometer** lang. Rechnet man die Festlandsstrecken am Stettiner Haff dazu, sind es weit über 300 Kilometer.

⌃ Usedom bietet beste Bedingungen zum Radwandern

Informationen

● **ADFC,** Landesverband M-V, Hermannstraße 36, 18055 Rostock, Tel. 0381/37706976, Fax 37706978, www.adfc-mv.de
● **ADFC Usedom,** *Georg Arbeit,* Seepark 19, 17429 Bansin, Tel. 038378/30886, www.adfc.de/mv/usedom

Geführte Radtouren

● **Mecklenburger Radtour,** Zunftstr. 4, 18437 Stralsund, Tel. 03831/306760, Fax 3067619, www.mecklenburgerradtour.de

Literatur

● **Kompass Wander- und Radwanderkarte** „Insel Usedom, Insel Wolin", Usedom 1:50.000, Wolin 1:60.000, siehe „Wandern"
● **ADFC-Gastgeberverzeichnis „Bett & Bike in MV",** 261 geprüfte, besonders fahrradfreundliche Unterkünfte in M-V und online unter www.bett-undbike.de/bundesland/mev
● **Radwanderkarte Usedom und Haffküste,** *publicpress,* 1:100.000, gute Karte mit Ausflugszielen, Einkehr- und Freizeittipps, dazu reiß- und wetterfest, abwischbar und GPS-genau

Seenradweg

Der **längste und schönste Radfernweg in Mecklenburg-Vorpommern** ist der Seen-Radweg, der **in Lüneburg beginnt** und über Dömitz, Ludwigslust, Lübz, Plau, Waren, Neustrelitz, Neubrandenburg, Ueckermünde und Anklam über die Insel Usedom führt und **nach 614 km in Wolgast endet.**

Fernradweg Berlin – Usedom

Endlich durchgehend fertiggestellt ist der sehr schöne, **337 km** lange Radweg von Berlin nach Usedom (www.berlin-usedom-radweginfo.de). Er beginnt in Berlin Mitte und führt dann über Bernau, durch die Schorfheide und weiter an den Ufern des Ober- und Unteruckersees entlang.

Bei Zollchow am Unteruckersee erwartet den Radler und Wasserwanderer die einladende **Rast-/Übernachtungsstation Berlin-Usedom-Box** (Zeltplatz am See, Badestelle, Blockhütten, sehr preiswertes und gutes (!) Essen und Trinken; Mai tägl. 12–19 Uhr, Juni–Aug. tägl. 10–20 Uhr, Tel. 0172/6276075, www.berlin-usedom-box.de). Frisch gestärkt und ausgeruht geht es dann weiter via Prenzlau durch die Uckermünder Heide nach Torgelow, von dort nach Anklam und über die Zecheriner Brücke auf die Insel Usedom. Von Ahlbeck geht es dann quer über die gesamte Insel entlang der Außenküste bis nach Peenemünde, wo er offiziell endet.

● **Info/Tourguide/Karten:** bikeline „Mecklenburger Seen-Radweg" und „Berlin – Usedom", sehr gute, durchdachte Tourguides im Maßstab 1:75.000,

▷ Usedoms vielfältige Küstenlandschaften lassen sich am besten per Fahrrad erkunden

die die Strecken in 40 bzw. 33 Abschnitte einteilt und diese mittels Text und Kartenausschnitten im Detail beschreibt und neben Unterkünften und Rastmöglichkeiten u.a. auch allerhand Interessantes links und recht des Weges beschreibt. Radpraktisches Querformat mit Spiralbindung

Mit dem Auto

Straßenverhältnisse

Die Straßenverhältnisse auf Usedom sind sehr unterschiedlicher Natur. Die großen **Bundesstraßen** und stark befahrenen Zubringer zu den Seebädern sind gut ausgebaut, auf Alleenabschnitten jedoch in ihrer Breite begrenzt und in Urlaubszeiten teils extrem belastet und nicht selten überlastet.

Auch untergeordnete **Landstraßen und Nebenstrecken** werden Zug um Zug ausgebaut. Viele wurden bereits mit einem neuen Belag versehen. Noch nicht erneuerte Nebenstrecken sind meist sehr holperig und in der Fahrbahn und an

den Rändern lauern tückische Schlaglöcher. Nebenstrecken im touristisch kaum berührten Hinterland und Zufahrten zu abgelegenen Winkeln und Weilern sind oft, wenn nicht einspurig, sehr schmal und in schlechtem Zustand. Manchmal trifft man hier noch auf Straßenpflaster, das den Eindruck erweckt, als wären schon *Napoleons* Heere darauf marschiert.

Ortsdurchfahrten im Inselinneren sind mancherorts noch Kopfsteinpflasterstraßen, die bei Nässe bekanntlich sehr rutschig werden. Da es in den Dörfern darüber hinaus häufig keine oder nur sehr schmale Bürgersteige gibt, muss verstärkt auf Fußgänger auf der Fahrbahn geachtet werden.

Alleen

Viele Straßen auf Usedom werden von prachtvollen Alleen gesäumt, die mit ihren Dächern aus dicht verwachsenen Baumkronen **teilweise regelrechte grü-**

ud13-019

ne **Tunnel** bilden, in denen auch bei hellstem Sonnenschein **diffuses Dämmerlicht** herrscht. Der Wechsel von hellen, baumfreien Straßenabschnitten zu dunklen Alleen erfolgt ständig und schnell, was die Augen und damit die Verkehrssicherheit stark beeinträchtigt.

Fußgänger und Radfahrer werden auf diesen Strecken deshalb häufig nicht oder zu spät wahrgenommen, was in der Vergangenheit bereits zu dramatisch vielen **schweren Unfällen** geführt hat.

Die auf der Nachbarinsel Rügen initiierte Kampagne „Auf Rügen mit Licht" hat die Unfallzahlen schlagartig und drastisch um etwa 50 % gesenkt! Deshalb: Auch auf Usedom zu jeder Tages- und Jahreszeit **unbedingt mit Licht fahren!**

Die alten Bäume engen den Fahrweg stark ein, sodass auf den **schmalen Straßen** bei entgegenkommenden Caravans oder LKW **kaum Ausweichmöglichkeiten** bestehen.

Im Herbst liegt viel Laub auf der Fahrbahn, das besonders bei der für diese Jahreszeit typischen feuchten Witterung die Bodenhaftung und Bremswirkung der Räder stark vermindert. Um sich selbst, die anderen Verkehrsteilnehmer und die Umwelt zu schonen, sollte man auf der Insel grundsätzlich langsam und umsichtig fahren.

Parken

Die **Seebäder** sind in der Saison und an Wochenenden dem Besucherverkehr nicht mehr gewachsen. Um die reizvolle Seebad-Atmosphäre und ihren Erholungswert nicht unter einer stinkenden Blechlawine zu begraben, bitte gar nicht versuchen, mit dem Auto in die schma-

len Straßen der Badeorte hineinzufahren. Parkmöglichkeiten wird man dort sowieso keine finden. Sämtliche Seebäder besitzen am Ortsrand gelegene, große, kostenpflichtige Parkplätze, von denen der Strand in wenigen Gehminuten zu erreichen ist.

Auch die außerhalb von Orten gelegenen **Strandparkplätze** sind während der Saison kostenpflichtig. Viele Parkplätze sind privat oder von der Gemeinde verpachtet. Das heißt der Besitzer/Pächter sitzt am Eingang und kassiert, bewacht aber auch sein „Reich". Außerhalb der Saison sind diese Privat-Plätze überwiegend unbewacht und kostenfrei.

Tankstellen

Tankstellen gibt es in Bansin, Ahlbeck/Swinemünder Chaussee, Koserow, Stadt Usedom/Anklamerstraße, Wolgast/Am Fuchsberg, Mahlzow/Straße der Freundschaft und Zinnowitz/Ahlbeckerstraße.

Panne/Unfall

Im Fall einer Panne wendet man sich am besten an die **nächstgelegene Tourist-Information,** wo man die Adressen der nächstgelegenen Abschlepp-, Pannenhilfsdienste und Autowerkstätten erhält, oder man ruft beim **ADAC** an:

■**Zentraler ADAC-Notruf:** Tel. 0180/2222222

◁ (N)Ostalgische Gefühle – mit der „Rennpappe" ab nach Usedom zur Strandsause

Land und Leute

◁ Sinne und Seele salzen
bei einem Spaziergang am stillen Achterwasser

Geografie

Lage

Zwei Inseln an der Oder

Im äußersten nordöstlichen Zipfel
Deutschlands, dort wo die Oder und die
deutsch-polnische Staatsgrenze die Ostsee erreichen, liegt Usedom. Wie ein natürlicher Wellenbrecher lagert sich mit
einer Fläche von **445 km² Deutschlands
zweitgrößte Insel** gemeinsam mit der
polnischen Schwesterinsel Wolin der
Odermündung vor. Die beiden Inseln
sperren die **Oder-Mündung** wie ein
Damm fast vollständig ab und stauen
das Wasser des großen, immerhin über
900 km langen Flusses auf.

Oderhaff

Der „Stausee" ist das Oderhaff, das sich
in das östliche **Große Haff** und das westliche **Kleine Haff** aufteilt und nur durch
drei schmale Zugänge Verbindung zum
Meer besitzt. Der östlichste, die **Dziwna,**
trennt die Insel Wolin vom Festland. Der
mittlere Zugang, die **Świna,** durch den
der Schiffsverkehr zwischen Ostsee und
Oder fließt, trennt die Inseln Wolin und
Usedom voneinander. Der westliche, der
die Insel Usedom vom Festland trennt,
ist der aus dem Kleinen Haff kommende
Peenestrom. Durch ihn fließen neben
der Oder auch die Flüsse Peene, Ücker
und Ziese. Gemeinsam speisen sie das
Achterwasser, das sich tief ins Usedomer Land hineindrängt und der Insel ihre besonders markante, extrem zerlappte
Binnenuferlinie verleiht.

Entstehung

Entstanden sind die beiden Inseln Usedom und Wolin **vor etwa 5700 Jahren nach der letzten Eiszeit** durch von Gletschern ausgebildete Grundmoränen und das Zusammenwirken komplexer dynamischer Ausgleichsprozesse. Die von den Meeresströmungen mitgeführten Sedimente lagerten sich ab und bildeten Sandwall um Sandwall eine Nehrung aus, die allmählich die Flussmündung vom offenen Meer abschnitt. Die angelagerten Sedimente wurden vom Wind umgelagert und zu Dünen aufgehäuft.

Während die Strömung an der **Außenküste** eine praktisch schnurgerade Ausgleichsküste formte, bildeten die Strömungen an der **Binnenküste** mit den von den Flüssen mitgeführten Sedimenten eine stark zerlappte, durch Buchten, Randseen, Wieke und Haken geprägte Küstenlinie.

Landschaft

Die Insel Usedom wird durch das Achterwasser gleichsam in zwei Teile zerlegt. Die „Grenze" bildet die „Wespentaille" der Insel, die schmale **Landbrücke zwischen Zempin und Koserow.** Dort drängt das Achterwasser mit dem Riekgraben auf nur 300 Meter bis an die Ostsee heran.

Nordteil

Der nördliche Teil Usedoms ist **flach** und besteht an der Außenküste aus überwiegend **bewaldeten Dünenketten.** Am Peenestrom prägen **feuchte Wiesen und sumpfige Moore** den Inselteil.

Südteil

Der Südteil der Insel ist ganz anders. Seine Außenküste ist zwar ebenfalls, wie im Nordteil, von Dünenwällen geprägt. Dahinter bestimmen jedoch **Grundmoränen** das Landschaftbild, die bis zu 59 Meter hoch aufragen. Die abschmelzenden Gletscher hinterließen sogenannte **Restseen** wie den moorigen Mümmelkensee bei Bansin. Das abwechlungs-

◁ Eng verwoben sind Wasser und Land am Peenestrom

reichste Relief Usedoms besitzt die **„Usedomer Schweiz"**, in deren anmutiger Hügellandschaft gleich mehrere Seen und Teiche blinken.

Ausgedehnte Wälder bedecken die abgeschiedene und kaum besiedelte hügelige Grenzregion zwischen Ahlbeck und Kamminke am Kleinen Haff. Ein weiteres großes geschlossenes Waldgebiet bilden im Südosten zwischen der Stadt Usedom und Mellenthin der Usedomer Forst und die Mellenthiner Heide.

Zwischen den beiden großen Waldgebieten liegt das **Thurbruch**, ein ausgedehntes Niedermoor, das sich zwischen dem Gothensee und Kachliner See ausbreitet.

Der abgeschiedenste Winkel ganz Usedoms ist der landwirtschaftlich geprägte **Lieper Winkel**, der bei Rankwitz zwischen Peenestrom und Achterwasser wie eine Keule weit ins Achterwasser vorspringt. Heute ist das einst sumpfige, dicht bewaldete Grundmoränenland durch Anfang des 20. Jh. durchgeführte Entwässerungsmaßnahmen überwiegend extensiv genutztes Weideland.

Verwaltung

Mit Inkrafttreten der **3. Landkreisreform 2011,** die aus bisher zwölf Landkreisen sechs macht und von sechs kreisfreien Städten nur noch zwei übrig lässt, gehört Usedom zum **Landkreis Vorpommern-Greifswald;** dessen Verwaltungszentrum ist Anklam (13.500 Einw.). Usedom ist damit Teil des bevölkerungsärmsten (62 Einw./km², Deutschland 229 Ein./km²) und strukturschwächsten

Landkreises (durchschnittliches Jahreseinkommen 14.000 €, im Vergleich Kempten/Allgäu 20.700 €). Mit rund 4000 Einwohnern ist das Seebad Ahlbeck der größte Ort auf Usedom, das mit rund **30.000 Einwohnern** wie der Landkreis auch nur sehr dünn besiedelt ist.

Die Insel ist wie ganz Pommern seit 1945 durch eine **Staatsgrenze** geteilt. Der äußerste Zipfel Usedoms mit dem Seebad Swinemünde gehört seit der Potsdamer Konferenz von 1945 zu Polen.

Wirtschaft

Wirtschaftlich gesehen ist Usedom zweigeteilt. **Die Insel ist vollständig industriefrei.** (Nur die Peenewerft in Wolgast bietet Arbeit in diesem Bereich.) Dies ist der von Belastungen verschonten Natur, dem durch keinerlei hässliche Industriekomplexe zerstörten Landschaftbild und dem Tourismus sehr förderlich.

Die **Dörfer** im vom Tourismus unberührten Hinterland weisen ähnlich hohe Arbeitslosenzahlen auf wie der gesamte Landkreis Vorpommern-Greifswald, der durchschnittlich 11,1 % (05/2012, Landesdurchschnitt 10,6 %, Bund 5,7 %) und mit Spitzenwerten von über 20 % eine der höchsten Quoten in Deutschland hat. **Dagegen boomen die Badeorte und Seebäder an der Außenküste** und sorgen für satte Rendite. Allein von 2002 bis 2005 ist die Zahl der Übernachtungen um 35 % gestiegen. 2009 wuchs sie erneut um knapp 7 % und durchbrach die 4-Millionengrenze. Selbst im Krisenjahr 2011 legte die Insel Usedom noch einmal 5 % zu und verfehlte mit 938.000

Besuchern nur knapp die Millionengrenze. Die insgesamt 43.514 gewerblichen Betten waren besser ausgelastet als auf der Nachbarinsel Rügen. Ein Ende des Booms ist derzeit nicht abzusehen. Der Tourismus ist damit die wichtigste, weil einzige nennenswerte Einnahmequelle für die Bewohner.

Tourismus

Badeparadies

Obwohl die Insel Usedom – zumindest im Westteil Deutschlands – immer noch weit weniger bekannt ist als beispielsweise die benachbarte Insel Rügen, hat sie sich seit der Wiedervereinigung wieder

zu dem entwickelt, was sie bereits zu Kaisers Zeiten war – die **„Badewanne Berlins".** Und sie trägt diesen Namen zu Recht. **Usedom ist die Badeinsel schlechthin.** Entlang ihrer gesamten, 42 km langen Außenküste zieht sich ein einziger, teilweise weit über 60 Meter breiter **Bilderbuchstrand.** Ein perfektes Badeparadies, wie man es an Deutschlands Küsten kein zweites Mal findet. Auf Usedom muss man auch im Hochsommer, wenn sich viele tausend Badegäste an den Stränden tummeln, **nie Überfüllung** befürchten. Die herrlichen Sandstrände sind einfach „endlos". Wer

☑ Die intakte Natur ist die wertvollste Ressource für die wirtschaftliche Zukunft der Insel

Usedomer Events

- **Usedomer Winter-Strandkorbfest,** Ende Januar, Info-Tel. 0170/2060100, www. winterstrandkorbfest.de
- **Usedomer Musikfestival** (jährlich Mitte Sept. bis Mitte Okt.), Festivalbüro, Dünenstr. 45, 17419 Ahlbeck, Info-Hotline 038378/ 34647, www.usedomer-musikfestival.de
- **Vineta-Festspiele** (jährlich Ende Juni bis Ende August), Ostseebühne Zinnowitz, Kartenservice Tel. 03971/208925, www.vineta-festspiele.de
- **Baltic Fashion,** Modeschauen im Frühjahr und Herbst, Info/Tickets: Tel. 0800/ 2452325, www.baltic-fashion.de
- **Usedomer Heringswochen,** Mitte März bis Mitte April, wenn der Hering in Schwärmen zieht, gibt es frischesten Ostseehering in allen Varianten und Zubereitungsarten in zahlreichen Hotels und Restaurants, Info-Tel. 038378/477110
- **Usedomer Tüftentage,** jährlich im September kulinarische Tage in zahlreichen Restaurants rings um die pommersche Spezialität Kartoffel, Tel. 038378/477110
- **Heringsdorfer Kleinkunst-Festival,** an Pfingsten, Info-Tel. 038378/24424, www. kleinkunst-festival.com
- **Usedomer Herbst-Marathon,** Wolgast, Strecke: Wolgast – Swinemünde, erste September-Woche, Info-Tel. 03836/600641, Anmeldung: www.usedom-marathon.de
- **Jazz- und Blueswoche Zinnowitz,** Ende November, Info-Tel. 038377/4920
- **Morgenitzer Töpfermarkt,** letztes Juli-Wochenende, Info-Tel. 038372/70910, www. keramik-morgenitz.de

es sucht und sich von den Seebädern etwas entfernt, wird auch im August immer ein ruhiges Plätzchen finden.

Rechnet man die 160 Kilometer Küste am stillen Achterwasser dazu, hat Usedom insgesamt eine **über 200 Kilometer lange Küstenlinie.**

Wer einen Strand- und Badeurlaub plant, ist also auf Usedom goldrichtig. **Wasserratten und -sportler** finden von Segeln, Surfen, Baden mit und Baden ohne bis Angeln alle Möglichkeiten ihrer Leidenschaft ausgiebig zu frönen.

Mondäne Seebäder

Die traditionellen Seebäder mit ihrer charmant-mondänen **Bäderarchitektur der „Belle Epoque",** die sich an der Außenküste wie Perlen aneinander reihen, sind praktisch vollständig durchsaniert. Nun strahlen ihre prächtigen Villen und ehemaligen Logierhäuser wieder schneeweiß im herrschaftlichen Glanz. Gemeinsam mit neu angelegten Seebrücken, Uferpromenaden und Flanierzonen verleiht die historische Architektur den Usedomer Seebädern einen besonders **einladenden Charme.**

Denn, und das kann nicht genug herausgestellt werden, die Usedomer haben die an der westlichen Ostseeküste begangenen Fehler nicht nachgemacht, sondern den unschätzbaren Wert ihrer historischen Substanz erkannt und diese sorgsam bewahrt. So verunziert, von einigen sehr wenigen Bausünden aus der DDR-Zeit abgesehen, **kein hässlicher Hotelkomplex und keine monströse Bettenburg** die Ortsbilder.

Usedoms mondäne Seebäder bieten von Gastronomie über Spaßbäder bis

Land und Leute

zur Spielbank alles an Freizeit- Sport- und Unterhaltungseinrichtungen, also an **touristischer Infrastruktur,** was der aktive und amüsierwillige Urlauber von heute so sucht. Und noch verleiden nirgendwo Schranken oder Zahlstellen, an denen man erst einmal wie an Abschnitten der westdeutschen Küsten kräftig abkassiert wird, bevor man die See überhaupt zu Gesicht bekommt, den Zugang zum Strand.

Stilles Hinterland

Den Gegenpol zu den vielbesuchten, belebten Seebädern bieten das **Inselinnere** und die **abgeschiedenen Ufer des Achterwassers.** Wer der sommerlichen Strandaction und dem Trubel der Seebäder einmal entfliehen will, findet quasi nur einen Steinwurf davon entfernt stille, schilfgesäumte und seerosengeschmückte Seen im sanft hügeligen Land, schattige Wälder, weite Wiesen oder einsame Moore, in denen man bei Spaziergängen oder Wanderungen zu Fuß oder Fahrrad **Erholung** in Ruhe und Abgeschiedenheit findet.

⊡ Sichtbarer Aufschwung:
Die historische Architektur der mondänen Seebäder erstrahlt wieder im alten Glanz

Der Usedomer Gesteinsgarten – eine Reise zurück in die Eiszeit

Geologen bezeichnen Gesteine, die von einem Gletscher transportiert wurden, als **Geschiebe.** Geschiebe sind also Zeugen der letzten Vereisung (Weichselglazial), die im Zeitraum von vor rund 100.000 bis 13.000 Jahren den Ostseeraum bedeckte. Aufgrund bestimmter Charakteristika ist es möglich, die Herkunftsgebiete der einzelnen Geschiebe zu ermitteln. Diese Gesteine werden als Leitgeschiebe bezeichnet.

In enger Zusammenarbeit mit dem **Institut für Geologische Wissenschaften** der Uni Greifswald wurde auf dem Gelände des Forstamtes Neu Pudagla die permanente Ausstellung „Usedomer Gesteinsgarten" geschaffen. Der Geschiebegarten verschafft dem Besucher einen Einblick in die geologische Vergangenheit und die jüngste Vereisungsgeschichte, die maßgeblich die Entwicklung der vorpommerschen Landschaft bestimmte.

Ziel der aufschlussreichen Anlage ist es, Besonderheiten an den Geschieben aufzuzeigen. So kann man gut eigene, z.B. am Strand aufgesammelte Steine mit den ausgestellten vergleichen und ermitteln, woher sie eigentlich ursprünglich stammen. Insgesamt werden in dem Steingarten 104 Geschiebe gezeigt, die in nach der jeweiligen Herkunft zusammengestellten Gruppen geordnet sind. Die **Herkunftsorte** liegen in Skandinavien und auf dem Grund der heutigen Ostsee. Das größte Geschiebe wiegt rund sieben Tonnen, das älteste ist knapp zwei Milliarden Jahre alt. Neben recht häufigen Gesteinen werden auch solche ausgestellt, die in ihrer Ausbildung einmalig sind.

Auf einem **lehrreicher Rundweg** spaziert man quasi von Bornholm über Südschweden bis nach Finnland und zu Gesteinen, die Entfernungen von bis zu 1000 km mit dem Eis zurückgelegt haben. Der Waldweg beginnt im Süden des Geländes mit Findlingen von Bornholm.

Der Gesteinsgarten liegt 2 km östlich von Ückeritz beim Forstamt Neu Pudagla direkt an der B 111.

In den historischen Gebäuden des Forstamts zeigt das **Waldkabinett** neben einer Pilzausstellung die fossile Sammlung 400 Millionen Jahre alten Waldes und anderes Wissenswertes und Kurioses zum Thema Wald (Führungen Mo bis Fr 8–15.30 Uhr). Beim Forstamt beginnt ein interessanter **Waldwanderweg** mit zahlreichen Schautafeln und traumhaften Landschaftsausblicken (geführte Wanderungen Mai bis September, jeden letzten Freitag im Monat).

■ **Forstamt Neu Pudagla,** 17459 Neu Pudagla, Tel. 038375/29110, Fax 291137, www.forstamt-neupudagla.m-vp.de

Natur- und Küstenschutz

Um das wertvolle Kapital der noch weitgehend intakten Natur auch für die Zukunft zu bewahren und vor den Übergriffen der mächtigen Tourismusindustrie zu schützen, wurden Usedom und die angrenzenden Festlandsküsten **1999 zum Naturpark Insel Usedom erklärt.**

Mit dazu beitragen, dass die Insel Usedom auch weiterhin eine Perle der Natur bleibt, kann auch jeder Besucher. Denn soviel ist klar: Werden die Kunstwelten und normierten Feriengettos der Freizeitindustie nicht gebucht, werden sie auch nicht gebaut. Darüber hinaus kann jeder Einzelne mit umsichtigem und **verantwortungsvollem Verhalten,** das die notwendigen Einschränkungen und Verbote des Natur- und Küstenschutzes berücksichtigt, mit dazu beitragen, dass der Besucherstrom die Schönheit und den Charme der Insel nicht beschädigt oder gar zerstört. Helfen Sie mit, dass die Insel Usedom bleibt, was sie heute noch ist – ein landschaftliches Juwel der deutschen Ostseeküste.

Küstenschutz

Kampf gegen Abtragung

Seit Jahrhunderten bemühen sich die Küstenbewohner, die Außenküste vor Abtragung und Zerstörung zu schützen. Mit **Steinwällen, Buhnen, Deichen, Wellenbrechern** oder ähnlichem versuchen sie ihre Heimat vor den Urkräften der See zu bewahren.

Doch trotz aller Anstrengungen: Zwei Drittel der Außenküste Mecklenburg-Vorpommerns sind Abtragungsküste. Die **Strömungen,** insbesondere aber winterliche Sturmfluten, nagen unaufhaltsam an den Ufern und spülen kontinuierlich Landmasse mit sich fort. Auch die mühevolle Bepflanzung der Stranddünen mit Strandhafer und das Anlegen von Küstenschutzwäldern können den **Landverlust nur bedingt aufhalten.**

Die „Zehn Gebote" des Küstenschutzes

1. Benutzen Sie nur die gekennzeichneten Strandzugänge und übersteigen oder beschädigen Sie keine Einzäunungen.
2. Bauen Sie keine Sandburg näher als 2 m am Dünenfuß.
3. Keine Äste von Büschen und Bäumen abbrechen.
4. Benutzen Sie Steilufer nicht für Klettereien oder als Rutschbahnen.
5. Kein Feuer oder Rauchen im Küstenschutzwald.
6. Überqueren Sie Deiche nur an den gekennzeichneten Stellen.
7. Fangen oder beunruhigen Sie keine Tiere.
8. Pflücken Sie keine Blumen und Pflanzen.
9. Entsorgen Sie Ihren Abfall sachgerecht.
10. Befahren Sie nur die erlaubten Wege und parken Sie nur auf den ausgewiesenen Plätzen.

Schutz von Mensch und Tier

Alle diese Maßnahmen dienen aber nicht nur dazu, Küstenrückgang zu vermeiden, sondern schützen auch die Bewohner vor Tod und Verderben. Verheerende **Überschwemmungen** forderten in der Vergangenheit immer wieder zahlreiche Menschenleben und zerstörten Häuser und Höfe. Darüber hinaus sind die verschiedenen Uferzonen wichtiger **Lebensraum für vielerlei seltene Tier- und Pflanzenarten.**

Um die Menschen zu schützen und die einzigartige Küstenlandschaft Usedoms für die kommenden Generationen zu erhalten, ist es unerlässlich, die **Schutzbestimmungen zu beachten.** Man bedenke, dass eine achtlos an falscher Stelle erbaute Strandburg dazu führen kann, dass die nächste Sturmflut dort die Düne durchbrechen und gewaltige Zerstörungen anrichten kann.

703ud

Naturschutz

Natur-Rekorde in Mecklenburg-Vorpommern

Mecklenburg-Vorpommern konnte sich als schwach besiedeltes und weitgehend industriefreies Bundesland seine **Natur großflächig bewahren.** Allein seine 13 ausgewiesenen Großschutzgebiete nehmen über 15 % der gesamten Landesfläche ein. Das ist mit Abstand deutscher Rekord. Nicht berücksichtigt sind dabei die vielen kleineren und kleinen **Landschafts- und Naturschutzgebiete.** Fast 6 % der Landesfläche sind von Wasser bedeckt, was ebenso rekordverdächtig ist wie die Moore, die 10 % einnehmen.

Auch eine weitere Zahl verdeutlicht, welch Naturparadies Ost-Deutschlands nördlichstes Bundesland ist. Von den 14 in Deutschland existierenden Großschutzgebieten, die die strengen Kriterien eines Nationalparks erfüllen, liegen mit dem **Nationalpark Vorpommersche Boddenlandschaft,** dem **Nationalpark Jasmund** auf Rügen und dem **Müritz-Nationalpark** in der Seenplatte allein drei in Mecklenburg-Vorpommern.

Das heißt das Land zwischen Ostsee, Elbe und Oder besitzt eine Naturausstattung, wie man sie im „umweltbewussten" Westen in dieser Größe und Geschlossenheit und in einer derartig **ar-**

tenreichen **Flora und Fauna** längst nicht mehr findet. Zahlreiche vom Aussterben akut bedrohte Tierarten sind hier noch in relativ großer Zahl anzutreffen, seien es Biber oder Fischotter, Sumpfschildkröte oder Uferschwalbe, Weiß- oder Schwarzstorch, See-, Schrei- oder Fischadler, Kranich oder Kolkrabe. Alle diese Tierarten gibt es im Westen Deutschlands kaum oder gar nicht mehr und die dortigen Menschen kennen sie höchstens aus dem Zoo oder Fernsehen.

Vogelschutzgebiete

Praktisch die **gesamte vorpommersche Boddenküste** und die ihr vorgelagerten Halbinseln und Inseln sind wegen ihrer naturräumlichen Einzigartigkeit und ihrer übergeordneten Bedeutung als Brut- und **Rastplatz unzähliger Wasser-, Wat-, und Zugvogelarten** unter besonderen Schutz gestellt. Flächenmäßig das größte Schutzgebiet ist der Nationalpark

Vorpommersche Boddenlandschaft, der sich auf einer Fläche von mehr als 800 km² von der Halbinsel Darß/Zingst bis zur Westküste Rügens erstreckt und die Insel Hiddensee einschließt.

Die ständig sich verändernde Abtragungs- und Anlandungsküste mit ihren Strandseen, Lagunen, Steilküsten, Haken, Nehrungen und Windwatten wie die Moore und Brüche sind **Brutgebiete** unzähliger Vogelarten und einer der bedeutendsten **Rastplätze für Zugvögel.** Bis zu 60.000 Kraniche versammeln sich hier im Frühling und Herbst und bieten ein überwältigendes Naturschauspiel.

Naturpark Usedom

Als Naturpark ist eine großflächige Kulturlandschaft definiert, die durch das menschliche Wirtschaften über Jahrhunderte geprägt wurde. Diese besonders schönen Landschaften mit einer großen Vielfalt an Pflanzen und Tieren, Lebensgemeinschaften und Landschaftsteilen eignen sich auch zur naturnahen Erholung. Wesentliche Aufgabe ist die **schonende Landnutzung und Landschaftspflege** sowie der Erhalt von historischen Stätten und Traditionen.

Schon **1966** wurden große Teile Usedoms zum **Landschaftsschutzgebiet** erklärt, das 1993 auf die Fläche des heutigen Naturparks erweitert wurde. Fast ein Jahrzehnt hat es seither gedauert, bis aus der Planung Wirklichkeit wurde. **1999 wurde die Insel Usedom offiziell zum Naturpark (NP) erhoben,** der neben Usedom selbst mit Peenestrom, Achterwasser und einem Teil des Kleinen Haffs auch die Gewässer zwischen der Insel und dem Festland sowie einen schmalen

Festlandküstenstreifen am westlichen Peenestrom umfasst.

Mit einer **Gesamtfläche von über 72.000 ha** ist der Naturpark eines der großen Schutzgebiete in Mecklenburg-Vorpommern. Von der Gesamtfläche nimmt die Wasserfläche 27.000 ha ein, die Landfläche 36.000 ha. Davon sind 65.000 ha **Landschaftsschutzgebiet (LSG),** knapp 4000 ha oder fast 6 % **Naturschutzgebiet (NSG).** Nur 5 % der Fläche nehmen Siedlungen ein, Moore dagegen 14 %. Weitere 14 % sind von Wald bedeckt. Nur 32 % werden landwirtschaftlich genutzt.

Der Naturpark schützt eine norddeutsche Kulturlandschaft, die auf kleinstem Raum eine große **Vielfalt an landschaftlichen Formen** aufweist und zahlreichen **bedrohten Tier- und Pflanzenarten** noch eine Heimat bietet.

Von besonderer Bedeutung im Naturpark sind seine **Seen** und **Moore** wie der Gothensee und das Thurbruch, sowie die vorgelagerten **Inselchen** wie der Ruden und **Halbinseln** wie die Gnitz. Im Gebiet liegen auch zwei europäische **Vogelschutzgebiete,** die insgesamt fast 3000 ha umfassen sowie 14 Naturschutzgebiete mit insgesamt 4000 ha.

Geplant ist, den Naturpark mit dem **Nationalpark Wolin** auf der gleichnamigen polnischen Schwesterinsel zu einem großen, grenzüberschreitenden Refugium zu vereinen.

Informationen

Sehr informativ ist das **Naturpark-Informationszentrum im alten Bahnhof der Stadt Usedom,** das neben Ausstellungen und verschiedenartigen Informationsmaterilien auch über ein einladendes Gartencafé unter alten Bäumen verfügt. Gemeinsam mit BUND, NABU und *Naturfreunde Usedom* betreibt die Parkverwaltung auch das **Naturschutzzentrum Karlshagen**. Ergänzt wird das Informationsmaterial durch thematische Faltblätter z.B. zu bestimmten Naturschutzgebieten, Natur- und Lebensräumen, Lehrpfaden und Wanderwegen.

Die Naturparkverwaltung und das Naturschutzzentrum bieten auch eigenständige **Führungen, Fahrradexkursionen, Tierbeobachtungen und Vorträge** an. Unter Führung und Anleitung eines Experten die Naturparadiese zu durchstreifen ist für den Laien sicherlich ungleich lehr- und aufschlussreicher, als allein und ahnungslos durch die Natur zu wandern.

Die jeweiligen, nach Jahreszeit verschiedenen Angebote erfährt man bei:

■ **Naturpark-Informationszentrum,** Bäderstr. 5, 17406 Usedom, Tel. 038372/76310, Fax 76311, www.naturpark-usedom.de (Mai bis Sept. Mo bis Fr 10–18 Uhr, Sa 10–14 Uhr, Okt. bis April Mo bis Fr 10–16 Uhr)
■ **Inselfreunde Usedom,** c/o Naturschutzzentrum, Dünenstraße 6, 17449 Karlshagen, Tel. 038371/21750 (Mai bis Sept. Di bis So 10–17 Uhr, Okt. bis April Di bis So 10–16 Uhr), www.naturschutzzentrum-karlshagen.de, www.inselfreunde-usedom.de

Die Naturschutzgebiete

Greifswalder Oie

Die kleine, nur 54 ha große und rund 12 Kilometer von Usedom entfernt gelegene Insel Oie ist **einer der herausra-** gendsten Vogelrastplätze der Ostseeküste** und deshalb für Ornithologen besonders interessant. Nicht selten treffen hier während des Vogelzugs von Norden nach Süden oder umgekehrt an einem Tag mehrere zehntausend Zugvögel verschiedenster Arten ein. Es wird vermutet, dass der 1853 auf dem isoliert gelegenen Eiland errichtete, 26 Seemeilen weit scheinende Leuchtturm auf die Zugvögel eine verstärkte Anziehungskraft ausübt.

Auf der Insel unterhält die Vogelwarte Hiddensee eine **Fangstation,** in der im Rahmen eines europäisch-afrikanischen Forschungsprojekts Zugvögel gefangen, vermessen und beringt werden.

Eine Attraktion der Greifswalder Oie war die **Herde wilder Shetlandponys,** die von Anfang der 1970er Jahre **bis 2004** frei auf der Insel lebten.

Die **landschaftlich sehr reizvolle** Greifswalder Oie kann von Usedom aus mit dem Schiff besucht werden. Im „Inselhof" am Hafen unterhält der Vogelschutzverein eine kleine Naturkunde-Ausstellung zur Oie.

Peenemünder Haken, Halbinsel Struck, Insel Ruden

Bereits seit 1925 unter Naturschutz steht das 1870 ha große Naturschutzgebiet, das das gesamte Gebiet der Peenemündung zwischen der Südspitze Usedoms, der Insel Ruden und dem Freesendorfer Haken an der Festlandsküste umfasst. Die ausgedehnten **Flachwasserbereiche** und die Vielfalt seiner Strukturen und Biotope mit kleinen **Sand- und Röhrichtinseln** bieten zahlreichen Wasser- und Sumpfvögeln und vielzähligen

Pflanzengesellschaften wertvollen Lebensraum.

Auf der **Halbinsel Struck** bestimmen Salzwiesen das Bild, die für eine Reihe sehr selten gewordener Schnepfenvogelarten ein Brutgebiet bieten.

Besonders interessant ist die **Insel Ruden.** Die nur vom Hafenmeister und seiner Frau bewohnte Insel ist das letzte Stück einer untergegangenen Landbrücke, die einst den Südosten der Insel Rügen mit der Nordspitze Usedoms verband. Im Gegensatz zur Oie kann der Ruden auch selbst und ohne Anmeldung mit dem Boot angelaufen werden, um die höchst amüsanten, teils bizarr-skurrilen Kunstwerke und Installationen

vom ehemaligen Bewohner *Kästel* zu besichtigen, die er auf seinem kleinen Inselreich hinterlassen hat.

Das überwiegend Wasserbereiche umfassende Naturschutzgebiet ist ein herausragendes **Brut- und Rastgebiet für zahlreiche See- und Wasservögel.** Während des Vogelzugs im Frühling und Herbst sind hier häufig große, bis über 20.000 Tiere umfassende Ansammlungen von **Entenarten** wie Pfeif-, Eis-, Schnatterenten, Blessrallen oder anderen anzutreffen. Eine Attraktion sind auch die **Kormorankolonien,** die am Peenemünder Haken auf Schiffswracks nisten.

Insel Großer Wotig

Das 203 ha große, seit 1995 bestehende Naturschutzgebiet Großer Wotig umfasst neben der 82 ha großen Peene-

☝ Das einzige Spezial-Einradfahrzeug, das im NSG Insel Ruden fahren darf

strom-Insel Großer Wotig auch den Krösliner See und Küstenbereiche bei Kröslin. Die flunderflache, häufig komplett überflutete Insel weist eine interessante **Salzwiesenvegetation** auf, die zahlreichen Vogelarten als Brut-, Rast-, oder Fressplatz dient. Über **166 verschiedene Vogelarten** wurden in dem Gebiet gezählt. Darunter 84 Brutvogelarten und 25 vom Aussterben bedrohte Vogelarten wie Austernfischer, Sandregenpfeifer oder Großer Brachvogel, die auf der „Roten Liste MV" der gefährdeten Vogelarten stehen.

Halbinsel Gnitz

Das 1994 eingerichtete, 105 ha große Naturschutzgebiet umfasst die gesamte Südspitze der weit ins Achterwasser vorspringenden Gnitz. Das eher kleine Gebiet ist jedoch von erstaunlicher **Vielfalt an unterschiedlichen Landschaftsformen und Lebensräumen.** Es vereint Steilufer und flache Schilfzonen, Sandstrände und Kiesbänke, Salzwiesen und Dünen, Wacholderheide und Kiefernwald.

Rings um das zauberhafte Naturidyll und die 56 Meter hohe Grundmoräne „Weißer Berg" herum führt ein sehr **einladender Wanderpfad,** auf dem man die bilderbuchartig aufgefächerten Küsten- und Uferformen studieren und darüber hinaus die wunderschönen Aussichten über das Achterwasser genießen kann.

Zu den **Besonderheiten des Gebietes** zählen die mit Magerrasen überzogenen Höhenzüge, die Steilufer am Weißen Berg sowie die Feuchtgebiete Geisesee und Rintnitz, in denen Moor-, Gras- und Springfrosch ebenso heimisch sind

wie das Knaben- oder Sumpf-Läusekraut. Herausragend sind die Brutkolonien der seltenen Uferschwalben, deren Bruthöhlen das Steilufer wie einen Käse durchlöchern.

In dem Gebiet liegt auch Usedoms bedeutendstes **steinzeitliches Großsteingrab.**

Wockninsee

Das seit 1967 bestehende, 50 ha große Naturschutzgebiet ist ein Paradebeispiel für einen oligotrophen, d.h. **nährstoffarmen See.** Der auf Meeresspiegelniveau gelegene, von dichtem Wald umgebene Strandsee befindet sich in einem **fortgeschrittenen Stadium der Verlandung.** Seine offene Wasserfläche ist bereits durch einen breiten Schilfgürtel in zwei Hälften getrennt. Bereits verlandete Zonen bilden ringsum Flach- und Zwischenmoorgürtel aus, die in Erlenbruchwälder übergehen. In dem sehr nährstoffarmen Torfgrund gedeihen anspruchslose **Moorpflanzen** wie das Sumpfveilchen, die Moosbeere oder der fleischfressende Sonnentau. Zu den **tierischen Bewohnern** zählen neben zahlreichen Kleinvogelarten und Ringelnattern auch die seltene Sumpfschildkröte.

Rings um das Schutzgebiet herum führt ein landschaftlich reizvoller und **interessanter Naturlehrpfad,** der mit zahlreichen Informationstafeln die besondere Flora und Fauna des Wockninsees erläutert und von einer Aussichtskanzel einen Blick auf den stark verschilften See ermöglicht.

Mümmelkensee

Mit nur 6 ha ist das seit 1961 bestehende Naturschutzgebiet sehr klein. Besonders für Pflanzenliebhaber ist der aus einer eiszeitlichen Toteisrinne entstandene **Moorsee** jedoch sehr interessant. Seinen Namen verdankt er wahrscheinlich der „Großen Mummel", der Teichrose, die auf seinem Wasser blüht. Der von einem breiten Verlandungsgürtel umgeben und in Kiefernwald eingebettete kleine See kann auf einem **Naturlehrpfad** mit Aussichtsplattform erkundet werden. Der Pfad beginnt am östlichen Ortsrand von Ückeritz an der B 111 und endet nahe beim Campingplatz.

Besonders interessant sind die verschiedenen Arten des fleischfressenden **Sonnentaus** wie der Rundblättrige, der Langblättrige oder der Mittlere Sonnentau, die in dem Naturschutzgebiet wachsen und „live" studiert werden können.

Halbinsel Cosim

Das 90 ha große Naturschutzgebiet auf der Halbinsel zwischen Achterwasser und Balmer See besteht seit 1990. Es ist vor allem als Brutplatz zahlreicher Wasservogelarten von Bedeutung, die in den Schilfgürteln und Salzwiesen ideale Bedingungen finden. Aber auch Zugvögel suchen es als Rastgebiet auf. Mit etwas Glück kann man hier so rare Arten wie die **Uferschnepfe** oder die **Löffelente**

beobachten. Auch **Seeadler** ziehen hier öfters ihre Kreise. Besonders beeindruckend sind zur Balzzeit die balzenden **Kiebitze** und die balzfliegenden **Bekassinen,** die man dann von der Straße aus in den Wiesen beobachten kann.

Insel Böhmke/Insel Werder

118 ha groß ist das 1967 geschaffene Naturschutzgebiet, das zwei Inselchen im Balmer See umfasst und heute **eines der wichtigsten Küstenvogelschutzgebiete**

[>] Vom Dachsberg bei Pudagla eröffnet sich ein zauberhafter Blick auf die Vogelinseln Böhmke und Werder und über den Balmer See

Vorpommerns ist. Früher wurden die Inseln als Weideland genutzt. Mit der Einstellung der Beweidung entwickelten sie sich anfänglich zu einem artenreichen Brutplatz. Schnell jedoch nahmen die brütenden **Möwen** überhand, die mit ihrem Kot die Inseln so stark düngten, dass sie von Brennesselgestrüpp überzogen wurden. Bis zu 14.000 Lachmöwen brüteten hier und verdrängten andere Vogelarten.

Erst eine **Bestandsregulierung,** regelmäßiges Abmähen der Brennesseln und die Ansiedlung einer kleinen Herde von Gotlandschafen zur Biotoppflege durch Beweidung führte dazu, dass sich die Vegetation wieder veränderte und sich andere, **seltene Vogelarten** wie die Flussseeschwalbe oder Uferschnepfe einfanden. Heute ist das Naturschutzgebiet ein wichtiger Entenbrutplatz, in dem u.a. Schnatter-, Reiher-, Tafel- und Stockente anzutreffen sind.

Vom erhöht gelegenen Balm aus hat man einen schönen **Blick auf die beiden gesperrten Vogelinseln.** Auch vom Dachsberg bei Pudagla eröffnet sich ein sehr schöner Blick auf die Inseln.

Gothensee, Thurbruch

Mit einer Fläche von 800 ha ist das seit 1967 bestehende Naturschutzgebiet das größte auf Usedom, der **Gothensee der größte See der Insel.** Der See, der in der letzten Eiszeit noch Verbindung zur Ostsee hatte, entstand aus einem Gletscherzungenbecken. Heute ist der flache, maximal 2 m tiefe See zum großen Teil bereits verlandet.

Die Verlandungszonen bilden das Thurbruch, ein großes Niedermoor, das seinen Namen vom „Thur", dem slawischen Wort für Auerochse, hat. Das riesige, wildreiche Moor war Jagdgebiet der pommerschen Herzöge, dessen Vertreter *Wartislaw* 1360 hier den letzten Auerochsen erlegte. Im 20. Jh. wurden große Teile des Thurbruchs entwässert und Weideland oder Torfabbaugebiet. Der Torfabbau ist eingestellt. Nun bedeckt das ehemalige Abbaugebiet überwiegend Moorwald mit Moorbirken, Erlen und Weiden.

Intakte Moorgebiete weisen die typische **Moorflora** auf. In trockenen Bereichen hat sich Heidekraut, Glockenheide und Moosbeere ausgebreitet. Besonders interessant ist die außerordentlich artenreiche **Schmetterlingspopulation** des Thurbruchs. Der Gothensee und seine Schilfzonen sind ein wichtiger **Vogelbrutplatz.** Hier haben Große Rohrdommel, Rohrweihe, Kranich, Graugans und andere ihre Kinderstube. Hier ist es auch gut möglich **Seeadler** zu beobachten, die den See regelmäßig zum Jagen aufsuchen. Herausragend ist der See außerdem als Kernzone eines **Fischotterschutzgebietes.** Diese scheuen Tiere wird man jedoch nur mit viel Glück zu Gesicht bekommen. Das Naturschutzgebiet erreicht man am besten vom Dorf Gothen aus.

Golm

Das 25 ha große Naturschutzgebiet wurde 1976 geschaffen. Es umfasst eine Strauchendmoräne zwischen den Dörfern Kamminke und Garz und gipfelt im Golm, dem **mit 59 Meter höchsten „Berg" Usedoms.**

Das Gebiet umfasst einen alten und naturnahen **Rotbuchenwald.** Die teils sehr alten, knorrigen Bäume bieten verschiedenen Käuzen und Spechten wie

Land und Leute

Waldkauz und Schwarzspecht Bruthöhlen. In den lichten Laubwäldern blühen zahlreiche Pflanzenarten wie Glockenblume, Zaunwicke oder Goldrute. Besonders interessant ist das Waldgebiet im Frühling, wenn Leberblümchen, Lerchenkraut, Waldgoldstern oder Maiglöckchen in zum Teil großen Beständen ganze Blumenteppiche bilden. Auch der Herbst, wenn sich die Rotbuchen prachtvoll verfärben, ist eine sehr schöne Zeit, um durch das Gebiet zu wandern.

Auf dem Gipfel des Golm liegt eine **Mahn- und Gedenkstätte** mit Friedhof für die 23.000 Opfer des Luftangriffes auf Swinemünde 1945.

Zerninsee-Senke

Das seit 1995 bestehende 365 ha große Naturschutzgebiet Zerninsee-Senke liegt an der Südostgrenze des deutschen Teils der Insel Usedom zwischen dem NSG Golm und dem Wolgastsee.

Die **verlandete Seesenke** ist ein durch eine Strandwall-Landschaft und ein Regenmoor von der Ostsee abgetrenntes ehemaliges Gletscherzungenbecken mit

☑ Mit 58 Metern ist der Streckelsberg bei Koserow die höchste Erhebung an der Küste

unterschiedlich alten Moorbildungen. Seit dem misslungenen Kultivierungsversuch der Moorlandschaft durch den Reichsarbeitsdienst Mitte der 1930er Jahre ist das Gebiet sich selbst überlassen. Im Zentrum umfasst das Gebiet große gehölzfreie Röhrichtbestände, in denen seltene Vögel wie Kraniche und Limikolenarten brüten.

Streckelsberg

Das 1961 geschaffene, 75 ha große Naturschutzgebiet umfasst den Streckelsberg zwischen Koserow und Kölpin/Kölpinsee, die einzige Erhebung an Usedoms Außenküste und mit 58 m auch die **höchste Erhebung an der Außenküste.** Die Stauchendmoräne ist von einem 170 Jahre alten **Rotbuchenwald** bedeckt, in dem zahlreiche Pflanzen wachsen. Im Frühjahr ist der Waldboden mit einem blauen Teppich aus Leberblümchen überzogen, im Sommer kann der aufmerksame Besucher einige seltene Orchideenarten entdecken, z.B. das Rote Waldvögelein, die Weiße und Grünliche Waldhyazinthe und den Vogelnestwurz.

Der viel besuchte Hügel, auf den vom Strand mehrere sogenannte „Himmelsleitern", also lange und steile Treppen hinaufführen, lockt mit einem eindrucksvollen **Steilufer.**

Mellenthiner Os

Das 60 ha große, 1995 unter Schutz gestellte Gebiet ist ein charakteristischer, weitgehend bewaldeter Wallberg, dem sich ein kleines Kesselmoor anschließt. Das Os zwischen Mellenthin und Balm ist **einer der in Norddeutschland sehr seltenen Wallberge,** die vermutlich durch Materialablagerungen in Spalten zwischen dem Eis von Gletschern entstanden. Das Mellenthiner Os ist hinsichtlich Größe und Ausprägung ein für Usedom einzigartiges erdgeschichtliches Denkmal. Auf dem Wall liegen **Reste einer slawischen Höhenburg.**

Kleiner Krebssee

Das 45 ha große Naturschutzgebiet ist das jüngste Schutzgebiet auf Usedom. Der kleine Kesselsee südwestlich von Bansin wurde erst 1996 als NSG ausgewiesen. Der Kleine Krebssee ist ein **Klarwassersee** mit guter Wasserqualität und sehr artenreicher Flora und Fauna. Er liegt in dem landschaftlich **schönsten Teil der Zentral-Usedomer Endmoränenlandschaft,** in einem Gletscherzungenbecken.

Rings um den See bieten Verlandungszonen, Halbtrocken- und Trockenvegetationen und Buchenwälder zahlreichen vom Aussterben bedrohten **Pflanzen und Tieren** noch Lebensraum. Besonders bedeutend ist der Kleine Krebssee als Brutgebiet für Zwerg- und Schwarzhalstaucher, Karmingimpel, Knäkente oder Rotmilan sowie für die Erdkröte und Rotbauchunke.

Insel Görmitz

165 ha groß ist die dem Gnitz östlich vorgelagerte Insel Görmitz, die 2001 unter Schutz gestellt wurde. Das seit 1965 durch einen Fahrdamm mit dem Gnitz verbundene, für PKW gesperrte Eiland

gehörte einst dem Kombinat *Nachrichtenelektronik Greifswald* und war bis 2006 im Besitz der *Siemens AG.* Heute gehört sie der Berliner Wertgrund Insel Görmitz GmbH. Zu ihren wertvollsten Naturräumen zählen Verlandungszonen und Überflutungsmoore, in denen u.a. **Graureiher und Seeadler** brüten.

Geschichte

Frühe Besiedlung

Steinzeit

Die ältesten Nachweise einer menschlichen Besiedlung der Region stammen aus der **Mittleren Steinzeit** vor rund 9000 Jahren. Beweise einer großräumigen Besiedlung der Region und Usedoms gibt es jedoch erst ab der **Jungsteinzeit,** also der Epoche zwischen 4000 und 1800 v. Chr. Die damaligen Bewohner, die man nach ihren charakteristischen Keramiken der sogenannten **Trichterbecherkultur** zuordnet, trieben Ackerbau und Viehzucht und bestatteten ihre Toten in **Großsteingräbern.** Die im 19. Jh. noch über 40 nachgewiesenen, im Volksmund Hünengräber genannten Megalithgräber wurden jedoch zwischen 1848 und 1910 überwiegend zerstört und ihre Steine zum Straßenbau verwandt. Die in ihnen gefundenen Grabbeigaben wurden in die Museen nach Stettin und Swindemünde verbracht. Eines der wenigen noch erhaltenen Großsteingräber liegt nahe dem kleinen Ort Lütow auf der Halbinsel Gnitz.

Bronzezeit

Um 1800 v. Chr. begann die Bronzezeit. Bronzezeitliche Funde bei Ückeritz, Morgenitz und Zinnowitz weisen auf ausgedehnte **Handelsbeziehungen** der damaligen Bewohner hin. Auf dem Golm in der Nähe von Kamminke fand man eine bronzezeitliche **Burganlage.** Besonders bedeutsam war ein aus mehr als 100 einzelnen Teilen bestehendes bronzenes Pferdegeschirr, das man in den 1970er Jahren bei Zinnowitz entdeckte. Um 700 v. Chr. drangen von Süden her der Lausitzkultur zugehörige **illyrische Stämme** in das Gebiet vor, die jedoch nach kurzer Zeit wieder Richtung Südosten zurückzogen.

Römer

Bereits zur Zeit der Römer war Usedom **in der damals bekannten Welt berühmt.** Schon 330 v. Chr. beschrieb *Phyleas von Massilia* (Marseille) die Region und ihre Bewohner, die „Guttonen" (Goten). Auch *Plinius* und *Tacitus* berichten vom „sinus venedicus", dem „wendischen Busen" (Bucht). Der „sinus venedicus" und die „viadrus", die Oder, waren in der damals bedeutendsten Landkarte eingezeichnet, die *Ptolemäus* in Alexandria (Ägypten) erstellte. Grund der Bekanntheit war das „Gold der Ostsee", der **Bernstein,** der in den Mittelmeerländern begehrt war. Bodenfunde entlang der alten Bernsteinstraßen wie römische Fibeln oder arabische Münzen belegen die Handelsverbindungen, die bis in den Vorderen Orient reichten.

Slawische Besiedlung

Den Illyrern folgten um 600 n. Chr.
westgermanische Stämme, deren Siedlungsgebiet hier seine östliche Grenze hatte. Auch diese wanderten im Zuge der Völkerwanderung ab. In das dadurch völlig entvölkerte Gebiet drangen **im 7. und 8. Jh.** slawische Stämme vor, die schnell das gesamte Gebiet zwischen Oder und Elbe besiedelten und bis ins 13. Jh. die politische, wirtschaftliche und kulturelle Entwicklung der Region bestimmten.

Die strategisch und ökonomisch wichtige Oder-Mündung und die vorgelagerten Inseln Usedom und Wolin wurden von den **Liutizen** besiedelt. Die im Liutizenbund zusammengeschlossenen Stämme waren ein freiwilliger Bund ohne Staatscharakter mit demokratischer Struktur. Entscheidungen, die alle betrafen, fällte die **Bundesversammlung,** zu der jeder Stamm Vertreter entsandte. *Thietmar von Merseburg* schreibt darüber: „Nicht steht über allen, die zusammen Liutizen heißen, ein besonderer Herrscher. Wenn sie in ihrer Volksversammlung Fragen erörtern, müssen alle einmütig der Ausführung des Unternehmens zustimmen. Widerspricht ein Landsmann solchen Beschlüssen, dann erhält er Stockschläge, und wenn er gar sich offen widersetzt, verliert er entweder Hab und Gut durch Einäscherung oder büßt vor der Versammlung je nach seinem Range durch eine bestimmte Geldsumme."

Durch den sogenannten *Bayrischen Geografen* wurde besonders der Stamm der **Wolliner** bekannt. Ihm zufolge hatten die Wolliner um das Jahr 900 rund 70 größere **Siedlungen** auf der Insel. Auch die auf der Insel Wolin siedelnden Wolliner unterhielten **in alle Welt Handelsverbindungen,** wie Münzfunde von fast allen damaligen Prägeorten wie Frankreich, Russland, Arabien oder Italien beweisen. Die Insel entwickelte sich zum führenden Handelsplatz.

Zahlreiche Bodenfunde aus der Zeit dokumentieren, dass Usedom ein wichtiges Slawenzentrum war. So leitet sich der **Name Usedom vom slawischen „Unznam"** ab, was so viel wie „Ort an der Mündung" bedeutet. Auch die **Ortsnamen auf Usedom,** die auf -itz, -gast-, -ow oder -in enden, erinnern an die slawische Epoche der Insel. Zeugen der Zeit sind die 14 **slawischen Burgwälle,** die auf der Insel erhalten geblieben sind, so z.B. bei Mellenthin, Neppermin, Wolgast und Usedom.

Im Zuge von Stammeskämpfen untereinander, die durch die Feindschaft und Gebietshändel zwischen den slawischen **Obodriten** und den benachbarten **Wilzen** ausgelöst wurden, ersuchten die Obodriten um die Hilfe der mächtigen **Franken.** So marschierten neben Friesen und Sachsen auch Obodriten mit in dem Heer, mit dem **Karl der Große** 789 erstmals die Elbe überschritt, in das liutizische Siedlungsgebiet vordrang und die stolzen Liutizen unterwarf.

Das wichtigste slawische Zentrum, das sich bis zum 12. Jh. zum **bedeutendsten Handelszentrum der südlichen Ostsee** entwickelte, war die **Jomsburg auf der Insel Wolin.** Für die damalige Zeit mit 8000 Einwohnern eine „Großstadt", gelangte sie durch den Fernhandel zu Reichtum und Wohlstand. Dies lockte benachbarte Völker an. 967 eroberten die Polen unter der

Führung von *Mieszko I.* und mit Unterstützung der von *Harald Blauzahn* angeführten Wikinger den Wolin und das Handelszentrum.

Sie wurden aber im **Liutizen-Aufstand** von 983 wieder vertrieben. In diesem erfolgreichen Aufstand gelang es den Liutizen auch, die christlichen Eindringlinge für einige Zeit insgesamt aus dem Lande zu verjagen. Völlig überraschend griffen sie am 29. Juni 983 die Bischofsburg Havelberg an und eroberten diese. Schnell und siegreich drangen sie vor, überschritten gar die Elbe und konnten nur mit Mühe vor den Toren des Erzbischofsitzes Magdeburg von sächsischen Heeren gestoppt werden.

Deutsche Besiedlung

Christianisierung der Slawen

1124 unternahm Bischof Otto von Bamberg seine erste Missionsreise ins Slawenland, die ihn auch nach Usedom führte. Von dieser Missionsreise sind Aufzeichnungen des Domherrn *Adam von Bremen* erhalten, die die slawischen „Heidenmenschen" wie folgt beschreiben: „Die Menschen sind dunkelgrün von Farbe, das Gesicht ist rot und das Haar lang. Deren Söhne haben Hundsköpfe und den Kopf an der Brust. Sie werden mit grauen Haaren geboren." Nicht gerade ein christliches Menschenbild, aber die richtige Gräuelpropaganda, um die „Heidenmonster" beruhigt niedermetzeln zu können.

Offensichtlich operierte Bischof *Otto von Bamberg* erfolgreich, denn bereits 1128 nahm der slawische Adel endgültig den christlichen Glauben an. An **Pfingsten 1128,** den Tag, an dem die **Usedomer Slawen zum Christentum übertraten,** erinnert heute auf dem Schlossberg bei der Stadt Usedom ein 5 m hohes Granitkreuz.

Deutsche Einwanderer

Im Zuge der Christianisierung Usedoms und der Errichtung von Kirchen und Klöstern gelangten im Lauf des 12. Jh. zunehmend deutsche Einwanderer nach Usedom. Handwerker und Händler **aus Flandern, Westfalen, Niedersachsen und Holstein** vermischten sich allmählich mit den ansässigen Slawen. Die dichten Wälder, die damals die Insel bedeckten, wurden gerodet und **Felder angelegt.**

Den Mönchen des **Prämonstratenserordens,** die 1155 in Grobe ein Kloster gründeten (das 1309 nach Pudagla verlegt wurde), gelang es, nach und nach praktisch ganz Usedom unter ihre Kontrolle zu bringen. Erst die Reformation befreite die Insel von der Herrschaft der Prämonstratenser.

Herzogtum Pommern-Wolgast

In der zweiten Hälfte des 13. Jh. gründete der Pommernherzog **Bogislaw IV.,** zu dessen Herrschaftsbereich auch die Insel Usedom zählte, die Wolgaster Linie der pommerschen Herzöge. 1282 verlieh er der Stadt Wolgast das „Lübische Recht" und 1298 auch der Stadt Usedom.

Wegen Erbstreitereien wurde Pommern im Jahre 1295 in die Herzogtümer **Pommern-Wolgast und Pommern-Stettin** geteilt. Wolgast wurde Residenzstadt, von der aus über mehrere Jahrhunderte hinweg auch über die Insel Usedom geherrscht wurde.

Vereintes Pommern

Nach dem Aussterben der Stettiner Linie wurde Pommern 1464 wieder vereint. Herausragender Vertreter der Pommernherzöge war **Bogislaw X.,** unter dessen Regentschaft von 1478 bis 1523 u.a. ein neues Zollwesen und Münzrecht eingeführt wurde, in dessen Zug eine eigene Wolgaster Münze geprägt wurde.

Mit dem Tod des letzten Wolgaster Pommernherzogs **Phillip Julius,** dessen verschwenderischer Lebensstil das Haus in arge Geldnöte brachte, erlosch die Wolgaster Linie 1625.

Dreißigjähriger Krieg

Unter dem Stettiner Herzog *Bogislaw XIV.* wurde ganz Pommern in den Dreißigjährigen Krieg verwickelt, in dessen **Wirren und Schrecken** durch Hunger und Pest die Bevölkerung drastisch dezimiert wurde. Besonders die **kaiserlichen Truppen** unter *Wallenstein,* die, so Chronisten der Zeit, „wie ein Heuschreckenheer" einfielen und die Bewohner in Massen „Hunden gleich" massakrierten, marodierten und plünderten. Aus dieser Zeit stammt auch das bekannte Kinderlied „Maikäfer flieg" mit der Textzeile „Pommernland ist abgebrannt".

Schwedenherrschaft

Am 26. Juni 1630 landete der **Schwedenkönig Gustav Adolf II.** mit 15.000 Mann bei Peenemünde auf Usedom. An die Landung des anfänglich als Retter des Prostestanismus begrüßten Schwedenkönigs erinnert dort heute eine kleine Kapelle und ein Gedenkstein. Jedoch auch unter den protestantischen Schwedentruppen hatten Land und Leute kaum weniger schrecklich zu leiden als unter den kaiserlich-katholischen Marodeuren.

1637 starb mit dem Tod von *Bogislaw XIV.* das pommersche Herzoghaus aus. Sofort meldete der **brandenburgische Kurfürst Erbansprüche** an. Vorerst jedoch vergeblich. Im Westfälischen Frieden, in dem im Oktober 1648 die Kriegsparteien das 30 Jahre während Schlachten beendeten, wurde ganz Vorpommern mit Usedom, Wolin und Stettin **Schweden zugesprochen.** Brandenburg musste sich mit Hinterpommern zufrieden geben. Zwar besiegte der Große Kurfürst *Friedrich Wilhelm* die in Brandenburg eingefallenen Schweden 1657 in der Schlacht von Fehrbellin, Vorpommern blieb jedoch weiter schwedisch.

Die Schweden versuchten in der folgenden Friedenszeit, mit **Reformen** wie der „Revidierten Hafordnung", die die brachliegende Fischerei wieder in Schwung bringen sollte, das ausgeblutete Land wirtschaftlich wieder zu beleben.

> Die stolzen Seebäder blicken auf eine lange Geschichte als armselige Fischerdörfer zurück

Preußenherrschaft

Lange währte der Friede jedoch nicht. Bereits 1711 überfielen im **Nordischen Krieg** Polen, Sachsen und Russen mit vereinten Kräften die Insel Usedom. **Brandenburg** witterte die Chance, sich bei diesem Anlass endlich das begehrte Vorpommern aneignen zu können und trat auf russischer Seite in den Kieg ein. Geschickterweise jedoch erst nach dem **Sieg über die Schweden,** die 1715 die strategisch wichtige, hart umkämpfte Schanze bei Peenmünde verloren und damit auch ganz Usedom. Mit dem Frieden von Stockholm trat Schweden 1720 gegen Zahlung von 2 Mio. Talern das Land bis zur Peene mit Stettin, Wolin und Usedom an Brandenburg-Preußen ab. Am 20. August 1721 feierte der preußische Soldatenkönig *Friedrich Wilhelm I.* in Stettin seinen Sieg.

Erfolgreiche Reformen

Sofort begann der berühmte Preußenherrscher, auch Vorpommern mittels seiner **effizienten Verwaltung und preußischen Disziplin** zu reformieren. Schon 1722 wurden durch großflächige Rodungen und Trockenlegung von Mooren und Sümpfen die Anbauflächen ausgeweitet und mit dem Wiederaufbau zerstörter Gehöfte die **Landwirschaft massiv angekurbelt.** Auf Usedom wurden durch die Urbarmachung des Thurbruchs 6500 Morgen Land gewonnen, was der Landwirtschaft, damals der wichtigsten Einkommensquelle der Bevölkerung, einen bedeutenden Aufschwung verschaffte. Die Fischerei spielte zu der Zeit nur in einigen Küstendörfern eine ökonomische Rolle.

Gleichzeitig wurde die **Swine schiffbar gemacht,** damit Preußen einen direkten Zugang zur Ostsee bekam. Der

Land und Leute

700 JAHRE ZINNOWITZ

1309 - 2009
vom Fischerdorf zum Ostseebad

bisherige führte durch den Peenestrom und an Wolgast vorbei, das noch in schwedischem Besitz war. Vollendet wurde das Projekt jedoch erst 1745 unter seinem Nachfolger *Friedrich II.* 1765 erhielt Swinemünde einen Hafen und gleichzeitig das Stadtrecht.

Unter Napoleon

Das wirtschaftliche Erstarken endete nach 30 Jahre Frieden und Preußenherrschaft 1756 mit dem Ausbruch des **Siebenjährigen Krieges.** Abgaben und Ein-quartierungen machten die ökonomischen Fortschritte auch auf Usedom wieder zunichte.

Während der **napoleonischen Eroberungszüge** wurde auch Usedom von französischen Truppen besetzt. Mit der Neuordnung Europas nach der Niederlage *Napoleons* wurde auf dem Wiener Kongress 1815 Vorpommern einschließlich Usedom endgültig Preußen zugeschlagen.

⌄ Strandmode anno dazumal im Heimatmuseum Bansin

Entwicklung der Seebäder

Die preußische **Bauernbefreiung,** in deren Zug u.a. die Leibeigenschaft aufgehoben wurde, setzte sich wegen des Widerstands der Junker, die auf Usedom mehr als die Hälfte der Landfläche besaßen, in Pommern nur langsam durch. Viele der bitterarmen Tagelöhner verließen die Insel und suchten ihr Glück in Amerika. **1824 wurde die Generalpacht der Domäne Pudagla aufgehoben** und das Land zu günstigen Konditionen an die 900 besitzlosen Bauern verteilt.

04Bud

Wolgast, das seit dem Wiener Kongress preußisch war, entwickelte sich rasch zu einer wichtigen Hafenstadt, über die vor allem der preußische Getreideexport abgewickelt wurde. Ein gewaltiger Fachwerk-Getreidespeicher am Wolgaster Hafen erinnerte bis 2006 (leider abgebrannt) an diese Blütezeit.

Nach den Befreiungskriegen wurde auch der Ausbau der **Verkehrswege auf der Insel** in Angriff genommen, dem die meisten der steinzeitlichen Großsteingräber zum Opfer fielen.

Der entscheidende neue Impuls, der auf der bis dahin armen und isolierten Bauern- und Fischerinsel Usedom bedeutende Wandlungen einleiten sollte, war die **Entstehung des Badewesens.** Auslöser für die neue Ära war der Mathematiker und Aphorismenschreiber **Georg Christoph Lichtenberg,** der bereits 1793 mit seinem Aufsatz „Warum hat Deutschland noch kein Seebad?" in Medizinerkreisen die Diskussion, dass „sehr viele Schwachheiten und Kränklichkeiten des Körpers" durch ein Bad im Meer zu heilen seien, losgetreten hatte. 1794 wurde mit Heiligendamm bei Bad Doberan das erste deutsche Seebad eröffnet.

Auf Usedom begann die neue Ära 1820 mit dem Bau des Logierhauses „Weißes Schloss" auf dem Kulm beim heutigen Heringsdorf durch den Forstmeister Bernhard von Bülow. Schnell siedelten sich weitere Logierhäuser an.

1822 gründete ein Bürgerverein die **Seebadeanstalt Swinemünde,** die schon 1824 ihre erste Badesaison eröffnete. Der massive Anstieg der Gäste, überwiegend Kaufleute, Adelige und hohe Militärs aus Berlin und Stettin, und der damit verbundene wirtschaftliche Aufschwung

Swinemündes löste entlang der gesamten Küsten der Inseln Wolin und Usedom einen wahren **Bauboom** aus.

In schneller Folge entstanden an der Außenküste bei den armseligen Fischerdörfern **neue Seebäder** mit Logierhäusern und herrschaftlichen Villen.

Mit der Eröffnung der direkten **Zugverbindung Berlin – Swinemünde** 1875 waren die Seebäder komfortabel und in kürzester Zeit erreichbar. Zehntausende Berliner machten sich auf den Weg nach Usedom, das zur sprichwörtlichen **„Badewanne Berlins"** avancierte.

Neue Schiffsverbindungen durch die 1880 fertiggestellte „Kaiserfahrt", die Eröffnung der Bahnstrecke Swinemünde –

Heringsdorf und die Schaffung neuer Straßenverbindungen verschafften dem **Badebetrieb auf Usedom einen gewaltigen Aufschwung.**

Seinen Höhepunkt erreichte er 1917. Auch während des **Ersten Weltkrieges** ging das Badeleben weiter. Nach dem Krieg kurbelte der 1921 gegründete „Verband Pommerscher Ostseebäder der Inseln Usedom-Wolin" in einer gemeinsamen Vermarktungskampagne das Badeleben wieder an.

Naziherrschaft

Die Blütezeit endete mit der Weltwirtschaftskrise und der Machtergreifung *Hitlers,* in deren Zug **jüdische Hotels und Geschäfte auf Usedom zwangsenteignet** wurden. Usedom galt nun als „die" deutsche Badeinsel. Der Badebetrieb auf Usedom wurde durch **NS-Organisationen** weiterbetrieben.

Mit dem Bau der **Heeresversuchsanstalt (HVA) in den Wäldern von Peenemünde** 1935, in der die „Wunderwaffen" V1 und V2 entwickelt und getestet wurden, verwandelte sich die Badeinsel in ein Heerlager.

Der gesamte Inselteil nördlich von Koserow wurde Sperrgebiet und die **Insel mit Militäranlagen überzogen.** An der Kaiserfahrt baute man einen U-Boothafen sowie Flak- und Marine-Ausbildungszentren. In den Dünen an den Badestränden wurden Küstenbatterien

◁ Die V2 machte Peenemünde zur weltbekannten Wiege der Weltraumfahrt

installiert und Bunker betoniert. In der Mellenthiner Heide entstand ein riesiges Munitionslager.

Der **Zweite Weltkrieg** erreichte Usedom erstmals 1942 direkt. Unter dem Codewort „Operation Hydra" griffen britische Bomberverbände massiv die HVA an. Mit dem Vorrücken der Ostfront und dem Anlaufen der gewaltigen Evakuierungsaktion über die Ostsee wurde **Swinemünde zum wichtigsten Anlaufort der Flüchtlingsschiffe** und die Inseln Wolin und Usedom wurden von flüchtenden Zivilisten und zurückflutenden Heeresverbänden überschwemmt.

Zehntausende Flüchtlinge drängelten sich in dem völlig überfüllten Swinemünde, als die Hafenstadt am 12. März 1945 von 650 amerikanischen Bombern angegriffen und vollständig zerstört wurde. Der **Bombardierung Swinemündes** fielen über 23.000 Menschen zum Opfer, die auf dem Golm beigesetzt wurden.

Im Mai 1945 wurde Usedom von **sowjetischen Truppen** besetzt.

Unter sozialistischer Herrschaft/DDR-Zeit

Im **Potsdamer Abkommen** vereinbarten die Siegermächte u.a., die **Grenze zwischen Polen und Deutschland nach Westen bis zur Oder zu verschieben.** Der Ostzipel Usedoms mit dem wichtigen Hafen Swinemünde wurde ebenfalls Polen angegliedert.

Die Seebäder Usedoms hatten zwar den Zweiten Weltkrieg überwiegend unbeschadet überstanden. Doch der **Bäderbetrieb** setzte erst **1949** wieder und nur sehr zögerlich ein.

⌃ Ausgedientes Kriegsgerät zeugt in Peenemünde von der lange vom Militär geprägten Geschichte

1953 wurden in der berühmt-berüchtigten **„Aktion Rose"** alle privaten Hotels, Pensionen und andere Beherbergungseinrichtungen enteignet und die Besitzer mittels fingierter Anschuldigungen als Wirtschaftsverbrecher angeklagt und verurteilt.

Die enteigneten Immobilien übernahmen staatliche Betriebe und Feriendienste oder der FDGB (Freier Deutscher Gewerkschaftsbund). Nunmehr „volkseigen", wurden aus den Beherbergungsstätten **Massenunterkünfte** für Betriebsbelegschaften und andere verdiente DDR-Bürger.

Angesichts der sehr eingeschränkten Reisemöglichkeiten in der DDR entwickelte sich die Ostsee zum begehrtesten Urlaubsziel. So stieg auf Usedom die **Besucherzahl** innerhalb von nur zehn Jahren explosionsartig auf über 400.000 an.

Der gewaltige Ansturm und die chronische Geldknappheit der DDR führte dazu, dass die historische **Bausubstanz der Seebäder** stark in Mitleidenschaft gezogen wurde und verfiel.

Nach der Wiedervereinigung

Mit dem Fall der Mauer, dem Zusammenbruch der DDR und der Wiedervereinigung Deutschlands **1990 gingen die Besucherzahlen dramatisch zurück.** Besonders hinderlich für die zügige Sanierung und Restaurierung der Seebäder erwies sich der Rückerstattungsanspruch der Alteigentümer der Immobilien. **Zahllose Streitereien verzögerten die Sanierung der Häuser.** Noch heute kann man in den Seebädern die eine oder andere „DDR-Ruine" besichtigen, die wegen unklarer Rückerstattungsansprüche im Dornröschenschlaf liegt.

Nach über 20 Jahren intensiver Bautätigkeit strahlen die Seebäder weitgehend wieder in ihrem alten Glanz. Die Ostseeküste Mecklenburg-Vorpommerns hat sich zum beliebtesten deutschen Urlaubsziel entwickelt und erzielt Jahr für Jahr neue **Rekordzuwächse an Besuchern.** Die Insel Usedom ist längst wieder die „Badewanne Berlins" und ihre **Seebäder sind schöner als je zuvor.**

Die Inselbewohner

„Wenn de Fisch dood is, helpt ein keen Wooter meer."
(alte Pommersche Weisheit)

Mentalität

Vom rauen Norden sind sie geprägt, die Menschen auf den vorpommerschen Inseln. Von der **gefahrvollen See** und den **kargen Böden,** denen sie jahrhundertelang tagtäglich ihre Existenz abrangen. Von den **dichten Wäldern** und **dunklen Sümpfen,** die früher große Flächen ihrer Heimat bedeckten. Das raue nordische Klima und die unbezähmbaren Naturgewalten der See, die **Abgeschiedenheit und Einsamkeit,** aber auch die harte Fron der jahrhundertelangen **Leibeigenschaft** formten ihre Seelen und förderten Einsilbigkeit und kantig sture Charaktere. „Das Ringen in harter Arbeit mit dem Boden und Wasser hat sie ruhig und bedächtig gemacht, zu einem fleißigen und kraftvollen Geschlecht, das lieber im Wirken als in Worten sich äußert", stellt der Historiker *R. Pechel* fest.

Beschreibungen

Als **wild, grausam und gewalttätig** schildert der Geschichtsschreiber **Helmhold** (1125–1177) die Inselbewohner im hohen Mittelalter.

Auch der Stralsunder Geschichtschreiber **Thomas Kantzow** sieht – wie er im 16. Jahrhundert in seiner „Pomerania oder Ursprunk, Altheit und Geschichte der Völker im Lande Pomern" bemerkt – nicht viel Gutes im Charakter der Insulaner: „Es seint die Einwohner diese landes ein sehr zenckisch und mortisch folk, das es eben an jenen schyr wahr ist, wie das lateinische spruchwort lawtet: omnes insulares mali. Den im gantzen lande zu Pomern werden kein jahr so viel vom adel und anderen erslagen, als allein in diser kleinen insul."

Weiter schreibt er: „Das Folck ist mehr gutherzig wan freuntlich und mehr simpel wan klug, nicht leichtynnigk, auch nicht sehr frohlich, sonder etwas ernster und schwermutig. Sunst aber ists ein aufrichtig, trewe, verschwigen Folck, das die Lügen und Schmeichelworte hasset."

„Die geborenen pommerschen Untertanen sollen zur Trägheit geneigt sein, wozu die Seltenheit ihrer Bedürfnisse et-

was beizutragen vermag; denn sie brauchen wenig bares Geld und verfertigen selbst, nur etwas langsam, beinahe alles", notierte der Schweizer Mathematiker und Astronom **Bertoulli** auf seiner Pommernreise 1777.

Und der 1797 auf Usedom geborene Pfarrer **Wilhelm Meinhold** meinte, dass „das hießige Volk zwar sehr arbeitsam ausdauernd, dienstfertig und im allgemeinen ehrlich und aufristig" ist, „aber auch gleichgültig gegen jede geistige Erhebung, phantasielos und oft in einem unglaublichen Sinne phlegmatisch".

Ernst Moritz Arndt, selbst ein Vorpommer, charakterisiert seine Landsleute als etwas träge und bequem, aber durchaus gutmütig und gerade und hebt ihre Fröhlichkeit, Tapferkeit und Treue hervor.

Eduard Duller schreibt über das Inselvolk Vorpommerns 1807: „Wenig geneigt, sich von Höheren was gefallen zu lassen, dabei emsig in Land- und Seearbeit; am alten Volksglauben noch mit großer Anhänglichkeit behaftet, und von der neueren Kultur wenig berührt, ja sogar nicht ohne Mißtrauen und Abneigung dagegen."

Friedrich der Große schätzte seine Untertanen folgendermaßen ein: „Die Pommern haben einen geraden und schlichten Sinn. Die Pommern sind von natürlicher Offenheit. Der gemeine Mann ist misstrauisch und dickköpfig, aber weder grausam noch heftig und die Sitten sind sanft. Unter allen Provinzen eignen sie sich am besten für den Kriegsdienst. Aber Diplomaten lassen sich nie aus ihnen machen."

Armut und Rückständigkeit

Untertan waren sie länger und „Unrecht dahn" wurde ihnen mehr als anderen, wurde in diesem Winkel doch die **Leibeigenschaft** später als anderswo in Deutschland aufgehoben. „In diesem Lande ist die Verteilung des Grundbesitzes ein trauriges Unverhältnis, ja, die Insel Rügen hat in dieser Hinsicht nicht ihresgleichen", schreibt *E. M. Arndt,* der die Leibeigenschaft noch selbst erlebte, in seinen „Erinnerungen aus dem äußeren Leben".

Das **beschwerliche Dasein** des einfachen Mannes erlebte auch *Bernoulli:* „Ich habe ihre Wohnungen gesehen. Sie sind ohne Schornsteine, sodass man beim Eintritt die Wände, die Balken, die Decke, kurz alles, mit einem dicken glänzenden Ruße überzogen sieht."

Die immer wieder konstatierte Bedächtigkeit im Handeln und Schlichtheit im Geist der Menschen und die notorische **Zurückgebliebenheit ihrer Heimat,** die schon den „Eisernen Kanzler" *Bismarck* zu der Bemerkung veranlasste, dass, wenn die Welt untergehe, er nach Mecklenburg gehe, weil dort eh alles erst 100 Jahre später geschehe, erklärt sich *H. W. Richter* so: „Als im Süden Europas Kultur und Zivilisation bereits zum großen Sprung nach vorn einsetzten, wateten die Pommern noch durch Eisbäche, latschten über zurückgebliebene Moränen und lebten unter Umständen, die keine höhere Philosophie zuließen".

Heimatverbundenheit

Bodenständig, heimatverbunden und sesshaft seien sie, sagt man über die Pommern. Obwohl sie als Seeleute alle Meere dieser Welt befuhren, kehrten sie fast immer zurück in die vertraute und geliebte Heimat: „Man hat Beispiele, dass alte Seeleute nach vielen Jahren sich einfanden, um in die väterliche räucherige Torfhütte einzukriechen."

Unerschütterlichkeit

Gerade und unerschütterlich in Zuneigung wie in Abneigung seien sie, sagt man. An der zähen Unerschütterlichkeit der knorrigen Pommernschädel hat sich so mancher Gutsherr alter und neuer Prägung die Zähne ausgebissen, der meinte, sich über die Bewohner und ihre Mentalität hochnäsig hinwegsetzen zu können. Seien es alte Eroberer und Besatzungsmächte, „Berliner" vor und „Sachsen" während der DDR-Zeit oder Geschäftemacher-Wessis nach der Wiedervereinigung – die Pommersche Mentalität hat allen Fährnissen der Zeit erfolgreich getrotzt und alle Fremdeinflüsse erfolgreich überlebt.

Fremdenverkehr

Mit dem Einsetzen des Fremdenverkehrs drang in das bis dahin karge und ärmliche Leben der Inselbewohner eine neue Einnahmequelle, die ihnen heute einen relativen Wohlstand sichert.

Ihr **Verhältnis zu den „Berlinern",** wie sie die Badegäste nennen, ist etwas distanziert und abwartend, aber keinesfalls unfreundlich oder gar ablehnend. Die Bewohner der vorpommerschen Küste wissen sehr wohl, dass sie den Badegästen Arbeit und Einkommen verdanken.

Fazit

Levantinische Heißsporne sind sie nicht und manchmal dauert es seine Zeit, bis eine Reaktion erfolgt. Wer die vorpommersche Küste und ihre Inseln besucht, wird Menschen begegnen, die ihre Heimat lieben und ihre Gäste schätzen. Und wer sie respektiert, der wird in ihnen Menschen kennenlernen, deren **bedächtige und gelassene, ernsthafte und geradlinige Mentalität** in diesen hektischen und neurotischen modernen Zeiten durchaus wohltuend sein kann und von der man sicher etwas lernen kann. *Thomas Kantzows* Charakterbeschreibung „Das Volk ist gutherzig, pittet gern Geste und gehet widder zu Gaste und thut einander nach irer Art und Vermegen gern gutlich" hat auch im 3. Jahrtausend noch seine Gültigkeit. „Jo, jo", sagt der Pommer, „dat Läben is schwör", vermietet sein Zimmer, fängt seine Fische, lässt sich weder verbiegen noch aus der Ruhe bringen und denkt sich dabei: „All to grad is ok man fad" („Allzu gerade ist auch fade").

Essen und Trinken

Traditionen

*„Sup die full und frätt die dick
und hol din Mul von Politik."*

Schwere und reichhaltige Küche

Der Ruf, ausgesprochen **starke Esser
und Trinker** zu sein, eilt den Einwohnern Mecklenburgs und Vorpommerns
seit alters voraus. Über die Ess-Sitten der
Usedomer notierte 1850 der Chronist
Gadebusch: „Der wohlhabende Bauer
verzehrt reichlich Butter, oder Schmalz,
Fleisch, Fisch und Milch. Der ärmere
Büdner muß sich mit Milch, trockenem
Brode und Kartoffeln begnügen, wobei
die letzten bei der allerärmsten Klasse
häufig das einzige Nahrungsmittel ausmachen".

Raffiniert ist sie nicht, die Küche
Vorpommerns, aber reichhaltig. „Das
Charakteristische an seiner Küche", so
der Kulturhistoriker *L. Fromm* 1860, „ist
nicht das Leckere und Zarte, sondern
das Schwere und Massenhafte."

**Die vier Grundelemente waren und
sind Fisch, Kartoffel, Schwein und
Gans.** Hauptnahrung waren Kartoffeln
und Kohl, andere Gemüse waren wenig
beliebt. Die dritte wichtige Zutat waren
die verschiedenen Produkte aus **Getreide,** das auf großen Flächen angebaut
wurde.

Mahlzeiten

Das **Frühstück** bestand meist aus Milchsuppe.

Ein typisches **Mittagessen,** das stets
aus einem Topf mit Holzlöffeln gegessen
wurde, wobei die Kinder stehen mussten, waren beispielsweise geschnittener
Kohl mit Gerstengrütze oder Pellkartoffeln mit Pökelsoße.

Nachmittags wurde zu aus Gerste gebranntem Kaffee Brot mit Schmalz verzehrt, **abends** Pellkartoffeln mit Gerstensuppe und Salzhering. „Dass die
Menschenclasse weit stärker arbeitet, als
vielleicht in jedem andren Staat, ist unleugbar," bemerkte 1801 ein Herr *Suckow.* „Aber ebenso gewiß ist auch, dass
er noch einmal so viele Speisen zum Unterhalt braucht als seine Mitbrüder in
anderen Ländern."

Fleisch

So spielte neben den pflanzlichen Produkten Fleisch eine wichtige Rolle, insbesondere **Geflügel** aller Art. Eine traditionsreiche Delikatesse ist die **Pommersche Spickgans,** denn „das Land hat
sonst nichts Namhaftes allein dass es
viele und große Gänse gibt", wie *Thomas
Kantzow* 1537 feststellte. Es wurden aber
auch wilde Gänse, Krickenten, Brachvögel oder andere der in großer Zahl vorkommenden Vogelarten gejagt.

Fisch

Vor allem aber waren es die zahlreichen
Früchte des Meeres, die die Inselküche
ausmachten und bereicherten: **Fisch al-**

Ein Usedomer Menü

Vorspeise: Ahlbecker Fischsuppe

Man nehme 6 Kartoffeln, 4 Zwiebeln, 1 Kopf Weißkohl, 500 Gramm Fischfilet, ¼ Liter Milch, Lorbeerblätter, Dill, Pfeffer und Salz. Zwiebeln und Weißkohl werden klein geschnitten und im heißen Öl angeschwitzt. Dann mit Salz und Pfeffer würzen, mit Wasser aufgießen, Lorbeerblätter zufügen und langsam garen. Dann das Fischfilet, am besten Dorsch, in große Würfel schneiden, etwas salzen und der Gemüsebrühe zufügen. Dann die Kartoffen ebenfalls würfeln und in Salzwasser mit einem Lorbeerblatt zusammen kochen. Sind sie fertig, werden sie mit dem Wasser zusammen der Gemüsebrühe zugegeben. Dann etwas Mehl ohne Fett in einer Pfanne anbräunen und mit der Milch aufgießen und zu der Suppe geben. Die fertige Suppe mit Dill bestreuen und mit frischem Schwarzbrot servieren.

Hauptgericht: Gebackene Heringsdorfer Flundern

Man nehme 8 nicht zu große Flundern und reibe diese mit Salz ein. Dann 2 Stunden stehen und ziehen lassen. Dann zwei Eier verquirlen, die Flundern darin wenden und anschließend mit Semmelbrösel bestreuen. Die panierten Fische dann nicht in Öl o.Ä., sondern in ausgelassenem Speck von beiden Seiten goldgelb braten. Die fertigen Flundern mit Petersiliensträußchen, die kurz ins heiße Bratfett getunkt wurden, bestreuen und mit Kartoffelsalat servieren.

Nachspeise: Pommersches Viermus

Man nehme 250 g Blau- oder Preiselbeeren, 400 g Zucker, je 3 Äpfel und Birnen, 200 g Zwetschgen oder Pflaumen, ½ Stange Zimt und 2 Nelken sowie schmale Streifen von der Schale einer unbehandelten Zitrone und 4 cl Rum. Dann Beeren verlesen und waschen, mit der Hälfte des Zuckers zum Kochen bringen und gar ziehen lassen. Das restliche Obst waschen. Äpfel und Birnen schälen, vierteln, entkernen. Zwetschgen halbieren, entsteinen, grob zerkleinern. Dann die Früchte zu den Beeren geben, mit Zimt und Nelken würzen. Restlichen Zucker, Zitronenschale und 4 bis 6 Essl. Wasser zugeben und weitere 5 bis 10 min kochen lassen. Das fertige Viermus mit Rum verfeinern.

Digestif: Machandel

Zur Verdauung gibt es Usedomer Backpflaumen in Wacholderschnaps. Die Backpflaumen entkernen und je eine in ein Glas geben. Dann mit dem Wacholderschnaps auffüllen. Die Gläser vor dem Servieren eine Weile stehen lassen, damit Schnaps und Pflaume sich gegenseitig geschmacklich durchdringen.

ler Arten und nach allen Arten zubereitet. Ob Aal, Dorsch, Hering, Karpfen,
Hecht oder Scholle, ob geräuchert, ge-
gart, gebraten oder gedünstet, bei Fisch
entwickelte jeder Inselteil seine eigenen
Kreationen und Rezepte.

Alkohol

Wichtigstes flüssiges Nahrungsmittel ist
Alkohol, vor allem in seiner hochprozentigen Form. Welchen Stellenwert er
einnimmt, wird allein schon an der außerordentlich fantasiereichen **Fülle der
Ausdrücke für das Trinken** deutlich:
„kilken, bäkern, biknüllen, ünnerkrö-
seln, antuten, inknöpen, störken, knie-
pen, bäkeln, bülgen, koemen, antüdern,
ströpen". Dies ist nur eine Auswahl der
mundartlichen Bezeichnungen für die
allseits beliebte Kehlenspülung.

Beklagt wurde dieser bedenkliche
Hang zum Hochprozentigen seit jeher.
Schon 1856 stellte der Ökonom *Vehse*
bei seiner Untersuchung der wirtschaftlichen Verhältnisse des Landes resigniert
fest, dass „man sich der Industrie noch
nirgends genähert hat, es sei denn, un-
glücklicherweise in den zahlreichen
Branntweinbrennereien."

Essen und Trinken heute

**Leicht und erlesen ist die traditionelle
Inselküche sicher nicht.** Kartoffeln und
Fleisch sind noch immer elementare Be-
standteile, und Vegetarier werden es auf
Usdeom nicht eben einfach haben. Doch
wer die handfeste, deftige Küche liebt,
wird feststellen, dass auch aus einfachen
Zutaten **schmackhafte und leckere Gerichte** bereitet werden können. In Res-

035ud

taurants mit einheimischer Küche sind häufig auch **Wildgerichte** im Angebot.

Lukullischer Höhepunkt der Usedomer Küche **ist zweifellos Fisch,** der in zahlreichen Arten und Variationen immer frisch zubereitet wird. Praktisch jedes Restaurant, vom Imbiss über die einfache Gaststätte bis zum Gourmettempel, führt eine Auswahl an Fischgerichten. Aal, Zander, Scholle, Flunder, Hecht, Dorsch und Hering sind, meistens mit Pellkartoffeln, praktisch auf jeder Speisekarte zu finden.

Eine echte Delikatesse ist der **Boddenzander,** der seine besonders feine Geschmacksnote durch das Brackwasser der Boddengewässer erhält und mit dem normalen Zander nicht vergleichbar ist.

Der wichtigste Fisch ist der **Hering,** der stets frisch gefangen auf den Tisch kommt. Geehrt wird dieses traditionelle Usedomer „Grundnahrungsmittel" jährlich im Frühjahr, wenn zu Zeiten der großen Heringsschwärme in zahlreichen Restaurants auf der ganzen Insel die „**Usedomer Heringswoche**" die Möglichkeit bietet, den zarten Ostseehering in verschiedensten Varianten und Zubereitungsarten kennenzulernen.

Gleiche Ehre wird auch der **Kartoffel** zuteil, die traditionell im September in den „**Tüftentagen**" in einer Fülle von „Mudder" zubereiteten traditionellen Speisen wie von Spitzenköchen kreierten neuen Gaumenfreuden angeboten wird.

Wem weder Fisch noch die traditionelle Bauernküche mundet, für den steht heutzutage **an jedem Ort das übliche „internationale" Angebot** zur Verfügung, das von amerikanischem Fast Food à la Big Mac über die italienische Pizzeria bis zum türkischen Döner Kebab reicht.

Etwa auf halbem Weg zwischen Anklam und Usedom liegt direkt an der B 110 in dem kleinen Weiler **Libnow** bei Murchin der **Höfeladen Esslust** mit Café. In einer malerischen alten Scheune gibt es viele Leckereien, welche die ökologisch produzierenden Höfe der Insel und ihrer Umgebung herstellen. Das Sortiment aus regionalen Spezialitäten und Naturkostprodukten reicht vom Holzofenbrot über Wurst, Wild, Honig, Kräuter und Tees bis zu frischem Schafs- und Ziegenkäse, den es allerdings nur im Sommer gibt. Dann ist der Höfeladen auch jeden Mittwoch von 8 bis 14 Uhr mit einem Stand auf dem Markt am Friedensplatz in Heringsdorf vertreten.

■**Höfeladen Esslust,** Tel. 03971/258964, www.hoefeladen-esslust.de (April bis Okt. Mo bis Sa 9–18 Uhr, So 11–16 Uhr, Nov. bis März Mo bis Fr 10–17 Uhr, Sa 10–14 Uhr).

Ein Hinweis zum Schluss: **Wer essen gehen möchte, sollte dazu nicht später als zwischen 19 und 20 Uhr aufbrechen.** Mir ist es selbst zur Hauptsaison in traditionellen, viel besuchten Urlaubsorten immer wieder passiert, dass meine abendliche Esslust unbefriedigt blieb, weil im gesamten Ort die Küchen bereits um 22 Uhr geschlossen hatten. Außerhalb der Saison ist oft noch früher Schluss, dann sollte man schon um 18 Uhr ans Abendessen denken.

◁ Der Hering: Früher ein „Arme-Leute-Essen", heute von Spitzenköchen zubereitet

Anhang

◁ Molto romantico –
Abendstimmung am Krumminer Wiek

Literaturtipps

Allgemeines

■ **Die Bernsteinhexe Maria Schweidler: Der interessanteste aller bekannten Hexenprozesse,** Verlag Bohmeier; Neuauflage des historischen Bestsellers von 1843 des Koserower Pastors *Meinhold*

■ **Jagd auf den Inselmörder,** Usedom-Krimi, Schardt Verlag

■ **Die Geschichte der Insel Usedom,** Hinstorff Verlag; geschlossene Darstellung der Geschichte Usedoms – ein aktuelles Standardwerk, das die Geschichte ganz Pommerns einbezieht

■ **Raketenspuren. Waffenschmiede und Militärstandort Peenemünde,** Links Verlag; eine historische Reportage

■ **Zweieinhalb Stunden von Berlin: Ein Reisebegleiter für die Insel Usedom,** Helms-Verlag

■ **Usedom: Ein Lesebuch.** Ullstein TB-Verlag

■ **Usedom. Sagen und Geschichten,** Demmler-Verlag

■ **Das Buch vom Strandkorb,** Verlag Husum

■ **Die Ostsee – eine Natur- und Kulturgeschichte,** Verlag Ch. Beck; informative Neuerscheinung, mit der Prof. *Hansjörg Küster* den Ostseeraum detailliert erklärt

Sport/Hobby

■ **Land- und Seekartenführer „Usedom",** Delius Klasing Verlag

■ **Törnplaner/-atlas Peene, Oder und Usedom,** Quick Maritim Medien

■ **Naturführer Insel Usedom. Mit Haffküste, Ueckermünder Heide und unterem Peenetal,** Verlag E. Hoyer, Galenbeck, umfangreicher, fundierter Führer zur außergewöhnlichen Natur der Region

■ **Bikeline Radfernweg Berlin – Usedom. Von der Metropole an die Ostsee.** Radtourenbuch und Karte 1:75.000, Verlag Esterbauere

■ **Bikeline Radtourenbuch, Ostseeküsten-Radweg Teil 2: Von Lübeck nach Ahlbeck/Usedom.** Radtourenbuch und Karte 1:75.000, Verlag Esterbauere

Kartentipps

■ **Rad- und Wanderkarten Usedom** (3 Blatt), 1:30.000, Verlag Grünes Herz

■ **Wanderkarte Insel Usedom bis Misdroy,** Verlag Grünes Herz, 1:50.000: Mit Ortsplänen von Bansin, Heringsdorf, Ahlbeck und Swinemünde und UTM-Gitter für GPS

■ **Wander- u. Freizeitkarte „Usedom mit Boddenküste",** 1:75.000, Nordland Kartenverlag

■ **Bikeline Radkarte Usedom, Stettiner Haff, Ueckermünder Heide.** 1:75.000, GPS-tauglich, mit Zentrums- und Ortsplänen

Mit REISE KNOW-HOW ans Ziel

Landkarten
aus dem
world mapping project™

bieten beste Orientierung – weltweit.

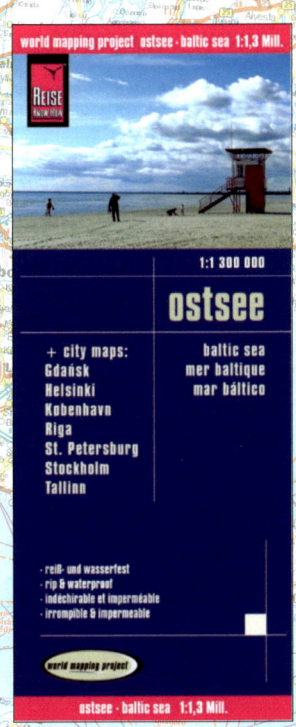

Landkarte Ostsee (1:1.300.000)
mit Stadtplänen Danzig,
Helsinki,
Kopenhagen,
Riga,
St. Petersburg,
Stockholm,
Tallinn.

ISBN 978-3-8317-7235-3

REISE KNOW-HOW
das komplette Programm
fürs Reisen und Entdecken

**Weit über 1000 Reiseführer, Landkarten, Sprachführer und Audio-CDs
liefern unverzichtbare Reiseinformationen und faszinierende Urlaubsideen
für die ganze Welt – *professionell, aktuell und unabhängig***

Reiseführer: komplette praktische Reisehandbücher für fast alle touristisch interessanten Länder und Gebiete **CityGuides:** umfassende, informative Führer durch die schönsten Metropolen **CityTrip:** kompakte Stadtführer für den individuellen Kurztrip **world mapping project:** moderne, aktuelle Landkarten für die ganze Welt **Edition REISE KNOW-HOW:** außergewöhnliche Geschichten, Reportagen und Abenteuerberichte **Kauderwelsch:** die umfangreichste Sprachführerreihe der Welt zum stressfreien Lernen selbst exotischster Sprachen **Kauderwelsch digital:** die Sprachführer als eBook mit Sprachausgabe **KulturSchock:** fundierte Kulturführer geben Orientierungshilfen im fremden Alltag **PANORAMA:** erstklassige Bildbände über spannende Regionen und fremde Kulturen **PRAXIS:** kompakte Ratgeber zu Sachfragen rund ums Thema Reisen **Rad & Bike:** praktische Infos für Radurlauber und packende Berichte außergewöhnlicher Touren **sound)))trip:** Musik-CDs mit aktueller Musik eines Landes oder einer Region **Wanderführer:** umfassende Begleiter durch die schönsten europäischen Wanderregionen **Wohnmobil-TourGuides:** die speziellen Bordbücher für Wohnmobilisten mit allen wichtigen Infos für unterwegs

Erhältlich in jeder Buchhandlung und unter www.reise-know-how.de

www.reise-know-how.de

REISE KNOW-HOW online

Vielfältige Suchoptionen, einfache Bedienung

Alle Neuerscheinungen auf einen Blick

Schnelle Info über Erscheinungstermine

Zusatzinfos und Latest News nach Redaktionsschluss

Buch-Voransichten, Blättern, Probehören

Shop: immer die aktuellste Auflage direkt ins Haus

Versandkostenfrei ab 10 Euro (in D), schneller Versand

Downloads von Büchern, Landkarten und Sprach-CDs

Newsletter abonnieren, News-Archiv

Die Informations-Plattform für aktive Reisende

KulturSchock
Andere Länder – Andere Sitten

Das Bild, das man sich in Deutschland von seinen polnischen Nachbarn macht, ist extrem widersprüchlich: Da erscheint ein wirres Personal aus Wodkatrinkern und schönen Frauen, verbohrten Katholiken und fleißigen Gastarbeitern, empörten Bauern und Autodieben.

Der *KulturSchock Polen* will Reisenden eine Orientierungshilfe sein, um die Erlebnisse in Polen besser zu verstehen und in einen größeren Rahmen einzuordnen zu können.

Izabella Gawin, Dieter Schulze

978-3-8317-1295-3 | 252 Seiten | 14,90 Euro [D]

Register

Der Autor

Peter Höh, Jg. 1956, studierte nach handwerklicher Berufsausbildung Kommunikations- und Informationswissenschaften an der FU (West)Berlin. Seit er als Schwabe im Berliner Exil im Herbst 1989 den Fall der Mauer miterlebte und unmittelbar danach seine erste große Rundreise durch den ihm bis dato unbekannten deutschen Osten unternahm, ist er von der Unberührtheit und Schönheit Mecklenburg-Vorpommerns fasziniert.

Obwohl als Reisejournalist und Buchautor viel in der weiten Welt unterwegs, bereist er seither beruflich und in seiner Freizeit regelmäßig mit viel Freude das stille Seenland und dessen zauberhafte Küste. Denn warum in die Ferne schweifen, wenn man ein solches Naturidyll vor seiner Haustür hat.

Als damaliger Student der Publizistik verfasste er 1990 bei REISE KNOW-HOW über die Neuen Bundesländer sein erstes Reisebuch. Seither sind von ihm neben dem vorliegenden Band bei REISE KNOW-HOW folgende Titel zu Mecklenburg-Vorpommern erschienen: „Ostseeküste Mecklenburg-Vorpommern" und „Rügen/Hiddensee".

Insgesamt hat er zahlreiche Reisebücher in verschiedenen Verlagen und diverse Reisereportagen in namhaften Reisezeitschriften, Zeitungen und Fachpublikationen veröffentlicht.